John Pattillo-Hess & Mario R. Smole (Hrsg.)
Canettis Aufstand gegen Macht und Tod

John Pattillo-Hess & Mario R. Smole (Hrsg.)

CANETTIS AUFSTAND GEGEN MACHT UND TOD

Löcker Verlag

MIT FÖRDERUNG DER ABTEILUNG FÜR KULTUR DER STADT WIEN, MA 7 UND DES BUNDESMINISTERIUMS FÜR WISSENSCHAFT, FORSCHUNG UND KUNST

Die Beiträge dieses Buches wurden als Referate auf dem 8. Internationalen kulturanthropologisch-philosophischen Canetti-Symposion gehalten, das – mit Unterstützung der Stadt Wien und des Bundesministeriums für Wissenschaft, Forschung und Kunst – im Volksbildungshaus Wiener Urania in der Zeit vom 4. bis 7. Mai 1995 stattfand. Diese Tagung wurde von der Wiener Urania in Zusammenarbeit mit dem Kunstverein Wien veranstaltet.

Vertrieb: Löcker Verlag
Umschlaggestaltung: Patricio Handl
Druck: REMA*print*, Wien
ISBN 3-85409-262-8

Inhaltsverzeichnis

Vorwort

Im Juli 1995 wäre Elias Canetti 90 Jahre alt geworden. Zu diesem Anlaß erschien es uns angebracht, sich beim 8. kulturanthropologisch-philosophischen Canetti-Symposion mit dem vollständigen veröffentlichten Werk dieses Denkers und Dichters zu beschäftigen, dies mit Bezug auf sein zentrales Opus *Masse und Macht*.

Wir behaupten, daß Canetti, im Gegensatz zu vielen Denkern und Dichtern unserer Zeit, das tägliche Auseinanderreden nicht überhört. Die Sprache als Kommunikationsmittel zwischen den Menschen erscheint ihm als eine illusorische Meinung. Für Canetti bedeutet die sprachliche Gestaltung der Menschen eine undurchdringliche akustische Maske. Seine literarischen Figuren führen keinen Dialog, sondern grundsätzlich lähmende Monologe. Was an diesen Gestalten als Dialog erscheinen könnte, zeigt immer nur deren Impotenz zur Kommunikation, deren unvermeidbare Isolation. Die Spezialisierung von Canettis literarischen Figuren reflektiert sich in einer Verkümmerung der Sprache, hervorgerufen durch eine Übertönung des Sprachmaterials, über das sie verfügen und das ihre unverwechselbare Art des Sprechens ausmacht. Canettis Grundthese wird untersucht, daß die Permanenz von Worten und Wendungen, die man unaufhörlich wiederholt und die man für sich allein besitzt, unsere akustischen Masken ausmacht.

Es wird in diesem Band Canettis Anspruch einer absoluten Verantwortlichkeit gegenüber dem prallen Engagement behandelt, d.h., wie er meint, gegenüber allem Falschen und Unangebrachten in unserer täglichen sprachlichen Gestalt.

Alle Behauptungen Canettis über das Problem des Todes werden hier als Entwürfe betrachtet, mit denen er versucht, auf soziale Zustände hinzuweisen, in welchen der Tod als soziales Problem aufgegriffen wird. Soziale Zustände insofern, als der Tod durch seine mittels Naturgesetzlichkeit geschaffene Verläßlichkeit zu Machtverhältnissen führt, die eine einfache Verfügbarkeit über die Menschen ermöglichen. Man untersucht die Behauptung Canettis, daß bessere Verhältnisse ein längeres und besseres Leben – beides sieht er in gegenseitiger Abhängigkeit – mit sich bringen würden. Es wird die einzigartige und durch die extreme Radikalität isolierte Einsicht Canettis gegenüber dem Tod dargestellt.

Das ganze Schaffen von Canetti zeigt wiederholt in eindringlichen und klaren Bildern, was für ihn das äußerste Stadium der Macht bedeutet, seine tiefe Ablehnung und sein Unbehagen gegenüber allen ihren Formen. Diese wichtigen Ideen Canettis wurden aus seinem Werk heraus entwickelt, da sie, wie von fast allen Beiträgen festgehalten, eine kongruente und angemessene Vorstellung vom Menschen darstellen.

Weiters wird behandelt die Idee des Dichters als Hüter der Verwandlung; dies als eine Form des Überlebens, die das genaue Gegenbild jener Macht ist, deren Überleben immer von Sieg und Triumph begleitet ist. Und das Überleben der Elenden, die diese Aufgabe durch Glück und mit List erledigen. Canetti deutet eine Umkehrung der Machtverhältnisse durch die Kraft der Ohnmächtigen zum Überleben an. Durch projizierte Umkehrung macht uns Canetti aufmerksam, daß man das gesellschaftliche Elend nicht als agitatorische Finte, sondern als eine mögliche neue Dimension des Menschlichen annehmen soll. Das heißt, man beschäftigt sich mit der Tatsache , daß in Canettis Werk trotz des erschütternden, wenn nicht abscheulichen Bildes der Menschheit, das es uns liefert, immer eine Umkehrung dieser Wirklichkeit impliziert ist: die Aufforderung zu leben, statt Geschichte zu machen, sich zu verwandeln, statt Befehlen zu gehorchen. Was wir als moralische Utopie bezeichnet haben.

Zu Dank verpflichtet sind wir: Frau Dr. Ursula Pasterk, amtsführende Stadträtin für Kultur der Stadt Wien; Herrn Dr. Rudolf Scholten, Bundesminister für Wissenschaft, Forschung und Kunst; Herrn Wilhelm Petrasch, Direktor der Wiener Urania und Frau Dr. Christine Pelousek, Geschäftsführerin des Kunstvereins Wien.

John Pattillo-Hess
Mario R. Smole
Frühjahr 1996

KIEN ODER DIE IMPLOSION DES GEISTES

Über Canettis Roman *Die Blendung*

Rita Bischof

I. Eine Theorie der Verwandlung zu formulieren war neben der Massenanalyse wohl Canettis größtes Anliegen, aber er selbst glaubte es nicht erfüllt. In einer Aufzeichnung aus dem Jahre 1960 - dem Jahr, in dem *Masse und Macht* erschien - schreibt er: „Zur Verwandlung, meine ich, habe ich einen Schlüssel gefunden und ins Schloß gesteckt, aber ich habe den Schlüssel nicht umgedreht. Die Türe ist zu, man kann nicht hinein. Es wird noch viel Plage damit geben."[1] Nicht von ungefähr greift Canetti in diesem Aphorismus ein Bild auf, das sich, wenn auch in veränderter Form, bereits in Franz Kafkas Erzählung *Die Verwandlung* findet. Nach eigenem Bekenntnis mißlingt ihm aber, was der zum Käfer gewandelte Gregor Samsa in konzentrierter Willensanstrengung zustande bringt: denn dieser öffnet schließlich die Tür, und zwar mit seinem Munde. Es ist also gar nicht mehr nötig, den Schlosser zu holen. Oder war es nicht vielmehr ein Arzt, der kommen sollte? - Ein Schloß mit dem Munde öffnen, heißt das denn nicht, das Rätsel durch Sprache entschlüsseln? Und wenn die Sprache das Entscheidende ist, darf sie dann auf die Aussage reduziert werden, oder gilt es nicht vielmehr, die Aufmerksamkeit auch auf das Unausgesprochene, Ungesagte zu lenken, das dem sprachlichen Ausdruck seine spezifische Bedeutungsschichtung und mithin auch erst sein Relief verleiht? Ich möchte daher im Folgenden der Frage nachspüren, ob Canetti in Bezug auf eine Theorie der Verwandlung nicht noch mehr gelungen ist, als er selbst vermutete, ob er die Tür zu ihr nicht doch mindestens einen Spaltbreit geöffnet und seinen Fuß hineingestellt hat. Denn mir scheint ganz im Gegenteil, diese Tür ist nach Canetti gar nicht mehr zu schließen. Und ich knüpfe im Folgenden an einen früher hier geäußerten Gedanken an, der damals als recht dunkel erschienen sein mag. Auf dem zweiten Canetti-Symposion[2], 1989, hatte ich die These aufgestellt, die Methode von *Masse und Macht* sei am Paradigma des modernen Romans orientiert, und heute will ich versuchen, meine These am Beispiel der *Blendung* zu vertiefen.

Dem modernen Roman geht es nämlich nicht mehr um Kommensurabilität, sondern um das schlechthin Unvergleichbare, und dieses läßt sich nicht in eine wie immer definierte Ordnung integrieren. Wofür es keinen gemeinsamen Nenner gibt, das kann auch unterm Zwang des Begriffs nicht homogenisiert werden, sondern bleibt als „die zackige, schmerzliche, beißende Vielgestalt des Lebens"[3] stehen. Eine solche aber verlangt nach einer anderen Darstellungsform, als es die strenge vertikale Architektur einer hierarchisch aufgebauten Totalität ist. Diese wird im Gegenteil durch ein parataktisches Prinzip der Reihung ersetzt, das die horizontale Ebene nicht verläßt. Die Phänomene werden nicht mehr einem Begriff unterstellt, der sie auf das reduziert, was an ihnen begrifflich faßbar ist. Und sie werden nicht mehr nur von einem Gesichtspunkt aus gesehen, sondern aus vielen Perspektiven, die sich ständig aneinander und an den Phänomenen brechen. An die Stelle des Einen wird das Vielfältige, Vielstimmige, Vielköpfige gesetzt, und dafür bietet der Roman ein Paradigma. Denn dieser ist in der Moderne dadurch charakterisiert, daß an die Stelle des auktorialen Erzählers eine „vielpersonige Bewußtseinsstruktur"[4] tritt. In einem essayistischen Rückblick auf seinen Roman aus dem Jahre 1973 schreibt Canetti: „Eines Tages kam mir der Gedanke, daß die Welt nicht mehr so darzustellen war wie in früheren Romanen, sozusagen vom Standpunkt eines Schriftstellers aus, die Welt war zerfallen, und nur wenn man den Mut hatte, sie in ihrer Zerfallenheit zu zeigen, war es noch möglich, eine wahrhafte Vorstellung von ihr zu geben."[5]

II. In der *Blendung*, seinem ersten Werk, hat Canetti nicht nur sämtliche Themen bereits angeschlagen, die ihn sein Leben lang beschäftigen werden. Er hat hier auch zum erstenmal die Methode skizziert, die noch *Masse und Macht* zugrunde liegt. Ihr oberstes Merkmal ist, daß sie die starre Identitätslogik auch im Denken kritisch durchbricht und durch ein Prinzip der Vielstimmigkeit ersetzt. Nichts Geringeres wird postuliert als ein neues hermeneutisches Modell, dessen Notwendigkeit schon der Roman drastisch vor Augen führte. *Die Blendung* geht *Masse und Macht* daher nicht nur zeitlich voraus; sie klärt auch die philosophischen Grundlagen und macht dadurch Canettis Lebenswerk allererst möglich. Dargestellt wird im Roman der Bankrott einer ganz bestimmten intellektuellen Einstellung zur Welt, wie sie seit der Aufklärung herrschend geworden ist. Und am Ende wird nicht nur eine Bibliothek in Brand gesteckt, gleichzeitig mit dieser verbrennt auch der zu ihr gehörige geistige Typus, der des weltfremden idealistischen Gelehrten nämlich, dem in seiner reinen Bücherwelt allmählich der Sinn für die Wirklichkeit verlorengeht. Alle Berührungen mit ihr geraten ihm zur Katastrophe. Aber er merkt es nicht, weil er trotz aller Vernunftkritik dazu tendiert, seine Prinzipien mit den Bauformen des Wirklichen zu verwechseln.

Die Blendung ist ein eminent moderner Roman, der den Versuch, etwa eines Georg Lukács, diese Unform auf ein normatives Fundament zu stellen, von vornherein zum Scheitern verurteilt. Es handelt sich nicht um ein realistisches Werk, auch wenn es mit Wirklichkeit gesättigt ist, seine Referenz auf die Wirklichkeit gleicht im Gegenteil der einer Karikatur. Der Roman hat die Form einer modernen Allegorie, deren Elemente ins Groteske und Monströse gesteigert sind. Canetti selbst hat den Eindruck festgehalten, den die Berliner Literaten- und Künstlerszene 1928/29 auf ihn machte, und in enge Beziehung zu seinem 1930/31 geschriebenen Roman gestellt.[6] In der Tat fallen vor allem die Parallelen zu Alfred Döblins bereits ab 1913 entwickelter Romantheorie[7] auf, auch wenn Canetti gerade ihn nicht erwähnt. Dafür sprechen nicht nur das China-Motiv und die Masse als Sujet, sondern auch und in erster Linie der radikale Verzicht auf jegliche Psychologie. Auf Motivation, auf Begründung des Geschehens wird verzichtet, das Prinzip der Kausalität durch das der Kristallisation ersetzt. Es wird daher auch keine Entwicklung mehr dargestellt, die unaufhaltsam einem gesetzten Ziel zuliefe, denn das impliziert einen Zeitbegriff, der wie der Befehl die Struktur eines Pfeils besitzt. Durch das Entwicklungsprinzip wird der Zeit nämlich der Befehl erteilt, einen Gipfel zu erstürmen und sich in einer Spitzenleistung zu potenzieren. Das allein hat es in Canettis Augen gerichtet. Der Zeitpfeil wird von ihm daher konsequent umgekehrt. Was fortzuschreiten schien, entpuppt sich als langsame, aber spürbare Korrosion, als eine Aufzehrung von innen heraus, als zunächst unmerklicher, dann aber unaufhaltsamer Verfall. Canetti hat einen Zusammensturz in sich oder eine Implosion des Sinns inszeniert, und das allein mußte seinem Roman eine paradoxe Struktur verleihen. Zwar steht formell immer noch ein Individuum in seinem Zentrum, in Wahrheit aber geht es bereits um Massendarstellung. An die Stelle einer linear in die Höhe gerichteten, klaren und überschaubaren Bewegung, die schließlich zur Erkenntnis führt, tritt in der *Blendung* daher wucherndes Anlagerungswachstum und von keiner Vernunft mehr kontrollierte Selbstverstrickung.

Canetti hat in seinem Roman wie auch in seinen späteren Dramen sozial geprägte Typen, Figuren im prägnanten Sinn, auf die Szene gestellt - er selbst spricht angesichts ihrer von Tieren -, die sich stets gleichbleiben, die ihren Gehalt, ihr Sprach- und Handlungsmuster von Anfang an in sich tragen und bis zum Ende bewahren. Was geschieht, folgt der ebenso unerbittlichen wie unheimlichen Logik der Identität. Es ist dies eine Identität, die sich krebsartig vermehrt, indem sie alles um sich herum mit Selbstherrlichkeit überzieht. Die organische Form eines sich in seiner Entwicklung verbesondernden Individuums, wie sie etwa dem klassischen Bildungsroman zugrunde liegt, wird bei Canetti durch ein serielles Prinzip ersetzt, und der Roman darin zu einem Medium alles dessen, was sich gleichzeitig abspielt, wofür es jedoch keinen gemeinsamen Nenner mehr gibt. An die Stelle der vertikalen Dimension tritt infolgedessen die horizontale. Alles spielt sich nebeneinander im Raum und auf derselben Ebene ab. Die Logik des Nacheinanders wird durch eine des Nebeneinanders, die Sukzession in einem homogenen Milieu durch die sprunghafte, simultane Bewegung in vielen heterogenen Welten ersetzt. Der moderne Romancier muß daher, wie Canetti in dem Essay „Das erste Buch: Die Blendung“ schreibt, „mit strengster Konsequenz extreme Individuen erfinden, so wie die, aus denen die Welt ja bestand, und diese auf die Spitze getriebenen Individuen in ihrer Geschiedenheit nebeneinander stellen“.[8]

Was das konkret bedeutet, zeigt *Die Blendung*. Gestalten, wie sie vor Zeiten George Grosz entwarf, scheinen hier lebendig zu werden und sich in einer Welt zu bewegen, die noch keineswegs vergangen ist. Denn je tiefer man sich in diesen Roman hineinliest, desto unabweisbarer ist das Gefühl, mitten in der Gegenwart zu stehen. Man muß nur die Kostüme auswechseln. Das Problem, das *Die Blendung* aufwirft, aber ist bis heute ungelöst, und daraus resultiert auch die unverminderte Aktualität dieses Werks. Es ist ein beißend komisches Buch, auch wenn das Lachen immer wieder im Halse steckenbleibt und es einem während des Lesens kalt den Rücken herunterläuft. Und es ist ein Buch, das schmerzt, nicht zuletzt deshalb, weil der Leser gezwungen ist, von ihm teuren Vorstellungen Abschied zu nehmen. Wer diesen Roman liest, muß die Erfahrung machen, daß er unaufhaltsam die Distanz verliert, weil er als Intellektueller in der Hauptfigur so manchen Zug seiner eigenen geistigen Physiognomie wiedererkennt. Seine eigene Liebe zum Buch wird karikiert, und es ist ihm peinlich, Kien schließlich vor dem die Macht erobernden Kleinbürgertum wie paralysiert zu sehen. Die Demütigungen, die dieser über sich ergehen läßt, die Gewalttätigkeiten, die er auf sich lenkt, lassen die Lektüre des Romans immer wieder zu einer Qual werden. Und fast will es scheinen, als ob Canetti in ihm ein Kompendium alles dessen aufstellte, was dem Geist in diesem Jahrhundert von Seiten der Macht und des Geldes angetan werden würde. Andererseits aber ist Kien so überzogen dargestellt, daß der Leser am Ende erleichtert konstatiert, dessen Verrücktheit nun doch nicht zu teilen. Aber so löst er das Problem nicht.

III. Canettis Roman ist ein strenges Buch. Die allegorische Form ist genau bis ins kleinste Detail durchkonstruiert; sie ergibt sich allein schon aus dem Motiv der *Blendung*, das in immer neuen Variationen durchgespielt wird. Kiens Wohnung liegt, wie könnte es anders sein, im obersten Stockwerk des Hauses Nr. 24 in der Ehrlichstraße. Und schon die Art, in der er sich eingerichtet hat, führt das Motiv der *Blendung* ein. Ausnahmslos alle Wände seiner vier Räume sind bis zur Decke mit Büchern vollgestellt, und um dies zu bewerkstelligen, ließ er die Fenster zumauern und Glasdächer einsetzen. So bekommt er zwar Licht, das von oben einfällt, aber er hat keine Sicht mehr. Kien ist nicht blind und sieht dennoch nichts. Ja, er lebt in einer Welt, in der das Auge ohne jede Bedeutung wäre, wenn man es nicht zum Lesen benötigte. Und in der Tat faßt sein Blick nur Buchstaben auf. Seinem Bruder Georg erscheint er daher wie „ein bleiernes Gehirn aus gegossenen Lettern, kalt, starr und schwer". Selbst wenn Kien seine Wohnung auf einen Spaziergang verläßt, nimmt er nichts wahr, weil er sich eine Technik des Wegblickens angewöhnt hat. Ängstlich vermeidet er, daß sein Blick in den eines anderen trifft.

Und am liebsten würde Kien auch das Ohr ausblenden, was ihm allerdings nicht so vollkommen gelingt. Zwar hat er die Fußböden seiner Bibliothek mit schweren Teppichen ausgelegt, so daß keiner seiner Schritte mehr zu hören ist; aber er kann nicht verhindern, daß gleichwohl Geräusche von außen eindringen. Die Anatomie des Ohres scheint ihm daher unvollständig. Denn die Augen und den Mund konnte man nach Belieben schließen, „aber die Ohren, die Ohren sind jedem Ergusse ausgeliefert"[9]. Es müßte, so denkt er, verschließbare Klappen auch für Ohren geben, für den Fall, daß gar nichts anderes mehr hülfe. Was dagegen die haptischen Sinne anbetrifft, so hat Kien sie immer nur in äußerst reduzierter Form kennengelernt. Sie stören ihn weder, noch lehren sie ihn. Die einzige Berührung, die ihn in Ekstase versetzt, ist, wenn er auf seinen morgendlichen Spaziergängen seine Büchertasche ganz eng an seinen Körper preßt. Und die Art, in der Kien sich in sich selbst abschließt, macht deutlich, daß er bereits geblendet ist, lange bevor Therese ins Spiel tritt. Genauer: es bedarf weder der Störungs- noch der Verführungskraft einer Frau; Kien blendet sich selbst, und das unterscheidet seine Art der *Blendung* von der des Simson im Alten Testament.

IV. Kien verkörpert sozusagen den Realtypus zum Ideal des Geistigen, das von der Aufklärung seinen Ausgang nahm, und entfernt erinnert er an Immanuel Kant. Canetti selbst hat die Beziehung hergestellt, die sein Held zu jenem unterhält; bekanntlich sollte der Roman zunächst den Titel *Kant fängt Feuer*[10] tragen, und zweifellos sind auch einige markante Züge des strengen und einsamen Königsberger Philosophen in die Hauptfigur eingegangen. Gemeinsam ist ihnen dieselbe verhuschte, graue Gestalt, beide sind nur noch die Schatten eines Körpers, beide erlegen sich eine strenge Tagesordnung auf, die ganz auf die Erfordernisse der intellektuellen Tätigkeit abgestimmt ist, und verkörpern darin den asketischen Gelehrten. Doch sind dies eher äußere Merkmale, und sie dienen zur Umschreibung des Typus.

Anspielungen auf Kant finden sich vor allem dort, wo man sie zunächst gar nicht vermutete. Therese, Kiens ältliche Haushälterin, trägt den Familiennamen Krumbholz, und zweifellos ist dieser Name allegorisch zu verstehen. Er ist geeignet, fast das gesamte Personal der *Blendung* – lauter krummes Holz – zu bezeichnen, so daß Therese durch ihn als eine Art Massenmutter erscheint. Schon Kant hatte gesagt, der Mensch sei aus so krummen Holz geschnitzt, daß aus ihm niemals etwas Gerades werden könne, und Canetti macht mit seinem Roman die Probe auf diesen Satz. So grotesk die Heirat des weltberühmten Sinologen mit seiner Haushälterin auch scheinen mag, als Herr Kienspan und Frau Krumbholz gehören sie unauflösbar zusammen, bilden sie ein schon fast klassisch zu nennendes Paar. Durch ihre Namen allein sind sie auf ein und dasselbe Element bezogen, sie gehören mithin zu einer Familie. Beide sind es wert, ins Feuer geworfen zu werden. Doch damit nicht genug. Therese hatte schon in der Schule die schönsten Os oder Nullen gemalt, es ist dies die einzige Kunst, die sie wirklich beherrscht. Und Kiens Sparbuch ist ihr Buch der Bücher, aber die Summe, die sie darin verzeichnet findet, scheint ihr nicht die richtige. In ihrer Phantasie korrigiert sie die Zahl, und als sie sich entschließt, eigenhändig Kiens Testament zu verfassen, kann sie der Versuchung nicht widerstehen, die fehlenden Nullen hinzuzufügen. Auch darin ist Therese Kiens Spiegelbild, denn wie Kant bemerkte, möchte ein Mensch „wohl ebenso wenig aus bloßen Ideen an Einsichten reicher werden, als ein Kaufmann an Vermögen, wenn er, um seinen Zustand zu verbessern, seinem Kassenbestande einige Nullen anhängen wollte“[11]. So wenig also Thereses Vermögen wächst, so wenig nützt Kien sein Wissen, sobald er mit den konkreten Erscheinungsformen des Wirklichen konfrontiert ist.

V. In Kien hat sich der Typus eines Geistigen inkarniert, der die vielfältigen Reize seiner Sinne zum Schweigen bringt und der alles gering achtet, was nicht das lautere Feuer des reinen Geistes ist. Seine Sinnlichkeit unterdrückt er, seinem Körper wendet er nur jenes Minimum an Aufmerksamkeit zu, das zur Aufrechterhaltung des Lebens gerade notwendig ist, und am Ende gönnt er sich nicht einmal mehr das Existenzminimum. Lebendige Menschen hat er für sich selbst durch Bücher ersetzt; er lebt mit der unsichtbaren Masse der rationalen Geister, die die Verfasser der für ihn größten Werke der Weltliteratur sind; und nur mit ihnen kommuniziert er. Sein Denken ist der Herrschaft des Begriffs unterstellt; es ist hierarchisch angelegt und von der Idee der Kausalität besessen. Die Logik, der er folgt, ist die strenge der Identität. Sein Ideal ist das System, in dem alles mit allem zusammenhängt und alles aus ein und demselben Prinzip entwickelt wird. Was aber ins System eingeht, ist ipso facto stillgestellt; es verändert sich nicht mehr, es sei denn um den Preis, daß das ganze System in sich zusammenstürzt. Und auch der Erkennende verwandelt sich nicht, sondern steht allem, was ihm begegnet, in unverrückbarer Identität gegenüber. Kien lebt in einer geschlossenen und statischen Welt, in der alles seine Erklärung findet, in die jedoch kein Gran von Wirklichkeit eingeht. Es konnte daher nicht ausbleiben, daß sein Denken eine gewisse paranoide Struktur aufweist.

Hier in Canettis Worten Kiens Weltanschauung, seine Philosophie: „Wissenschaft und Wahrheit waren für ihn identische Begriffe. Man näherte sich der Wahrheit, indem man sich von den Menschen abschloß. Der Alltag war ein oberflächliches Gewirr von Lügen. Soviel Passanten, soviel Lügner. Drum sah er sie gar nicht an. Wer unter den schlechten Schauspielern, aus denen die Masse bestand, hatte ein Gesicht, das ihn fesselte? Sie veränderten es nach dem Augenblick; nicht einen Tag lang verharrten sie bei derselben Rolle. Das wußte er zum Vorhinein. Erfahrung war hier überflüssig. Er legte seinen Ehrgeiz in eine Hartnäckigkeit des Wesens. Nicht bloß einen Monat, nicht ein Jahr, sein ganzes Leben lang blieb er sich gleich."[12] Kien lebt ausschließlich seinen Prinzipien. Er verwandelt sich nicht, sondern ist wie der Machthaber immer nur er selbst. Und er hält sich fern von allem Geschehen, als ob es ihn gar beträfe, selbst wenn er sich mitten darin befindet. Auf der Straße, wenn er nach dem Weg gefragt wird, merkt er nicht einmal, daß er der Befragte ist. Spricht ihn einer auf intelligente Weise an, glaubt er nicht, es tatsächlich mit einem angemessenen Gesprächspartner zu tun zu haben, sondern erfindet fieberhaft Argumente, die den gehabten Eindruck wieder entwerten. Er praktiziert, wie unter Zwang, die Entwandlung in ihrer intellektuellen Variante. Nur die, die gleich auf ihn einschlagen, enttäuschen ihn nicht; sie sind genau so, wie er sich die anderen Menschen immer schon vorstellte.

Kien verachtet die Masse, die heute hierhin und morgen dorthin drängt. Und auch das gehört zum Typus. Aber einmal mit ihr konfrontiert, steht er ihr wie hypnotisiert gegenüber und verfällt ihr schließlich. Die These drängt sich auf, daß Canetti in der Gestalt des Peter Kien auch auf das Problem der Intellektuellen und ihre Paralyse im Angesicht des Totalitarismus reflektiert. Dargestellt wird ihre Unfähigkeit, den gesellschaftlichen Ungeheuerlichkeiten adäquat zu begegnen, statt dessen kapitulieren sie vor einer ins Monströse gewachsenen neuen Macht, die, einmal zur Herrschaft gelangt, der Geistigen nicht mehr bedarf. Canetti zeigt die Intellektuellen als Komplizen einer Macht, deren Heraufkommen sie nicht einmal bemerkt haben. Und wesentlich ist, daß er dieses Versagen der Intellektuellen als eine notwendige Konsequenz der Beschränktheit ihres Verstehensbegriffs erkennt. Das Thema des Verstehens oder genauer: des Mißverstehens mag auf den ersten Blick nicht immer leicht zu erkennen sein, es taucht aber im Roman auch ganz explizit in immer neuen Variationen auf und ist im Grunde ebenfalls mit dem Motiv der *Blendung* schon gegeben. Denn genaugenommen ist es das tradierte Interpretationsmodell selbst, das in der Hauptfigur des Romans seinen Bankrott erklärt. Es wäre *Die Blendung* daher auch einmal unterm Aspekt des Verstehensproblems zu lesen, und zwar auf die Fragen hin, die der Roman an die Hermeneutik stellt.

VI. Daß Canetti sich das Problem des Verstehens in seinem Roman nicht nur implizit, sondern auch ganz bewußt gestellt hat, erhellt allein daraus, daß Kien nicht Philosoph, sondern Sinologe ist, denn das ist entscheidend. Kien hängt an den Buchstaben der Schrift, während der Geist für ihn erst in zweiter Linie zählt. Er ist der Besitzer der größten Privatbibliothek der Stadt, und seine Liebe zum Buch ist so groß, daß er seine Verehrung schließlich sogar ohne Ansehen des Buchstabens auf alles überträgt, was nur eben die Form eines Buches besitzt, ohne indessen den hohen Begriff von ihm zu erfüllen. Kien ist genauer noch Philologe. Seine Domäne ist die Textinterpretation. Mühelos gelingt es ihm, die Rätsel der alten und fremden Texte zu lösen, indem er zeigt, welche Lesart die einzig richtige ist. Scharfsinnig beweist er, warum ein Wort, ein Ausdruck, ein Satzzeichen einem Abschreibfehler zu verdanken sind, wie sich das auf den im Text entwickelten Gedankengang auswirkt und was statt dessen zu setzen wäre. Unzählige Texte wurden so von ihm in ihrem ursprünglichen Gehalt wiederhergestellt. „An schadhaften oder verderbten Stellen uralter chinesischer, indischer, japanischer Manuskripte fielen ihm Kombinationen ein, soviel er wollte. Andere beneideten ihn drum, er hatte der Überfülle zu wehren. Von peinlicher Vorsicht, monatelang erwägend, langsam bis zum Überdruß, am strengsten gegen sich selbst, schloß er seine Meinung über einen Buchstaben, ein Wort oder einen ganzen Satz nur dann ab, wenn er ihrer Unangreifbarkeit sicher war. Seine bisherigen Abhandlungen, gering an Zahl, aber jede ein Fundament für hundert andere, hatten ihm den Ruf des ersten Sinologen seiner Zeit verschafft."[13]

Kien ist ein Virtuose der Deutung und des Textverstehens. Er ist, genauer noch, der Spezialist für dunkle Stellen. Denn nicht von irgendwelchen Texten ist hier die Rede, sondern von den schwierigsten, den unzugänglichsten. Kien versteht das Schwerverständliche schlechthin, nämlich Chinesisch. Und muß nicht, wer diese fremde Sprache versteht, auch alles andere deuten können? Demnach wäre Kien der Hermeneut par excellence im klassischen Sinn. Aber all sein Können, sein Geschick nützen ihm nicht viel, sobald er mit dem wirklichen Leben in Berührung tritt. Hier fallen ihm keine Kombinationen mehr ein, hier scheint Kien, der ein phänomenales Gedächtnis besitzt – schon als Schüler hatte er in einer Minute die Zahl Pi bis auf fünfundsechzig Stellen auswendig gelernt –, ein Mensch ganz ohne Erinnerung zu sein. Er, der sich das gesammelte Wissen der Menschheit angeeignet hat, versagt im Entscheidenden. Alle seine Deutungen der ihm begegnenden Phänomene schlagen fehl, denn alles, was nicht die Form eines Satzes hat, ist ihm au fond fremd. Der Sprung von der Hermeneutik der Schrift zur Hermeneutik des Wirklichen gelingt ihm nicht, und darin ähnelt er nicht mehr Kant, sondern Don Quijote, der ebenfalls Pate bei der Erfindung dieser Figur gestanden hat. Das wird vor allem im zweiten Teil des Romans deutlich.

VII. Kien ist indessen nicht der einzige Protagonist. Ihm gegenüber stehen verschiedene Figuren, in denen sich die ressentimentgeladene Masse konkretisiert. Anders aber als beispielsweise Balzac, der seine *Comédie humaine* mit 2.800 Figuren bevölkert hat, kommt Canetti in seinem Roman mit sehr wenig Personal aus. Kaum dreißig Personen werden als einzelne aufgeführt, die meisten davon nur beiläufig, ansonsten sind es nur Kollektiva, die auftreten: die Gelehrten, die Passanten, die Frauen, die Huren, die Bettler, die Kleinkriminellen, die Polizisten, schließlich die Irren und die Assistenten. Im Mittelpunkt des Romans stehen sogar nur fünf Figuren: außer Peter Kien und seiner Haushälterin sind dies Benedikt Pfaff, der rothaarige Hausbesorger, der bucklige Zwerg Fischerle und schließlich Kiens Bruder Georg, der Leiter einer psychiatrischen Anstalt bei Paris ist. Hinzu kommen fünf weitere, die so etwas wie Fischerles Satelliten sind. Dennoch gelingt es Canetti, die Illusion zu erwecken, daß eine enorme Masse dargestellt wird. Seine Figuren scheinen an sich selbst eine so große Massendichte zu besitzen, daß sie unweigerlich die vielen mitziehen. In ihrem Sprechen, ihrem Agieren tun unzählige andere mit. Und in allen diesen Figuren hat Canetti den alltäglichen Wahnsinn dargestellt, jenen, den man nicht einsperrt, sondern den die moderne Gesellschaft ganz im Gegenteil frei gewähren läßt. Verglichen mit diesem alltäglichen Wahnsinn aber wirkt Georgs Irrenanstalt wie eine Utopie. Alle Poesie scheint sich an diesen Ort gerettet zu haben. Wie produktiv sind doch die wirklich Verrückten, wenn man sie den monomanischen Protagonisten des Romans gegenüberstellt, und wie reich an Verwandlungen ist Georg, gemessen an seinem Bruder, dem Sinologen Peter Kien. Die erste, wenn auch noch ganz äußerliche Verwandlung, die jener vollzieht, ist mit seiner Übersiedlung nach Paris die von Georg zu Georges.

Doch lohnt es sich, noch ein wenig auf dem Vergleich mit Balzac zu insistieren. Für den Begründer des modernen literarischen Realismus ist die Gesellschaft noch eine Totalität, die als Ganze überblickt werden kann und deren Aufbau das Geflecht der Gestalten widerspiegelt. Die Balzacschen Helden zählen nur insoweit, als sie für die Darstellung des gesellschaftlichen Ganzen notwendig sind. Sie werden immer nur von außen - vom Standpunkt des auktorialen Erzählers aus - gesehen, während Canetti seine Gestalten im wesentlichen von innen heraus entwickelt. Dabei vernachlässigt er das Äußere nicht. Ganz im Gegenteil, und man hat *Die Blendung* als „die epische Provinz der Krüppel"[14] charakterisiert. Aber Canetti bricht mit der Distanz, die durch die Vogelperspektive des auktorialen Erzählers geschaffen wird. Er zeigt seine Figuren in ihren Wechselwirkungen und so, wie sie sich darin selber wahrnehmen. Er zeigt sie aus äußerster Nähe, und auch auf diese Weise entsteht eine Welt, oder genauer: es entstehen viele Welten, für die es keinen gemeinsamen Nenner mehr gibt. Wer nämlich die Gesellschaft in ihrer Totalität abbilden will, muß sich in einer gewissen Entfernung von ihr befinden; er muß Abstand halten, muß sich über sie stellen, um sie als Ganze überblicken zu können. Seinem Fernblick wird daher manches einzelne, manche Eigenheit auch entgehen. In Canettis Augen aber ist der Dichter nicht erhaben über seine Zeit, solche Erhabenheit wäre ja nur ein anderer Ausdruck für Blendung, sondern ihr Leibeigener. Er ist, wie Canetti selber sagt, „der Hund seiner Zeit"[15], der mit seiner Schnauze in jedem noch so unzugänglichen Winkel herumschnüffelt. Die Metapher akzentuiert den Nahsinn, in dem Canetti die Zukunft der Hermeneutik sieht, und in der Tat fällt auf, daß er in seinen Werken den haptischen Sinnen stets eine privilegierte theoretische Stellung einräumt. Alfred Döblins Devise: „Dichter heran an das Leben!", scheint mithin auch die seine.

Was Canettis *Comédie humaine an Irren* zuoberst von der *Comédie humaine* Balzacs unterscheidet, ist, daß sie vorab auf die Darstellung einer gesellschaftlichen Totalität verzichtet. Canetti hat es mit einer zerfallenen Welt zu tun. Gegeben sind nur mehr die Splitter einer vielfach zersprengten Totalität, von denen selbst der kleinste noch einen Riß in sich trägt. Ja, die Wirklichkeit selbst, in der er steht, ist eine andere, als sie es noch für den realistischen Romancier des neunzehnten Jahrhunderts gewesen ist. Angenommen selbst, der realistische Roman hätte sein Ziel - die Widerspiegelung der gesellschaftlichen Totalität seiner Zeit - erreicht, könnte der moderne Romancier von seinen Mitteln und Methoden doch nichts lernen. Seine Aufgabe ist im Gegenteil, das Zersplitterte zusammenzutragen, und das heißt, er muß sich in mehreren Welten, die nichts miteinander gemein haben, gleichzeitig bewegen können. So wird der Roman zu einem Medium der vielen und steht in seiner wesenhaften Polyphonie Ovids Metamorphosen näher als der strengen hierarchischen Architektonik von Dantes Göttlicher oder Balzacs Menschlicher Komödie, auch wenn Canetti den verzweifelten Zustand einer Welt darstellt, die zur Verwandlung nicht mehr fähig ist. Und anders als Balzac, dessen Protagonisten sich noch in einer ihnen allen gemeinsamen Welt bewegen, hat Canetti Figuren vorgeführt, die „bis in ihre Sprache, bis in ihre geheimsten Gedanken hinein, von allen anderen verschieden"[16] sind und deren jede eine Welt für sich darstellt. Für seine Figuren gibt es nicht nur keine gemeinsame Welt. „Es gibt auch keine gemeinsame Sprache mehr. Keiner versteht und keiner will verstehen"[17], verteidigt Canetti seinen Roman gegenüber Hermann Broch.

VIII. Und doch beginnt das Buch mit einer Szene, die für Kien die Chance zur Verwandlung enthält. Dieser merkt es jedoch nicht, und hätte er sie wahrgenommen, wäre ein Roman mit dem Titel *Die Blendung* nie geschrieben worden. Es handelt sich um eine Szene, die innerhalb des Romans ohnegleichen ist und sich auch formal von dem, was folgt, unterscheidet. Canetti läßt *Die Blendung* mit einem Dialog beginnen, und das will etwas heißen im Angesicht dieses dialogarmen Buchs, in dem alle Figuren, unfähig, andere zu verstehen, immer nur ihren eigenen inneren Monolog führen. Zu Recht hat Peter v. Haselberg in seiner Rezension des Romans 1936 geschrieben, er sei „der Schritt über den Ulysses von Joyce hinaus“[18]. Da Canetti die in Frage stehende Szene an den Anfang stellt, muß ihr auch höchste Aufmerksamkeit zuerkannt werden.

Der Roman beginnt mit einem Gespräch, das Kien auf einem seiner morgendlichen Spaziergänge mit einem kleinen Jungen führt, der sich ungehörigerweise zwischen ihn und das Schaufenster einer Buchhandlung schiebt. Es handelt sich, wie er schnell herausfindet, um ein aufgewecktes, wißbegieriges Kind, das leidenschaftlich gerne liest und damit immer wieder den Zorn seines Vaters provoziert. Von Kien vor die Alternative gestellt, erklärt es, ohne zu zögern, daß es ein Buch einer Tafel Schokolade vorzöge. Ja, der Junge interessiert sich sogar für die Kulturen des Fernen Ostens und würde am liebsten Chinesisch lernen, was Kien eigenartig anrührt. Er zeigt ihm einen Band mit Werken des Philosophen Mong Tse, den er gerade mit sich führt, und da der Junge sich merkt, was Kien ihm erklärt, verspricht er, ihn einmal in seine Bibliothek zu führen. Dazu kommt es dann allerdings nicht mehr.

Kaum ist der Junge in der Schule verschwunden, macht sich Kien Vorwürfe wegen dieses Gesprächs, das er ganz gegen seine Gewohnheit vom Zaun gebrochen hatte. Und doch, ihm will scheinen, daß sich der Junge auffallend von den anderen Knaben seines Alters unterscheidet – er ist eine Ausnahme und also der Mühe wert. Ja, der intelligente Knabe erinnert ihn sogar an sich selbst, er ist wie „das Ebenbild seiner Jugend“, und Kien sieht in ihm schon den kommenden Sinologen. Eine Episode aus seiner Schulzeit fällt ihm ein, als er sich einmal in einer Buchhandlung einschließen ließ, um den geliebten Büchern ganz nahe zu sein, aber dann hatte ihre nächtliche Einsamkeit ihn doch erschreckt. Kien lächelt sogar im Gedanken an das Kind – es ist dies das einzige Mal in dem ganzen Roman, daß er lächelt, denn das Lachen, in das er im Angesicht seiner brennenden Bibliothek am Ende des Buchs ausbricht, ist ein ganz anderes Lachen, nämlich das des Wahnsinns.

Ein Blick auf die Uhr aber genügt, um den Fluß der Erinnerungen zum Stillstand zu bringen. Es ist fast acht, und Kiens „Dienst an der Wahrheit“ beginnt. Wie selbsttätig setzt in seinem Gehirn jener eigentümliche Entwertungsvorgang ein, in dessen Verlauf er sich beweist, daß dem Erlebnis nicht die geringste Bedeutung beizulegen ist. Wie immer in kritischen Situationen praktiziert Kien auch diesmal wieder die Methode der Entwandlung und behauptet sich darin nicht als Erkennender, sondern als Ideologe. Die Begegnung mit dem Jungen hätte sein Leben verändern können, aber Kien nimmt das Angebot zur Verwandlung nicht wahr und bringt sich damit um die einzige Chance, die ihm im ganzen Roman gegeben war. Als der Junge, der jedesmal, wenn er klingelte, von Therese abgewiesen worden ist, sich darüber bei ihm auf der Treppe beklagt, wird Kien grob. Er, der gerade mit Therese vom Standesamt kommt, läßt seine Wut über diese Irrsinnstat besinnungslos an dem Kind aus. Ohne jede Hemmung schlägt und tritt er auf den Jungen ein. Es ist dies die erschütterndste und brutalste Szene des ganzen, an Gewaltakten wahrlich nicht armen Buches. Anstatt das Angebot zum Gespräch anzunehmen und sein Wissen einem lernbegierigen Kind zu vermitteln, bedient sich Kien des Kleinbürgertums, um eine lästige Störung loszuwerden. Aber das rächt sich, denn von nun an wird er das Kleinbürgertum nicht wieder los.

IX. Und um dessen dumpf-brütende Innenwelt darstellen zu können, bedient sich Canetti eben eines seriellen Prinzips. Das neue Prinzip der Serie aber bedarf keiner großen Population, ihm genügen im Gegenteil wenige, genau geprägte und bis ins Extrem gesteigerte Typen, die man im Unterschied zu den Idealtypen Max Webers als Realtypen des zwanzigsten Jahrhunderts bezeichnen möchte. Sie dienen Canetti als Scheinwerfer, die er auf die dunklen Seiten der Gesellschaft richtet, oder besser noch: als Vergrößerungsgläser, die es erlauben, die soziale Wirklichkeit ganz aus der Nähe zu sehen. Und dabei zeigt es sich, daß die Masse aus lauter potentiellen, aber verhinderten Führernaturen zusammengesetzt ist, was möglicherweise auch jene unheimliche Komplizität erklärt, in der die moderne Masse zu ihren Führern steht: sie identifiziert sich mit ihnen, die weithin sichtbar ihr Ideal inkarnieren. Die Paranoia ihrer Führer teilt die Masse ohnehin.

Wie sich Therese, nach der Heirat mit Kien, immer mehr Bereiche von dessen Lebenswelt aneignet, bis ihr schließlich alles gehört, so träumt Fischerle davon, eines Tages die Bewunderung der Schachfans in aller Welt zu erringen. Der Hausbesorger will über die Masse der Bettler herrschen; und Georges dirigiert faktisch eine ganze Irrenanstalt mit achthundert Insassen, die ihn lieben, und etlichen Assistenten, die ihn hassen. Aber auch Peter Kien selbst besitzt eine Führernatur; er ist der bedeutendste Sinologe der Gegenwart. Sein Name wird in der wissenschaftlichen Welt mit der größten Achtung genannt, seine Schriften werden überall gelesen, und wer etwas auf sich hält, richtet sich in seinen eigenen Arbeiten nach diesen. Die gelehrte Welt reißt sich um ihn, aber er gefällt sich darin, sie immer wieder zu brüskieren. Kien selbst besucht keinen der Kongresse, auf denen man seine Thesen diskutiert, sondern schickt bloß in letzter Minute eine kurze Abhandlung hin, wie er konsequent auch alle ihm angebotenen Professuren ablehnt. Im Grunde will er sein Wissen auch gar nicht vermitteln, er hütet es eifersüchtig wie einen Schatz. So ist Kien ein Führer ohne Kontakt zu den Menschen, die er bewegt, und zu der Welt, die er verachtet: Er ist ein Führer ohne Volk, ein Kopf ohne Welt, der folgerichtig mit einer kopflosen Welt zusammenstößt.

Der Gegensatz zwischen ihm und dieser Welt könnte auf den ersten Blick nicht schärfer sein, denn es sind gerade die verächtlichsten Aspekte der Wirklichkeit, mit denen Kien sich plötzlich konfrontiert sieht. Gerade das aber bestätigt ihn in seinem Weltbild, denn wie Kien die Welt anblickt, so blickt sie zurück. Er versteht die anderen nicht und ist unfähig, ihre Wirklichkeit zu analysieren. Schon bei der geringsten Herausforderung durch die Realität versagt sein Denken regelmäßig. Keine Situation deutet Kien richtig; keine Person, keine lebendige Rede versteht er, sondern projiziert immer nur sich selbst, seine Auffassung in sie hinein. Von den anderen Romanfiguren unterscheidet sich Kien daher nur durch den Inhalt seines Wahns, nicht jedoch durch dessen monomane Art, und was den Grad der Verrücktheit anbetrifft, so überbietet er sie alle. Zwar verstehen auch die anderen Protagonisten Kien nicht, denn er lebt in einer Welt, von deren Existenz sie vor der Begegnung mit ihm nicht einmal etwas ahnten. Aber sie sind durchaus in der Lage, seine Verrücktheit richtig einzuschätzen und ihren Vorteil daraus zu schlagen. Darin sind sie sogar dem Psychologen Georges überlegen.

In Fischerle findet Kien sein genaues Gegenbild. Wie er selbst folgt auch Fischerle ausschließlich seiner fixen Idee, und was für ihn die Bibliothek, ist für jenen das Schachspiel. Während Kien allerdings tatsächlich der wohl größte Philologe der Welt ist, träumt Fischerle bloß davon, Schachweltmeister zu werden, in Wirklichkeit spielt er erbärmlich schlecht. Kien hingegen rührt, daß Fischerle einem Ideal anhängt und von einem Stipendium träumt, das es ihm erlaubte, seine Kunst zu vollenden, denn er glaubt, daß dieser arme Krüppel, wie er selbst, von einer geldgierigen alten Vettel gepeinigt wird. Ausdrücklich heißt es: „Noch nie hatte sich Kien so tief in einen Menschen eingefühlt."[19] Aber diese Hermeneutik der Einfühlung mißlingt. Kien versteht Fischerle nicht im geringsten, denn um ihn tatsächlich verstehen zu können, müßte er dessen Buckel, und sei es auch nur momentweise, am eigenen Rücken spüren. Er müßte fühlen, was es heißt, am Rande der Gesellschaft zu leben. So aber ist seine Deutung eine einzige Fehldeutung. Denn Kien genügen Indizien. Er sucht nach Symptomen, denen er eine Deutung unterschiebt, die mehr über ihn selbst als über Fischerle verrät. In Wahrheit projiziert er auf diesen immer nur seine eigenen Züge. – Die Szene weist daher eine fatale Ähnlichkeit zu jener auf, da Kien, nachdem Therese bereits seit über acht Jahren in seinem Dienst stand, für ihre Worte auf einmal „eine Art erstauntes Interesse" verspürte. Auch damals glaubte er zu verstehen, und es hatte sich um ein Mißverständnis von nahezu abgründigen Dimensionen gehandelt. Unabsehbar waren die Folgen! So auch diesmal.

X. Weil Kien ihn zu verstehen glaubt, macht er Fischerle zu seinem Diener, und unverkennbar ist, daß Canetti hier auf das Verhältnis von Don Quijote zu Sancho Pansa anspielt. Kien gleicht dem Helden von Cervantes nicht nur äußerlich: er ist lang aufgeschossen, abstoßend mager, und wie jenem ist auch ihm durch das Lesen der Bücher der Sinn für das Wirkliche abhanden gekommen. Den Wirklichkeitsbezug besorgen für Don Quijote wie für Kien ohnehin ihre jeweiligen Diener. Auch diese ähneln sich äußerlich; sie sind im Verhältnis zu ihren Herren auffallend klein und rund, und was für Sancho Pansa der Bauch, ist für Fischerle der Buckel, nur daß der erste sich nach außen wölbt, während der andere, nicht zuletzt auch durch seine überdimensionale Nase, wie nach innen gekrümmt wirkt. Beide Diener lassen sich zum Schein auf die Verrücktheiten ihrer Herren, die sie durchschauen, ein und betrügen sie. Während aber Sancho noch eine aufrichtige emotionale Bindung an seinen Herrn besitzt, den er für seine hohe Sprache und Gesinnung bewundert und von dem er lernt, herrschen im Verhältnis Fischerles zu Kien nur mitleidlose Brutalität und kalte Berechnung. Der Knecht ist zum vollendeten Ausbeuter seines Herrn avanciert, und das allein zeigt, wie sehr sich die Wirklichkeit von Cervantes zu Canetti verändert hat.

Doch damit sind die Anspielungen noch nicht erschöpft. Don Quijote wie Kien werden immer wieder in Auseinandersetzungen und Prügeleien verwickelt, beide verstehen sich auf die Kunst, den Zorn des Volkes zu erregen, oder aber sie machen sich selbst zum Gespött. Auch Don Quijotes Kampf gegen die Windmühlen findet im zweiten Teil der

Blendung seine genaue Entsprechung. Kien trägt nämlich, seit er von Therese vor die Tür gesetzt wurde, eine imaginäre Bibliothek in seinem Kopf mit sich herum, und täglich kommen neue Bücher hinzu, die er abends in seinem Hotelzimmer, in einer Art Pantomime mit imaginären Objekten, wieder herausholt. Dabei ist Fischerle ihm behilflich. Und wie Don Quijote auszieht, den Bedrängten zu Hilfe zu eilen und die gewaltsam Verschleppten zu befreien, so rettet Kien schließlich aus der staatlichen Pfandleihanstalt, die in Erinnerung an eine große Kaiserin den Namen Theresianum trägt, ohne Ansehen des Buchstabens die schnöde verpfändeten Bücher. Fischerle hat ihm von einem Ungeheuer erzählt, das im obersten Stockwerk des Theresianums die wertvollen Bücher verschlingt. Und dieser Bücherfresser ist für ihn so etwas wie der Menschenfresser im Märchen, er repräsentiert das schlechthin Unmenschliche. Ja, in Kiens Augen verkörpert er sogar ein Verbrechen, das schlimmer noch als der Kannibalismus ist. Und so beschließt er, diesem Ungeheuer ein für allemal die Nahrung zu entziehen, einfach dadurch, daß er im Eingangsbereich des Theresianums die gerade eintreffenden Bücher freikauft.

Fischerle durchschaut Kiens Verrücktheit und beutet ihn gezielt aus. Dieser merkt gar nicht, daß Fischerle damit in jeder Hinsicht an Thereses Stelle tritt. Auch Fischerle hat es nur auf Kiens Geld abgesehen, und am Ende beherrscht er ihn so vollkommen wie nur sie. Therese wie Fischerle kennen beide nur eine Sprache, und das ist die der Aneignung. Angesichts der Beziehungen, die Kien erst mit Therese, dann mit Fischerle unterhält, drängt sich die These auf, daß Canetti hier noch einmal auf seine Weise auf die Dialektik von Herr und Knecht reflektiert, indem er zugleich auch ein Licht auf den modernen Klassenkampf wirft. Gezeigt wird, wie der Knecht die Macht an sich reißt, indem er für seinen Herrn das Verhältnis zur Wirklichkeit organisiert. Das hat wohl auch Hermann Broch so gesehen, als er nach 1945 das Thema noch einmal aufgriff, denn die Zerlina aus seinem Roman *Die Schuldlosen* ist unzweideutig an dem Modell der Therese orientiert.

XI. *Die Blendung* weist eine präzise, minutiös konstruierte Struktur von Spiegelungen und Umkehrungen, Steigerungen und Brechungen auf, die sich sowohl im Verhältnis der Szenen untereinander als auch innerhalb einer Person manifestiert. Kien, der immer wieder sein Entsetzen vor jenen historischen Epochen ausdrückt, in denen wahnsinnige Despoten Bücher verbrennen ließen – in der Tat gibt es kein abscheulicheres Verbrechen, wie er noch gegenüber seinem Bruder bestätigt –, legt, im Gedanken, seine Bücher könnten einmal an Georg fallen, Feuer an seine Bibliothek, denn kein anderer soll je sie besitzen. Er, der nichts mehr als die Blindheit fürchtet, weil er blind keine Bücher mehr lesen könnte – unter allen körperlichen Gebrechen gibt es für ihn kein schrecklicheres –, übt sich freiwillig in eine Blindheit ein, die er für Wahrheit hält. Aber es gibt auch, zweifellos als Kontrapunkt zu ihm, den falschen Blinden, einen Bettler, der aussieht, als wäre er blind, der aber sehr genau sieht. Außerdem gibt es den echten Blinden, dem man es auf den ersten Blick gar nicht anmerkt und der in seiner langen hageren Gestalt, seiner mürrischen Art, wiederum an Peter Kien erinnert. Den blinden Seher gibt es in Canettis Roman allerdings nicht.

Eine andere Art der Umkehrung manifestiert sich in der Sprechweise der Protagonisten, oder genauer: in ihrer Argumentationslogik. Der Hausbesorger, ein ehemaliger Polizist, der seine Frau und seine Tochter mißbraucht und erschlagen hat - seine Verbrechen kamen nie ans Licht -, entpuppt sich als ein fanatischer Streiter für Ordnung und Gesetz, bereit, jeden, der sich nicht daran hält, zu erschlagen. Therese, die, einmal mit Kien verheiratet, dessen Besitz an sich reißt, beschimpft ihn als Dieb, weil er ihr seine letzten Ersparnisse entzieht. Sie, die sich nicht im mindesten zu benehmen versteht, hält sich selbst für die Inkarnation von Anstand und Sitte. Der bettelnde Blinde, der keiner ist, beklagt sich in Gegenwart Fischerles bitter über die Betrüger, die ihm einen Knopf in den Hut werfen, und darüber, daß er auch noch gezwungen ist, dafür zu danken, will er von den Passanten nicht seinerseits als Betrüger durchschaut werden. Fischerle wiederum, seines Zeichens Taschendieb und Falschspieler, bestätigt ihn in dieser Weltsicht. Als er sich aber nach beendeter Handelsbeziehung denselben Scherz mit dem Blinden erlaubt, büßt er dafür mit seinem Leben.

Die Irrenanstalt ist nicht nur ein Gegenbild, sondern auch eine Spiegelung des alltäglichen Wahnsinns, der sie umgibt. Auch die Irren leben immer nur in ihrer eigenen Welt, auch ihre Masse besteht aus Menschen, die nur an sich selber denken, und Georges erscheinen sie als „die einzigen wirklichen Charaktere", „von vollendeter Einseitigkeit, (...) von einer Geradheit und Macht des Willens, um die sie Napoleon beneidet hätte"[20]. Das verleiht der ganzen Szene eher den Charakter eines Gleichnisses als den einer Utopie. Übrigens hat in diesem Roman jeder seine eigene Definition von dem, was Wahnsinn ist. Der alte Direktor sieht ihn als Strafe für Egoismus an. Kien definiert die Verrückten „als Menschen, die das Widersprechendste tun, doch für alles dieselben Worte haben. Nach dieser Definition war Therese - im Gegensatz zu ihm selbst - entschieden verrückt"[21]. Fischerle aber sieht das anders und wird viele Seiten später Therese rehabilitieren: „Aber ich sag' Ihnen doch, der ist verrückt, sie ist normal, glauben Sie mir, ich versteh' mich auf Verrückte! Ich bin der Wärter!"[22]

Die Irrenanstalt ist andererseits aber auch eine Spiegelung der Bibliothek, denn die Welten, die sie jeweils bedeuten, unterschieden sich voneinander nicht grundsätzlich. Georges schien, daß die Verrückten etwas hatten, das den Normalen fehlte, eine Welt voller Rätsel und Wunder nämlich, die sie immer wieder neu aus sich heraus stellten. Darin waren sie unerschöpflich produktiv. Sie hatten es gar nicht nötig, die Dinge zu bewegen oder anderen zu befehlen, um ihre Besessenheit, ihren wahnwitzigen Ehrgeiz zu realisieren. Warum hätten sie auch handeln sollen, wo sie doch in ihrer Einbildung schon Gott, Tyrann oder König waren? Die Irren brauchten keine Macht über andere auszuüben, um ihre eigene Macht zu bestätigen, denn sie hatten die Masse - die kämpfende, die feindliche oder jubelnde Masse - immer schon in sich. Es ist daher auch nicht verwunderlich, daß die Irren in Georges' seelischer Ökonomie dieselbe Position einnehmen wie die Bücher in derjenigen Peters.

XII. Die Figuren der *Blendung* treten in ein dichtes Netz von Wechselwirkungen, in dem sie sich äußern und selbst darstellen. Sie geraten in Situationen, die man als Parallelaktionen bezeichnen möchte. Die Szenen und Figuren sind spiegelgleich angelegt, und sie brechen sich ständig aneinander. Bisweilen scheinen sich die Figuren zu verdoppeln, aber das dient im Grunde nur dazu, das jeweils Unverwechselbare zu betonen. Therese und Fischerle ähneln sich nicht nur in ihrer Stellung zu Kien, sondern schon äußerlich;

und es ist die Vermutung erlaubt, daß in Therese Dulcinea und Sancho Pansa zu einem literarisch interessanten Zwitter geworden sind. Ist es ein Zufall, daß sie denselben Namen wie Sanchos Frau trägt? Wie Fischerle ist auch Therese klein und unförmig. Ihr Kennzeichen ist der lächerliche, gestärkte blaue Rock, der noch ihre Füße bedeckt und ihrem Gang etwas eigenartig Mechanisches verleiht: Therese scheint wie auf einer Schiene zu gleiten. Unwillkürlich blicken sich die Passanten nach ihr um. Aber sie bildet sich ein, sie schauten nach ihr, weil sie, die siebenundfünfzig ist, wie eine stattliche Frau um die Dreißig wirke. Zwar sind auch die anderen Protagonisten körperlich markiert; Therese aber ist in ihrem komischen, altmodischen Rock, der sie verwachsen erscheinen läßt, ihrem steif zur Seite geneigten Kopf so auffällig wie nur Fischerle durch seine überdimensionale Nase und seinen Buckel, oder Kien in seiner abstoßenden Magerkeit, seiner ständigen Verwirrtheit.

Thereses Wortschatz besteht aus etwa fünfzig Worten, die sie unausgesetzt variiert: „Wenn sie fertig war, fing sie von vorne an. Einige dutzendmal am Tage sagte sie dasselbe", und Kien „kannte Wort für Wort ihre Rede auswendig. Je nach den Pausen zwischen den Sätzen wußte er, ob sie diese oder jene Variante bevorzugen würde. Ihre Litanei trieb ihm alle Gedanken aus dem Kopf."[23] Aber Therese schlägt Kien nicht nur mit Worten, die ihn bis zum Wahnsinn treiben, sondern wird auch handgreiflich. Kien pflegte nämlich, um ihr keinen Anlaß zum Reden zu geben, hartnäckig zu schweigen. Aber wann immer er das Wort ergriff, hatte sie das nagende Gefühl, von ihm betrogen zu werden. Denn Therese versteht Kiens gebildete Sprache nicht, und da ihr selbst die Sprache fehlt, weiß sie sich schließlich keinen besseren Rat, als blindlings auf ihn einzuschlagen. Ja, Therese prügelt Kien, der sich nicht zu wehren versteht, halbtot, und darin ähnelt sie nicht mehr Fischerle, sondern erscheint als das weibliche Pendant zum Hausbesorger. Es ist daher nur konsequent, wenn sie mit diesem schließlich ein Verhältnis beginnt und sie es sich gegenseitig besorgen. Am Ende leben sie in Kiens Wohnung und halten ihn wie ein Tier in der ebenerdigen Wohnung des Hausbesorgers eingeschlossen.

Man hat *Die Blendung* als „die epische Provinz der Krüppel" definiert, denn nicht nur Therese und Fischerle, sondern auch die meisten anderen Figuren sind durch ein bestimmtes körperliches Gebrechen stigmatisiert: der gewalttätige Hausbesorger leidet unter roten Haaren, die seinen ganzen Körper überziehen und ihm das Aussehen eines hirnlosen Gewaltmenschen geben; der Hausierer kann nicht schlafen und sucht, überzeugt davon, Fischerle habe dort Rauschgift versteckt, schließlich in der Kirche nach der erlösenden Droge; die Zeitungsausträgerin hat ebenfalls einen Buckel, weshalb man sie, die unwillkürlich für Fischerles Frau gehalten wird, gemeinhin die „Fischerin" nennt, und der Kanalarbeiter ist ein Quartalsäufer. Wesentlicher aber als das körperliche Gebrechen ist ihr seelisches Defizit, denn Canetti hat Figuren vorgeführt, die die Fähigkeit zur Verwandlung verloren haben und die nicht mehr in der Lage sind, Metaphern zu verstehen. Ja, die Welt, in der sie agieren, ist als Ganze geblendet, was Canettis Geschichte einmal mehr von der alttestamentarischen Simsons unterscheidet. In seinem Roman wird nicht die körperliche Blendung eines einzelnen dargestellt, sondern die seelische Verblendung einer ganzen Gesellschaft.

XIII. Kien und Fischerle sind beileibe nicht die einzigen Protagonisten, die besessen sind, auch wenn nur sie über ihrer fixen Idee die Realität ganz aus dem Blick verlieren. Die Obsessionen Thereses wie die des Hausbesorgers sind dagegen stets auf die platteste Wirklichkeit bezogen. Für diese hält der Roman denn auch ein Komödienende bereit, sie werden von Georg abgefunden, während Kien und Fischerle tragisch enden. Vom Augenblick ihrer ersten Begegnung an nimmt für beide das Unheil unaufhaltsam seinen Lauf. Dadurch gehören sie auf noch engere Weise als die anderen Protagonisten zusammen. Fischerle wird Kien zum Verhängnis, nicht etwa dadurch, daß er ihn betrügt und um den Rest seines Vermögens, sondern dadurch, daß er ihn um den Rest seines Verstandes bringt, in dem Moment nämlich, in dem er Kien die Nachricht von Thereses Tod überbringen läßt. Jetzt erst kommt Kiens Paranoia offen zum Ausbruch. Denn der glaubt es auf der Stelle; er malt sich aus, wie sie gestorben ist, und kommt zu dem Schluß, daß niemand anders als er selbst ihr Mörder sein kann. Kien hält an dieser Vorstellung auch dann noch fest, als die Wirklichkeit ihn eines Besseren belehrt. Er traut seinen Augen und Ohren nicht, als er Therese im Eingang des Theresianums mit seinen Büchern wiedersieht, auch nicht den Handgreiflichkeiten, die sich unvermeidlich aus dieser neuerlichen Konfrontation entwickeln, vielmehr ist er davon überzeugt, einer Halluzination zu erliegen. Doch auch über Fischerle braut sich Unheil zusammen. Zwar scheint er zunächst Herr der Situation zu sein, aber er läßt sich durch seinen leichten Erfolg schnell blenden und wird wie Kien das Opfer seiner fixen Idee. Als er dessen Geld besitzt und sich bereits am Ziel seiner Wünsche wähnt, ist es auch schon um ihn geschehen.

Beider Schicksale sind so sehr ineinander verstrickt, daß es ein und dasselbe zu sein scheint. Und für einen Augenblick, als nämlich Fischerle ein Telegramm für Georges aufsetzt, wird er tatsächlich zu Kien. Fischerle, der es nicht gewohnt ist, Telegramme aufzugeben, ja, der überhaupt so gut wie nie schreibt, gibt sich damit große Mühe. Fieberhaft grübelt er über seinen Text, denn er muß um jeden Preis vermeiden, seinen Namen darunterzusetzen. Das wäre in seiner Lage viel zu gefährlich. Schon aus Kostengründen schreibt er schließlich: „Bruder meschugge. Ein Freund des Hauses." Aber die Zeile befriedigt ihn nicht, ein anonym bleibender Freund – den nimmt keiner ernst, darauf reagiert man nicht. Und so entscheidet er sich für: „Bin total meschugge. Dein Bruder." – Der Schalterbeamte aber hält das Telegramm für verrückt und weigert sich, es anzunehmen. Erst als ein wartender Herr ungeduldig zugunsten Fischerles interveniert, wird seine Nachricht weiterbefördert.

XIV. Fischerles Telegramm hat etwas Bemerkenswertes, und die Satzfolge verdient es, allein schon auf Grund ihrer grammatikalischen Struktur, näher betrachtet zu werden. Denn Fischerle springt abrupt vom unpersönlichen Er zum majestätischen Ich und schafft dadurch eine momentane Verwirrung, die den Autor wie den Leser mit einbezieht. Dieses Ich, das nicht einmal ausgesprochen wird, sondern nur in der Verbform – erste Person Singular – gesetzt ist, erscheint als so etwas wie ein kollektives Ich, es ist insgeheim ein Wir. Fischerle setzt sich an die Stelle Kiens, wenn er vom „Bruder meschugge" zum „bin total meschugge" fortschreitet, und er sagt die Wahrheit. Denn heißt das nicht sagen: „Wir sind meschugge, ja, die ganze Welt ist es", mit Ausnahme Georgs natürlich, an den sich folgerichtig das Telegramm – wie ein vielstimmiger Schrei um Hilfe – richtet?

Die Formulierung des Telegramms stellt Fischerle abrupt vor ein hermeneutisches Problem, und das tangiert auch den Leser. Hatte Canetti zunächst alle Hermeneutik ad absurdum geführt, so bringt er sie spätestens in dieser Szene wieder ins Spiel. Er zwingt den Leser, seine Aufmerksamkeit einem Satz zuzuwenden, den ein des Schreibens gänzlich Unkundiger verfaßt hat. In diesem Satz aber erreicht Fischerles Aneignungslogik ihren Höhepunkt. Er und Kien repräsentieren in gewisser Weise zwei entgegengesetzte Formen der Hermeneutik, die in Canettis Augen beide zum Scheitern verurteilt sind. Dies ist jedoch nicht als ein Plädoyer gegen alle Hermeneutik zu verstehen, zeigt doch der Roman, daß das Grundübel dieser skurrilen Gesellschaft, die in ihm zum Leben erwacht, gerade daraus entspringt, daß keiner den anderen versteht. Alle Verwicklungen und Konflikte erwachsen aus einer Kette von Mißverständnissen, die die Romanhandlung strukturieren. Im Gegenzug aber hat Canetti die Grundrisse einer neuen kommenden Hermeneutik skizziert, die eine Hermeneutik nicht des Textes, sondern der Wirklichkeit, eine Hermeneutik weder der Einfühlung noch der Aneignung, sondern der Verwandlung wäre. In der Figur des Georges beginnt sie sich zu konkretisieren und wird sie zugleich auch widerrufen.

XV. Kien verabscheut Romane, weil sie den besten Charakter zersetzen. Seiner Meinung nach treiben sie einen Keil in die geschlossene Person des Lesers und zerspalten sie, wodurch ihm der Roman ein Medium sinnloser Verwandlungen zu sein scheint. Hier sein Urteil: „Man lernt, sich in allerlei Menschen einfühlen. Am vielen Hin und Her findet man Geschmack. Man löst sich in die Figuren auf, die einem gefallen. Jeder Standpunkt wird begreiflich. Willig überläßt man sich fremden Zielen und verliert für längere Zeit die eigenen aus dem Auge."[24] Als ein dauernder Widerspruch gegen das Identitätsprinzip müßten Romane daher von Rechts wegen verboten werden, und offensichtlich ist, daß Kien mit diesem Verdikt das von Platon bis Kant immer wieder erneuerte philosophische Verwandlungsverbot noch einmal affirmiert. Ganz anders sein Bruder, der sich auch biographisch in immer neue Rollen einübt. Georges ist schon äußerlich das vollkommene Gegenteil von Peter Kien: er sieht ausnehmend gut aus, besitzt angenehme Umgangsformen, und so konnte es auch nicht ausbleiben, daß ihm die Frauen hinterherlaufen. Zunächst war er Frauenarzt, und damals hatte er leidenschaftlich gerne Romane gelesen. Aber dann hat er sich der Psychiatrie zugewandt, und seitdem hatte er aufgehört, sich für Romane zu interessieren. Die Geschichten seiner Patienten schienen ihm weitaus fesselnder.

Aber auch von seinem Vorgänger in der Anstaltsleitung unterscheidet sich Georges auffällig. Er war sein Assistent, als der alte Direktor unerwartet starb. – Seine Frau hatte ihn langsam vergiftet, um den Platz für Georges freizumachen, mit dem sie inzwischen verheiratet war. Georges wußte von diesem Mord allerdings nichts und auch nicht, daß es einen Mörder getroffen hatte, denn sein Vorgänger pflegte sich seiner Gattinnen auf vergleichbare Weise zu entledigen, wenn er ihrer überdrüssig war, und in gewisser Weise hatte seine letzte Frau mit dieser Tat nur ihre eigene Haut gerettet. – Der alte Direktor glich eher Peter Kien, er war wie dieser ein Mann ganz ausschließlich der Wissenschaft, und die Irren waren für ihn das Material, an dem sich seine Wissenschaft zu bewähren hatte. Der Wahnsinn galt ihm als eine Art terrain vague, das rücksichtslos mit den Begriffen der Vernunft zu besiedeln war. Ausdrücklich heißt es von ihm, daß er „die offizielle Psychiatrie mit der Hartnäckigkeit eines Irren" vertrat: „Er hing an der Fertigkeit des Systems und haßte Zweifler."[25] Georges hingegen behandelte die Irren, als wären es Menschen. Seine Patienten liebten ihn dafür, dem es wie im Fluge gelang, ihr Vertrauen zu gewinnen, während sie sich vor jedem anderen hinter ihrem Wahnsystem zu verschanzen pflegten. Georges stand daher bald in dem Ruf, ein genialer, einfühlsamer Psychiater zu sein, mit einem immer offenen Ohr, auch wenn er eine Geschichte schon zum tausendsten Mal hörte. Er weinte und lachte mit dem Patienten, der gerade vor ihm saß. Ja, Georges übernimmt jede Rolle, er spielt in jedem Stück mit, und es kann ihm gar nicht genug der menschlichen Dramen geben. So hatte er sich nach dem Tode seines Vorgängers bald daran gewöhnt, in einer Unzahl von Welten gleichzeitig zu leben. Mit der Zeit war aus ihm ein großer Schauspieler geworden. „Zahllose Rollen waren ihm in Fleisch und Blut übergegangen. Sein Geist hungerte nach den Verwandlungen des Augenblicks"[26], heißt es, und an anderer Stelle: „Alles, was Georges tat, spielte in fremden Menschen."[27]

Muß darin nicht auch Georges als ein ausschließlich von seiner Idee Besessener erscheinen? Schon Diderot hat in seinem Paradox über den Schauspieler darauf aufmerksam gemacht, daß gerade der große Schauspieler sich nicht mit seinen Rollen identifiziert, sondern immer eine produktive Distanz zu ihnen bewahrt. Für ihn ist die Verwandlung nur eine erworbene Technik, die er auch ganz bewußt anwendet. Das heißt aber: der Schauspieler mimt die Verwandlung nur, in seinem Innersten bleibt er von dem, was er spielt, unberührt. Und in der Tat ist es immer weniger innere Anteilnahme an seinen Patienten, die Georges von Verwandlung zu Verwandlung treibt, als vielmehr eine Art von Besessenheit. In Wirklichkeit wechselt er die Rollen gar nicht, sondern spielt – trotz seiner vielversprechenden Anfänge – immer nur seine eigene. Und als ihn Fischerles Telegramm erreichte, befand auch Georges sich in einer Krise: „Eine spazierende Wachstafel war er, in die Worte und Gesten sich eindrückten. Statt zu verarbeiten und zu entgegnen, nahm er mechanisch auf."[28]

Georges hatte schon viele seiner Patienten geheilt, aber seine Erfolge jagten ihm ein gewisses Unbehagen ein. Fast schien es ihm ein Verbrechen, die Irren aus der wunderbaren Welt zu vertreiben, in der sie lebten. Auch schien ihm die Lage der von ihm Geheilten keineswegs beneidenswert, im Gegenteil, sie „sahen dick, gesund und gewöhnlich aus. Ihre Sprache unterschied sich in nichts von der des nächstbesten Passanten. Ihre Rätsel waren gelöscht, früher lebten sie für Rätsel, jetzt für alles, was längst gelöst war."[29] Wann immer er einem Geheilten auf der Straße begegnete, erwartete Georges, mit schweren Vorwürfen überschüttet zu werden, aber sie dankten ihm überschwenglich. Man sprach über ihn, und sein Ruhm breitete sich aus. Er aber hatte insgeheim beschlossen, einen Gutteil seiner Patienten nie einer Heilung zuzuführen. Immer stärker artikulierte sich der Wunsch, die ganze Welt mit seinen Anstalten zu überziehen.

So reich an Verwandlungen Georges gemessen an Peter Kien auf den ersten Blick auch ist, es bestehen berechtigte Zweifel daran, daß sich in ihm tatsächlich eine utopische Gegenwelt personifiziert, und die Frage drängt sich auf, ob er das alles wirklich nur aus purer Leidenschaft für die Verwandlung tut. In Wirklichkeit läßt auch er sich nur von der Macht blenden, die ihm allein schon aufgrund seiner sozialen Position an der Spitze der Irrenanstalt zufließt. Georges hat „die Welt im Kopf", und auch er tendiert dazu, seine Kopfgeburt an die Stelle der Wirklichkeit zu setzen. Ob er nun Romane liest, ob er als Frauenarzt oder als Psychiater praktiziert, er bleibt in alldem der Spezialist fürs Nicht-Identische, fürs Irrationale oder Ver-rückte, und als Spezialist hat auch er etwas Beschränktes. Georges versagt im Entscheidenden. Den Wahnsinn seines Bruders erkennt er nicht, und es drängt sich die These auf, daß die Erkenntnis dieses intellektuellen Wahns nicht dem Arzt, sondern dem Dichter, dem eigentlichen Hüter der Verwandlung, vorbehalten ist. Die Spezialisten des Verstehens, der Philologe und der Arzt, versagen im Angesicht der modernen Welt, und der Dichter hat ihr Scheitern in diesem Roman dargestellt. Auch der Dichter verwandelt sich unaufhörlich in andere Menschen, aber er zieht daraus keine Macht über sie. Seine Verwandlungen greifen weder in die materielle noch in die politische Welt ein, sondern verbleiben im Raum des Imaginären als reine Exerzitien des schöpferischen Geistes. Sie werden zu Werken, und das ist es zugleich, was den Dichter von seinen beiden „Halbbrüdern" unterscheidet.

XVI. Das Gegenteil von Verwandlung aber heißt Blendung, und Canetti hat in diesem Motiv auf eine Welt ohne Verwandlung reflektiert. Kien ist das, wenn auch nicht Fleisch, so doch Skelett gewordene Identitätsprinzip. Er lebt ausschließlich seiner Wissenschaft, die bei ihm die Form einer fixen Idee gewinnt, und ist zuoberst durch seine radikale Unfähigkeit, sich zu verwandeln, charakterisiert. Nicht einmal zur elementarsten Form der Fluchtverwandlung ist er fähig; nur das Totstellen, die Mimikry ans Anorganische, gelingt ihm. In kritischen Situationen pflegt Kien einfach zu verstummen. Und so erklärt es sich, daß der weltberühmte Sinologe die schier unabreißbare Kette von Demütigungen von Seiten eines dämonischen Kleinbürgertums wie stumpfsinnig hinnimmt.

Aber auch die anderen Protagonisten verwandeln sich nicht, sondern sind eingeschlossen in ihre Identität wie in einen Sarg. Für sie alle gibt es immer nur das Eine, dieses Eine aber gibt es massenhaft. Fast alle träumen von einer Million, doch das Viele haben sie aus sich verbannt. Für Kien sind es die Bücher, für den Hausbesorger das Gesindel; Therese hat stets das Geld im Sinn, Fischerle den Beifall der ganzen schachspielenden Welt; der angeblich blinde Bettler träumt von einem Warenhaus, randvoll gefüllt mit fetten Frauen, und nicht einmal Georg bildet hier eine Ausnahme. Die bewundernde Liebe seiner achthundert Patienten genügt ihm schon bald nicht mehr, und er beginnt damit, sich ein „Millionenheer unbrauchbarer Geister" vorzustellen, das von ihm angeführt wird. Der Unterschied zwischen Kien und den anderen Protagonisten ist daher kein grundsätzlicher, und Canetti hat eine höllische Farce inszeniert, in der er das Prinzip der Identität und die auf ihm begründete Form der Individualität ad absurdum führt. Seine Figuren sind auf so grausame Weise sich selber gleich, daß nichts sie von sich erlösen kann. Müssen sie darin nicht als regelrechte Verkörperungen des von der Identitätsphilosophie Verdrängten erscheinen? Das gute alte Individuum, das sich wie ein handgefertigter Gebrauchsgegenstand von jedem anderen lediglich durch einen kleinen, liebevoll gehätschelten Fehler unterschied, dankt ab zugunsten eines ins Groteske gesteigerten Spezialistentums, von dem die Identität immer enger gefaßt wird.

Die Protagonisten der *Blendung* wirken in ihrer Form wie erstarrt. Sie ändern sich nicht. Alle scheinen sich immer nur im Kreise zu drehen, und zwar in einem Kreise, dessen Mittelpunkt sie selber sind. Wirklich ist für sie nur das, wofür sie sich halten. Den

Willen zur Verständigung kennen sie nicht. Sie sind unfähig, mit anderen zu kommunizieren oder andere auch nur irgendwie zu verstehen, und sie wandeln sich nicht, sondern sind wie getrieben. Sie agieren in einer Weise, die an ein groteskes Kasperltheater, an ein Grand Guignol erinnert. An die Stelle des Individuums in seiner unverwechselbaren Besonderheit tritt „der einer fixen Idee Verfallene". Und es ist diese Besessenheit, die die Figuren radikal vereinzelt. Alle sehen immer nur ihre fixe Idee, sich selbst aber sehen sie nicht. Die Gabe der Selbstreflexion ist keinem von ihnen gegeben. Jede der Figuren lebt in ihrem eigenen Universum, jede ist in ihren idion kosmos eingeschlossen. Für sie gibt es keine irgendwie gemeinsame Welt, deren Totalität durch sie hindurch sichtbar gemacht werden könnte.

Und wenn Kien und Fischerle vielleicht auch gestorben sind, die anderen Romanfiguren sind es nicht, sondern leben mitten unter uns. Daß nämlich auch die gegenwärtige Gesellschaft noch im Banne der *Blendung* steht, hat Canetti 1976 in seiner Münchner Rede deutlich ausgesprochen. Dort heißt es: „In einer Welt, die auf Leistung und Spezialisierung angelegt ist, die nichts als Spitzen sieht, denen man in einer Art von linearer Beschränktheit zustrebt, die alle Kraft an die kalte Einsamkeit der Spitzen wendet, das Danebenliegende aber, das Vielfache, das Eigentliche, das sich zu keiner Spitzenhilfe anbietet, mißachtet und verwischt, in einer Welt, die die Verwandlung mehr und mehr verbietet, weil sie dem Allzweck der Produktion entgegenwirkt, die bedenkenlos die Mittel zu ihrer Selbstzerstörung vervielfältigt und gleichzeitig zu ersticken sucht, was an früher erworbenen Qualitäten des Menschen noch vorhanden wäre, das ihr entgegenwirken könnte, in einer solchen Welt, die man als die verblendetste aller Welten bezeichnen möchte, scheint es von geradezu kardinaler Bedeutung, daß es einige gibt, die diese Gabe der Verwandlung ihr zum Trotz weiter üben."[30] Und diese Zeitdiagnose ist zugleich als ein glühendes Bekenntnis zur Dichtung als der eigentlichen Heimat der Verwandlung zu verstehen.

XVII. Doch wenn es für Canetti auch keine anschaubare Totalität der Welt dort draußen mehr gibt, die in ihren Proportionen genau abgebildet werden könnte, so hält er gleichwohl an der Idee der Universalität fest, und an ihr vor allem hat sich die moderne Romanform zu bewähren. Canetti zufolge besitzt der moderne Romancier einen „Drang zur Universalität, der sich durch keine Einzelaufgabe abschrecken läßt, von nichts absieht, nichts vergißt, nichts ausläßt"[31]. Er teilt die Auffassung Hermann Brochs, wonach die Universalität in der Moderne vollständig an die Literatur gefallen ist. Und damit stellt sich die Frage, wie die Idee der Universalität vom „Stück- und Winkelwerk des Romans" gerettet wird. Zu vermuten ist, daß ihre Form hier nicht dieselbe bleibt wie in der Philosophie. Was sie vorab charakterisiert, ist, daß sie das Prinzip der Identität nicht mehr in der tradierten Form affirmiert. An die Stelle eines hierarchisch geschichteten, wunderbar geordneten, harmonischen Stufenkosmos tritt so etwas wie ein „pluralistisches Universum" (William James), es entsteht, genauer noch: ein Pluriversum, das viele Mittelpunkte, nicht nur einen und schon gar nicht den Menschen als Zentrum kennt, das vielmehr eine kosmische Ethik postuliert, die solidarisch auch mit den Tieren, ja, der gesamten Natur ist. Die kalte Mechanik der Totalität, die unter der Herrschaft des Einen steht, wird durch eine unberechenbare Vielheit ersetzt, in der jedes Einzelne, auch das

Niedrigste, Kleinste, Unbedeutendste für sich selber zählt. Und dieses viele Einzelne wird aus so großer Nähe gezeigt, daß sich dadurch allein der Umfang des Wirklichen im Roman ganz beträchtlich erweitert. Der Roman wird zu einem Medium alles dessen, was sich gleichzeitig abspielt, dem aufs Ganze gerichteten Blick jedoch entgeht.

In der Gestalt des Privatgelehrten Peter Kien hat Canetti all jene Züge des abendländischen Denkens porträtiert, die er verabscheute und von denen er sich abwandte. Er löste das philosophische Problem, indem er es auf das ihm zugrundeliegende, obsolete Verstehensmodell zurückführte. In *Masse und Macht* aber hat er die Konsequenz aus der *Blendung* gezogen und ein neues Verstehensmodell inauguriert, ein Modell, das jegliche Distanz des Erkennenden zu den Gegenständen seiner Erkenntnis wieder aufhebt. Ja, der Ort selbst, an dem die beobachtende Vernunft die Flagge ihrer Souveränität aufpflanzte, wird in Frage gestellt, jener objektive Standpunkt außerhalb, von dem aus man die Welt in ihrer Totalität zu überblicken wähnte. Ihm entgegen stellt Canetti ein Pathos der äußersten Nähe. Sein neues Denken fürchtet die Nähe zum Gegenstand nicht, sondern führt sie bewußt herbei, und dabei bedient es sich der literarischen Methode par excellence, die die der Verwandlung ist. Ihr Spezifisches liegt darin, daß der Erkennende augenblicksweise zum Gegenstand seiner Erkenntnis wird, daß er ihn mimt und sozusagen am eigenen Körper spürt. Vermöge der Verwandlung lernt er daher ein Phänomen auf ungleich viel intimere Weise kennen, als wenn er sich auf einen vermeintlichen objektiven Beobachterstatus zurückzöge. Statt nämlich das Phänomen vorab auf seinen Gesichtspunkt und seine Begriffe zu beziehen, lernt er es von innen, in der Vielheit seiner Gestalten und in seinem Anderssein verstehen.

Canettis eigentliches Thema aber ist die Hermeneutik des Wirklichen. In der *Blendung* wird ihre Notwendigkeit vorgeführt, in *Masse und Macht* wird sie gedanklich faßbar, und ausdrücklich hat Canetti seine neue Hermeneutik des Wirklichen von der Diltheyschen der Geschichte abgegrenzt. Dilthey hatte die These aufgestellt, die Geschichte sei wie ein Text zu lesen; für Canetti aber ist die Wirklichkeit kein Text, und sie hat daher auch nicht seine Qualitäten. Während nämlich der Text mit jeder Lektüre ein anderer ist und doch stets derselbe bleibt, ist die Wirklichkeit nie dieselbe, sondern verwandelt sich unaufhörlich, ohne daß der Grund und das Ziel dieser Verwandlungen zweifelsfrei zu erkennen wären, weil die, die sie schreiben, selber geschichtlich sind. Gerade weil die Geschichte nicht die solide objektivierbare Grundlage eines geschriebenen Textes kennt, bleiben ihre Deutungen permanenten Anfechtungen ausgesetzt.

Anmerkungen

1) Elias Canetti, *Die Provinz des Menschen. Aufzeichnungen 1942-1972*, Frankfurt am Main 1976, S. 209

2) Rita Bischof, „Ausschluß und Einverleibung. Georges Bataille und Elias Canetti im Vergleich", in: John Pattillo-Hess (Hg.), *Tod und Verwandlung in Canettis Masse und Macht*, Wien 1990, S. 12-23

3) Elias Canetti, *Die Blendung*, Frankfurt am Main 1965, S. 431. Im weiteren zitiert unter B mit Seitenangabe.

4) Erich Auerbach, *Mimesis. Dargestellte Wirklichkeit in der abendländischen Literatur*, Bern 1946, S. 507 ff.

5) Elias Canetti, „Das erste Buch: Die Blendung", in: *Das Gewissen der Worte*, Frankfurt am Main 1981, S. 249. Im weiteren zitiert unter GdW mit Seitenangabe.

6) Elias Canetti, *Die Fackel im Ohr. Lebensgeschichte 1921 - 1931*, Frankfurt am Main 1982, insb. die Teile 4 und 5. Im weiteren zitiert unter FiO mit Seitenangabe.

7) Vgl. u.a. die Schriften: „An Romanautoren und ihre Kritiker, Bemerkungen zum Roman", in: *Alfred Döblin, Schriften zu Ästhetik, Poetik und Literatur*, Olten 1989

8) B, S. 249

9) B, S. 114

10) FiO, S. 335 - 344

11) Immanuel Kant, *Kritik der reinen Vernunft*, Hamburg 1956, S. 575

12) B, S. 14

13) B, S. 16

14) Manfred Schneider, „Die Krüppel und ihr symbolischer Leib", in: *Hüter der Verwandlung. Beiträge zum Werk von Elias Canetti*, Frankfurt am Main 1988

15) Elias Canetti, „Hermann Broch",in: GdW, S. 13

16) Elias Canetti, „Das erste Buch: Die Blendung", a.a.O., S. 249

17) Elias Canetti, *Das Augenspiel. Lebensgeschichte 1931 -1937*, Frankfurt am Main 1988, S. 40

18) Peter v. Haselberg, „Ein Roman-Experiment", in: *Hüter der Verwandlung*, a.a.O., S. 285

19) B, S. 199

20) B, S. 431 f.

21) B, S. 115

22) B, S. 316

23) B, S. 114

24) B, S. 41

25) B, S. 428

26) B, S. 440

27) B, S. 445

28) B, S. 449

29) B, S. 439

30) Elias Canetti, „Der Beruf des Dichters", in: GdW, S. 285

31) Elias Canetti, „Hermann Broch", a.a.O., S. 14

Leben, Überleben, Weiterleben als literarisches Anliegen in Elias Canettis *Die Blendung*

Peter Pabisch

Elias Canettis Lebensverständnis entspringt bekanntlich seiner Auseinandersetzung mit dem Tod. Wie kommt es in einem dem Tod bestimmten Roman wie *Die Blendung* zum Tragen?

Leben, in seiner vegetativen wie animalischen Form dem Chemieabsolventen Elias Canetti ebenso sachkundiger Begriff wie die organische und anorganische Natur der Elemente und Moleküle, die es aufbauen, drängt sich im Kontext dieses Romans viel vehementer in die Szene, als das vielgestalte dekonstruktive Textgebilde vortäuschen sollte - mit dem Feuertod von Dr. Peter Kien am Schluß als seinem Tiefpunkt. Die umfangreiche Forschungsliteratur[1] über das Werk trägt selten dazu bei, den ungünstigen Eindruck zu schwächen. Die Textgestaltung leistet Ansichten Vorschub, die das Nihilistische der Romantendenzen und des Romanendes betonen und jedwede Botschaft ins Gegensätzliche, Ethische, das menschliche Leben Bejahende entweder nur vermuten wollen oder außer acht lassen. Die vorliegende Arbeit will demgegenüber betrachten, wie die zueinander verwandte, nicht aber in ihrer Bedeutung kongruente Etymologie von „leben - überleben - weiterleben" im Roman *Die Blendung* auseinanderstrebt und doch zusammenwirkt. Das leuchtet gemeinplätzlich sofort ein, sticht aber, spezifisch auf dieses Werk bezogen, weniger klar heraus. Man gerät quasi mit dem Autor eher in den Gedankenkanon derer, die in Österreich zur Zeit des ersten Weltkriegs, vor allem in seiner Hauptstadt Wien, die letzten Tage der Menschheit konstatierten. Am Beispiel mehrerer Schlüsselfiguren aus der *Blendung* schlittert das Schicksal aus verschiedenen Beweggründen der Individualitäten ins unabänderliche Verderben. Diese Figuren dürfen aber nicht, wie die Forschung ausführt,[2] als Zwitter zwischen historischer Wirklichkeit und fiktiver Darstellung verstanden werden; die gleiche Behauptung, so sei hinzugefügt, muß für die Handlung gelten. Sie birgt keine historische Ablichtung der soziopolitischen Verhältnisse der zwanziger Jahre; das Werk bleibt literarisches Produkt, wenn auch die Epoche seiner Entstehung das Material dafür lieferte.

Trotz dem vernichtenden, mit einem Selbstmord endenden Handlungsschema fallen bei der Lektüre nach und nach gedankliche Momente auf, die lebensbejahend auszulegen sind. Dabei entdeckt sich hier ein gewisses Symptom des „leben schon, aber unter erwünschten oder abstoßenden Bedingungen", und zwar mit Hilfe von Vergleichsstützen aus dem größeren literarhistorischen Rahmen: etwa dem berüchtigten, einem Marstheater zugedachten Sittendrama über den ersten Weltkrieg von Karl Kraus - *Die letzten Tage der Menschheit*. Dieses Symptom wird im Roman, das sei gleich vorweggenommen, nicht direkt vorgeführt. Kann man sich an Musils Urteil über seinen Roman *Der*

Mann ohne Eigenschaften anlehnen, „daß die Geschichte, die in ihm erzählt werden sollte, nicht erzählt wird"?

Aus dem zur Entstehung der *Blendung* autobiographischen Werk *Die Fackel im Ohr. Lebensgeschichte 1921-1931*[3] geht beinahe metatextlich hervor, was Canetti hinter dem literarischen Text *Die Blendung* an soziologischer und historischer Realität erlebt und erfahren hatte. Der Roman wurde zwar in dem schon in den späten zwanziger Jahren wohlhabenden Gebiet von Hacking verfaßt[4] – zu dem die Wien eine vorsehende Verbindung zwischen Lainzer Tiergarten im Wienerwald und der Wiener Urania der Canetti-Symposien knüpft –, aber die Erfahrungen des Autors schließen bekanntlich die Wiener Universitätsgegend um die Boltzmanngasse, die Gegend der Radetzkystraße/Haidgasse und die Leopoldstadt ein, wo der Autor ebenfalls studierte, wohnte und Charakterstudien betrieb.

Die Eindrücke Canettis aus dieser seiner Lebensgeschichte decken sich in vielem mit denen anderer bekannter österreichischer Autoren. Abgesehen von Karl Kraus, der Canettis Aufmerksamkeit mit seiner 300. Vorlesung am 17. April 1924 im Großen Konzerthaussaal[5] zum erstenmal fesselte, muß man neben dem erwähnten Musilschen Roman, der damals im Entstehen war, besonders an Heimito von Doderers *Strudlhofstiege* und *Die Dämonen* denken, um die literarische Herausforderung der Zeit an ihre Autoren zu erblicken. Daß unter den Künstlern George Grosz für Elias Canetti in den Berliner Jahren[6] neben Bertolt Brecht ein wesentliches Vorbild für seine Wiedergabe der Sittenwelt seiner Figuren der zwanziger Jahre wurde, beweist diese Lebensgeschichte des weiteren.

Besonders in Berlin wurde Canetti auch der Einfluß Amerikas sowohl im Alltag wie im Literarischen bewußt. Allen voran nennt er Upton Sinclair, der trotz seiner Amerikaverachtung der eigentliche „muck-racker" Amerikas wurde und „zur Mode ‚Amerika' ... das meiste beitrug". „Dos Passos, Hemingway, Faulkner ... taten ihre Wirkung erst später."[7] Amerika als Ort einer chimärenhaften, materiellen Über- und Weiterlebensvorstellung dringt in *Die Blendung* über die Figur und das Schicksal des buckligen Wiener Juden Fischerle durch.

Die traditionelle Bindung zur französischen Kultur- und Lebensszene wirkt hingegen realbezogener, Hoffnungen vortäuschend und letzten Endes enttäuschender, wovon die an Canettis Bruder angelehnte Figur des Arztes Georges, hier der Bruder der Hauptfigur Peter Kien, Zeugnis gibt.

Diese Bezüge ins Ausland geben sich in *Die Blendung* wie Wunschträume nach einem neuen, lebenswürdigeren, traditionsbefreiten Leben, das aber nur die wenigsten Figuren vollzogen haben (Georges) oder anstreben (Fischerle). Die meisten Figuren werden in einen kafkaesken, alptraumhaften Determinismus spinnennetzartig verwoben. Kafka war Canetti nicht nur Vorbild, er gehört auch der literarischen Szene um den ersten Weltkrieg an. Wie die Romane Kafkas handelt die *Blendung* von Einzelschicksalen, d.h., der Bezug auf Canettis spätere literarische Behandlung der Masse klingt zwar schon stellenweise im Text an, wird aber nirgends Teil der Handlung. *Die Blendung*, so schlage nicht nur ich vor, setzt sich mit Individuen auseinander, von denen man sich aber einige als Teilchen einer gesellschaftlichen Masse vorstellen darf – Therese Krumbholz, Benedikt Pfaff, Fischerle und seine zerlumpte Crew. Canetti bietet uns hier quasi ein paar Atome, aus denen sein späteres Großmolekül Masse zusammengesetzt werden wird. Zu denken ist an die Umkehrungsmasse, d.h., die unterlegenen Figuren üben Revolution gegen Kien und werden zur Hetzmasse; alles nur als kleine Horden und nicht als volkshafte Massen.

Canetti weist auf das die Masse betreffende Ereignis des Justizpalastbrandes am 15. Juli 1927, den Heimito von Doderer in *Die Dämonen* aus anderer Perspektive schildert, schon vor Abschluß der *Blendung* hin: „Die Isoliertheit des 15. Juli, seine Beschränkung auf Wien, gab ihm für die Betrachtung späterer Jahre, die als Erregung und Empörung nicht mehr die gleiche Wucht hatten, etwas wie Modell-Charakter."[8] Er geht aber nicht weiter auf massenpsychotische Momente in diesem Roman ein.

Ich möchte drei Hauptmomente vorrangig betrachten, die die Bedeutung des Romans und seiner symbolhaften Lehre markieren:

1. Die historische Epoche, die in Deutschland den Hauptteil der „Weimarer Republik", in Österreich die formativen Jahre der sogenannten Ersten Republik (1918 bis 1938) darstellt – im Hinblick auf Fragen des täglichen Lebens und der Lebensqualität.

2. Die Bedeutung der Hauptfiguren in *Die Blendung* in Bezug auf diese Fragen, wie auch die Lebensbetrachtung durch die Philosophie in den zwanziger Jahren.

3. Die literarische Sublimierung dieses Betrachtungswinkels „Leben, Überleben, Weiterleben" in einigen Texten.

1. *Die Blendung* vermag die Sinne des Lesers durch ihre destruktive Hauptanlage, die Wirkung der Hoffnungslosigkeit, die animalische Niedertracht der meisten Haupt- und der Nebenfiguren oder die geistige Introvertiertheit, ja Arroganz der Hauptfigur Kien geradezu lähmen. Deshalb gelang Canetti die textliche Gestaltung über einen Sachverhalt und doch literarisch unabhängig davon – im Sinne „eines Spielfelds für sehr umfangreiche Semiotisierung".[9] Was dabei fasziniert, bleibt Canettis Unabhängigkeit von der erlebten Welt, die aber umgekehrt durch seine satirisch überspitzten, karikaturhaften Texte wesentlicher getroffen wird, als es historische Fachtexte könnten. Man wird an Ernst Jandls semiotisch auszulegenden Gedichttext „wien: heldenplatz" erinnert, der auf Hitlers Wiener Rede am 15. März 1938 Bezug nimmt, ohne sich je auf die historische Situation festzulegen, sie aber zweifelsohne glaubhafter begreift als historische Sachtexte.[10] Hier wie dort müssen schier unfaßbare historische Epochen in Sprache gegossen werden, deren literarische, semiotisch-textliche Umgestaltung jene Zeitenthobenheit garantieren soll, die sie zum Kulturmerkmal erklären.

Die Entstehung solcher Texte schlägt aber einen Kontext zwischen Erfahrungswelt und künstlerischer Schaffenswelt auf, der in der Textualisierung weder „abgebildet" noch schlüssig erscheinen mag. Doch fällt es nicht schwer, zwischen dem Wien der zwanziger Jahre und den Verhaltensweisen der Figuren im Roman, etwa deren oft satirisch hypostatisierten Lebenszügen, jene Korrespondenz zu akzeptieren, die wahrheitsgemäß scharf zutrifft. Canetti selbst verweist in der Lebensgeschichte auf jene Jahre, auf die Inflation, die Deutschland wie Österreich peinigte, und auf die Trennung der Großstadt Wien von ihrem einst großen Österreich-Ungarn, so daß mit der gesunkenen Beachtung – besonders Österreichs – vor der Welt auch aller materieller Wohlstand verschwunden war und die hergebrachten Kulturwerte vor der Gesellschaft ungültig wurden. Während Berlin seine markantesten Jahre in der Weimarer Republik verzeichnete, wurde Wien zum Weltdorf mit Riesenmaßen, aber ohne Aufgabe. Die entsprechende Substituierung für das Verlorene findet Überkompensierung im Wunsch nach Weltgeltung - widerspiegelt in Peter Kien als größtem Sinologen, Fischerle als Weltmeister im Schach, Therese als unabhängig Wohlhabende, ja Millionärin. Dieser Wunsch danach, das Maß aller Dinge zu sein, wird von jener für wirtschaftlich und politisch kritische Zeiten typischen Unmoral bestimmt, der alle Mittel recht sind, um zum Ziel zu gelangen. Der Vorwurf an die Zeit richtet sich dabei im Roman nicht nur gegen die diebische, ehebrecherische Therese, den diktatorischen Gewaltmenschen Pfaff oder den betrügerischen, schwarzmarkthandelnden Fischerle, sondern auch gegen die Intelligenzija, die sich noch von Erbresten eines vergangenen Wohlstands mit Bankkonten ohne Sorge um die Mitwelt erhalten und Hauspersonal wie Sachwerte anstellen kann. Kiens totale Abkehr vom Alltag, seine eigenbrötlerische Genialität, birgt auch den Vorwurf der Geschichte an jene Epoche, als die deutsche und österreichische Intelligenz oft auf politische Arbeit abwertend blickte, so daß weniger Geeignete, ja Ungeeignete das Ruder an sich reißen konnten und die politische Brandgefahr stets akute Möglichkeit blieb.

Diese frühen Republiken Deutschlands und Österreichs scheiterten durch ihre aus vorangegangenen Epochen übernommene Klassengesellschaft, durch den daraus resultierenden Unwillen der Klassen zur Zusammenarbeit und die mangelnde Solidarität für die neuen rechtlichen Grundlagen - samt der erbärmlichen Wirtschaftslage. Interventionen von außen - wie eine Völkerbundanleihe für Österreich im Jahre 1922 - oder Entspannungsversuche der politischen Lage zwischen Deutschland und Frankreich durch die Briand-Stresemann-Gespräche in den späteren zwanziger Jahren erwiesen sich sehr bald als gescheiterte Good-Will-Aktionen der Weltpolitik. Kiens Bruder Georges kommt dem Bruder zu Hilfe und kann vorübergehend Lösungen für Geld erwirken; seine gutgemeinte, jedoch durchaus nicht selbstlose Aktion erfaßt das letztlich fruchtlose Wirken des Auslands.

2. Die so versagende politische Führung überläßt die Zügel Elementen, die Canetti später in der Masse findet, der er ein Eigenleben zuschreibt, unabhängig von den Individuen, die diese Masse gestalten: „An den Tendenzen zur Masse hin und von ihr weg hatte ich keinen Zweifel, sie schienen mir so stark und blind, daß ich sie als Trieb empfand und so benannte.“[11] In *Die Blendung* wird die Masse durch kleine Individualverbände, fragwürdige Interessensgemeinschaften und regelrechte Räuberbanden nur angedeutet - das opportunistische Sexualpaar Therese-Pfaff, Fischerles Buchschleichhandelsgruppe vor dem Theresianum, die Fälscherbande im Keller des Etablissements mit dem travestierten Namen „idealer Himmel“, ebenfalls aus dem erweiterten Umfeld Fischerles. Diesen Typen entsprechen die Darstellungen von George Grosz, die Canetti wenigstens ansatzweise in seine Texte umwälzt, indem seine bildhafte Sprache ähnliche visuelle Effekte evoziert wie die Zeichnungen des Berliner Künstlers - das Hurenmilieu, die Halbwelt der Neureichen, die Kriegsinvaliden, der Schwarzmarkt. Diese Typen gehen entweder plötzlich nach anscheinender Aufwärtsphase unter (Fischerle) oder wursteln weiter und richten es sich. In späterer österreichischer Literatur tauchen sie gleichsam wieder auf als *Da Hea Karl*, *Da gschupfte Ferdl* oder seine „Mitzi Wastatschik“, also als Oppor-

tunisten und grundsatzlose Über- und Weiterlebende, die gerne das Gras des Vergessens über die Vergangenheit wachsen lassen.

Den buckligen Juden Fischerle, dessen Schicksal so ausgeklügelt und durch schachspielartige Überlegungen gelöst erscheint und dem Amerika als willkommener Fluchtort winkt, ereilt das grausamste, absurdeste Ende, indem er von der Nebenfigur des Blinden abgemurkst, seines Buckels blutig enteignet und als Leiche unter das eheliche Bett geschoben wird. Über dem Toten ergehen sich seine dicke Frau und der Blinde aneinander in einer orgiastischen Liebesnacht. Diese Nähe von Tod und Sex, Mord und Überleben, Verbrechen und Weiterleben beleuchtet eine duale Grenzwanderung, die anfänglichen Erfolg und endliches Versagen zum Doppelgang erwählt.

Was hingegen symbolisiert die Figur Kiens vor dem soziopolitischen Hintergrund der Geschichte? Im Hinblick auf die Geschichte der Idee und der daraus resultierenden Ideologien zeichnet Canetti Peter Kien als eine angefaulte Karikatur Kantschen Maximdenkens, der – „Ein Kopf ohne Welt" – in seiner Abgeschlossenheit zur empirischen Welt die quijotehafte Verulkung seines Urbilds vertritt, und zwar mit all dem tragischen Ernst, den auch Cervantes in seine literarische Figur projiziert. Nur eignet Kien im Gegensatz zum höflichen Narren Don Quijote eine verletzende Arroganz, die zum erstenmal in der Annonce zum Ausdruck kommt, die ihn auf Thereses Spur führen soll: „Gelehrter mit Bibliothek von ungewöhnlicher Größe sucht verantwortungsbewußte Haushälterin. Nur charaktervollste Persönlichkeiten wollen sich melden. Gesindel fliegt die Treppe hinunter. Gehalt Nebensache."[12]

Diese Zeilen vertreten mitunter die herablassende Art des Adels und mehr noch der im 19. Jahrhundert wohlhabend gewordenen, gehobenen kapitalistischen Bürgerklasse, darunter die sogenannten „Väter und Enkel" der Gründerzeit Wiens, die, auf dem Fleiß der Großväter bauend, das Geld anlegten („Väter") und von den Zinsen lebend, in allerlei Werdegängen Bleibendes oder Nichtiges leisteten („Enkel"). Die sozial niedrigere Gesellschaft sollte sie bedienen oder wurde von ihnen verworfen; wenige von ihnen machten sich darüber Gewissensbisse – wie etwa Hugo von Hofmannsthal in seinem Gedicht „Manche freilich"[13]. Geld schien für die Wohlhabendsten selbst nach dem ersten Weltkrieg eine geringe Rolle zu spielen, obwohl auch Kien auf den Grund seines Vermögens stößt, wie die Erbschaftsberechnungen demonstrieren, die die materialistische Hauptader in Thereses Wesen aufdecken.[14]

Die Blendung wurde geschrieben, als die Philosophien des Existentialismus (Jaspers, Heidegger) und des Neopositivismus (der frühe Wittgenstein) volle Prominenz, wenn auch nicht die allgemeine Bekanntschaft erreicht hatten, die sich erst nach dem zweiten Weltkrieg bei letzterem in Rückkunft aus dem angelsächsischen Raum einstellen sollte. Dem vergeistigten, vorexistentialistischen Fatalismus Kiens: „Es lebe der Tod!" steht das ans Dasein gebundene: „Wir leben noch alle. Und gesund sind wir miteinand!"[15] des pensionierten Polizeiorgans Benedikt Pfaff gegenüber, das zum Überleben aufruft. Weltfremdheit des einen, der exotische Kulturen besser kennt als sonst jemand; Augenblicksleidenschaft des anderen, der vom Physischen beherrscht wird. Keiner von beiden vertritt jene für das menschliche Dasein zwingende Auffassung von dreidimensionaler Zeitlichkeit, die Heidegger unter dem mythisch wirkenden Begriff „gewesene-gegenwärtige Zukunft"[16] hervorkehrt. Für Dr. Peter Kien scheinen weder Gegenwart noch Zukunft zu gelten, für den Oberbeamten Benedikt Pfaff weder Vergangenheit noch Zukunft. Der grundsätzliche Mangel an Zukunftsaspekten engt den Roman wie absichtlich in eine Gefühlssphäre des An-Ort-Tretens ein, also in eine Gedankenklemme, die nach Befreiung zu schreien scheint (nicht unähnlich der Wirkung von Edward Munchs berühmtem Gemälde „Der Schrei"). Es bieten sich demnach in diesem facettenreichen Roman expressionistisch-visionäre Anlagen, die ebenso in surrealistisch-absurde Rettungsversuche übergehen können. (Kien trägt seine neu gekauften Bücher im Kopf, holt sie nur nächtens in engen Hotelzimmern heraus, schichtet sie auf Packpapier, um „leichter" schlafen zu können, und steckt sie morgens wieder in seinen Kopf zurück.)

Einen weiteren egoistischen Typ des Intellektuellen, der sehr elegant und weltmännisch überlebt, zeigt die Figur Georgs, die allzuleicht für brüderliche Güte und georgische Rittertugend verkannt wird.[17] Immerhin richtet er es sich so, daß er bequem überlebt, ohne die wirkliche, Hilfe suchende Situation erfassen zu wollen. Das Entrinnen ins Ausland vor einer unlösbar erscheinenden Lebenslage im eigenen Land drückt sich noch in jüngerer Nachkriegsdichtung als Lösung selbst für die Autoren aus. Sie finden bei den Ihren keine menschliche Wärme. Das erinnert an Hans Magnus Enzensbergers anklagende Dichtung *Landessprache* oder an Ingeborg Bachmanns Einleitung zu ihren Ungaretti-Übersetzungen, die Vorzüge des Auslandes oder in der Fremdsprache belegen. Enzensberger bleibt im Deutschland der fünfziger Jahre nur „eine zeitlang,/ bis ich von hinnen fahre zu anderen leuten,/ und ruhe aus, in einem ganz gewöhnlichen land,/ hier nicht,/ nicht hier"[18]. Bachmann klagt, daß sie im Deutschen keine Entsprechung durch die Wörter „Heiterkeit, Munterkeit, Freude" für Ungarettis italienisches „Allegria" finde: „Hätten wir ein entsprechendes Wort, so fehlte uns doch allegria. (...) Allegria gibt es bei Mozart, überhaupt manchmal in unserer Musik, aber sonst wohl kaum, weder in den Menschen, noch unter den Menschen."[19]

Georg, in Paris als Leiter einer psychiatrischen Klinik erfolgreich geworden, kehrt nach Wien zurück, um dem Bruder zu helfen, der ihm ein Telegramm geschickt hatte. Am ersten Abend steigt er in einem Hotel ab und verschiebt seinen Besuch, um die Nachtruhe des Bruders, wie er vorgibt, nicht zu stören.[20] Er geht in die Oper, und seine Erkenntnis bestätigt geradezu Bachmanns Hinweis: „Bei Mozart war er angenehm geborgen." Die Unordnung und das Elend, die er am nächsten Tag im Haus des Bruders antrifft, entdecken ihm auch die eigene Ohnmacht, hier wirklich helfen zu können, ohne sich ganz dem Bruder widmen zu müssen und damit die eigene Karriere im lebenswerten Ausland aufzugeben. Er tut zwar das Nötigste, aber entfernt sich wieder nach einigen Tagen, seine ihm untergebenen Kranken in Paris dem Wettbewerb mit dem Bruder in der alten Heimat vorziehend. Weiterleben wird hier utilitaristisch, praktisch gelöst. Er hört in den trutzigen Worten des Bruders nicht die Verzweiflung, wie Canetti festhält: „Der Abschied ging ihm wohl nahe. Hinter seiner Grobheit verbarg er Schmerz."[21] Georg tröstet sich: „Ich habe ihm doch geholfen. Jetzt hat er alles genau, wie er es will. Kein Lufthauch stört ihn."[22] Wie unrecht er hat, beweist schon das nächste und letzte Kapitel, als der Überlebensklotz Benedikt Pfaff kurz nach Georgs Abreise „tobte und ... nach der Geldquelle hinauf(stürzte), sie war ihm ja plötzlich versiegt. Auf dem Wege erschlug er die Treppe. Unter seinen Faustschuhen wimmerte der Stein"[23]. Mit Pfaff und der nicht minder über ihren Machtverlust verärgerten Therese charakterisiert Canetti jenen Menschenwillen, der oft das nackte, machtbetonte Überleben begleitet. Seinem Bruder wirft Peter Kien noch vor, auf das Testament aus zu sein, indem er über sich selbst lamentiert: „Zum Sterben ist ein Bruder gut genug, Räuberhölle Welt, Menschen fressen und rauben Bücher. Und alle wollen was, und keiner bleibt, und keiner kann es erwarten.“[24]

3. Die Lebensreaktion auf diesen Roman ist ohne Ausnahme die des Entsetzens, der Entmutigung, der Resignation - von der Nestroy behauptet, sie sei die größte Nation. Der Verweis auf Nestroy soll jedoch an die Tradition des Wortwitzes erinnern, die selbst in diesem absurden Literaturwerk einen Sinn für Humor birgt, der in sich lebenserweckend sein sollte. Oxymora im Wienerischen, das Canetti an mehreren Stellen einsetzt, unterstreichen die Lebensaufforderung: „Lach, wenn's zum Heulen nit reicht“, wie einer jener Volkssprüche lautet. „Gemma, koed is ned“, heißt es in Artmanns *med ana schwoazzn dintn*, um große Überwindung zu maskieren. In diesem Sinne wirkt *Die Blendung* wie ein Text mit verkehrtem Kontext, eine Vorstellung eines unmenschlichen Zustands, der nie wirklich eintreten möge. Das heißt, der gesamte Anspruch auf ein menschenwürdiges, kulturvolles Leben, wie es etwa der Präambel zur amerikanischen Menschenrechtserklärung entspräche - jenem geforderten Recht auf Leben, Freiheit und Glückseligkeit -, erhebt sich, so könnte eine Auffassung sein, durch sein Negiertwerden in der *Blendung* zu einer Mahnung an folgende Geschlechter. Das Prophetische des Romans ankert dadurch im biblischen Boden, der vordergründig durch Canettis Wahl von Rembrandts Gemälde im Städelschen Kunstinstitut in Frankfurt „Die Blendung Simson“ anklingt.

Im Kapitel „Simsons Blendung“ aus *Die Fackel im Ohr* findet sich ein schlagender Beweis für die Behauptung, daß Canetti mit seinem Roman eine Wirklichkeit durch Bilder über den Tod vorstellen wollte, die so abschrecken sollten, daß man sie als Lebensvorbild ablehnen würde. Das geht mit der Vermutung einher, daß Canetti erzieherische Absichten in diesen Roman verwob, wie das Kapitel an mehreren Stellen zeigt. Abgesehen von der scharfsichtigen Beschreibung von Rembrandts Gemälde,[25] prägt sich die Einleitung zum Kapitel ein, als Canetti die Mutter zitiert, die ihm sein Bücherwissen vorwirft und seine Befangenheit vor tatsächlichen Ereignissen, was in den Worten gipfelt: „Von Entwicklung, von allmählichem Reifen, von Verbesserung und besonders von der Nützlichkeit eines Menschen auch für andere hast du mit all deinen großen Worten keine Ahnung. Das Grundübel ist deine Verblendung.“[26] Canetti verteidigt sich gegen den Vorwurf, indem er sich gegen das „nachahmende Lernen“ wehre, also sobald „man mir etwas empfahl, bloß weil es in der Welt so üblich“[27] sei. Hier findet er durch die *Bilder* jenen „Weg zur Wirklichkeit“, der ihm unter anderem und äußerst einprägsam durch „Die Blendung Simsons“ eröffnet wurde. Unter dem haßerfüllten Blick Delilahs auf sein noch ungeblendetes Auge ruft Simson: „Die Philister über dir, Simson!“[28].

Die Philister sind jene biblischen Heiden, die jedem menschenwürdigen Leben des auserwählten Volkes das Gegenbild liefern. In moderner Auffassung empfängt das Wort den ironischen Nebensinn eines engherzigen Spießbürgers, der beschränkt und schwunglos sein Dasein fristet, von der Art also, wie auch Karl Kraus diese Typen in seinen Schriften kampfbetont charakterisierte. Wenn demnach der Roman *Die Blendung* die minutiöse Darstellung dieses Philistertums bedeutet, wird die Absicht des Autors in der Permeabilität des Textes klar, der eine Wirklichkeit künstlerisch so einfängt, daß sie entsetzen und abstoßen soll: So darf das menschliche Leben nicht vor sich gehen!

„Du willst alles hochmoralisch haben oder gar nicht. Das Wort Freiheit, das du immer im Munde führst, ist ein Witz. Einen unfreieren Menschen als dich gibt es gar nicht. Es ist dir unmöglich, dich *unbefangen* einem Ereignis zu stellen, ohne alle deine Vorurteile davor aufzuwälzen, bis es gar nicht mehr sichtbar ist“[29], wirft die Mutter Elias Canetti vor.

Dieses Urteil beschäftigte Canetti und bedingte seine eigene Suche nach dem Lebenssinn. *Die Blendung* legt das unsinnige Leben der philiströsen Figuren bloß, das in die Maxime des Selbsttodes der zu dieser Lebensweise antagonistischen Hauptfigur führt: lieber, als derart weiterleben, Ende dieses Lebens. Tragischerweise bleiben aber dabei die Philister am Leben; sogar die Kulturwerte, die Bücher, werden mit dem Idealisten vernichtet. In Peter Kiens Leugnung eines lebensbejahenden Auswegs bekennt sich der Privatgelehrte zum Zufall des Daseins,leugnet daher dessen geordnete, gottgewollte Fügung und macht sich selbst schuldig, wie Canetti postuliert: „Wer nicht an Gott glaubt, nimmt alle Schuld an der Welt auf sich.“[30]

Hier findet sich der Ansatz einer neopositivistischen Auffassung der Philosophie, die nicht nur Gott (Nietzsche: „Gott ist tot.“), sondern auch das menschliche Individuum dekonstruiert und beiden - Gott und dem Menschen - die Objektivität der modernen Wissenschaft vorzieht, die einen Dehumanisierungsprozeß zugunsten sachlogischer Erkenntnis als Leitidee des technischen Zeitalters einseitig hochwuchern ließ. Dieser wird durch (post- und spätmoderne?) Auffassungen, die neben Dekonstruktion in jüngster Zeit wieder gnostische Rätselhaftigkeit des Seinssinnes zur Frage erheben, insoferne in die Schranken verwiesen, als auch dem Individuum im kreativen Bereich, also in der Kunst, eigenmächtige Schöpfungskraft zugesprochen wird.

Das so geschaffene Kunstwerk der Ära in der Folge von Sigmund Freud, wie es *Die Blendung* einzig exemplifiziert, schafft Wirklichkeitsbereiche, deren Gültigkeit nur über das textuelle Geschehen abzuleiten ist. Der ethische Lebenssinn, den die physische Welt ins Augenblickliche, Faustrechtgebundene verkehren kann, soll durch das literarische Kunstwerk ins Lot, wenn auch durchaus nicht immer ins rechte, gerückt werden. Da entpuppt sich etwa der Sinn für Humor in einigen Textstellen als befreiend und bietet dabei jene Lichtblicke, die in der *Comédie humaine*, wie Canetti sein Werk nach Balzac kategorisierte, hoffnungsvolle Momente als Vehikel des lebenswert Möglichen darstellen. Man denke an die Ehestiftungsszene, als der Lerneifer übertrieben unecht gelobt[31] und Konfuzius als dessen Beispiel zitiert wird. Die eigenartige Szene im Hurenmilieu „Zum idealen Himmel“ läßt an frühe Gangsterfilme aus dem Chikagoklischee denken. Die skurrile Beschreibung des Buckels Fischerles und die surreale Abladeszene der Bücher aus dem Kopf Kiens[32] gehören ebenfalls zu den witzig-skurrilen Passagen im Roman.

Zweifelsohne erfahren die hoffnungsvollen Abschnitte stets Aufhebung des heiteren Eindrucks durch grausamste Verkehrungen, die das Chaos oder die Vernichtung obsiegen lassen. Die Forschungsliteratur sieht darin eine nihilistische Aufhebung der Form des (Bildungs-)Romans; ihr wird jedoch durch Canettis Autobiographien eher sachlich begegnet, so daß der Autor die Vitalität zum Weiterleben erst in ihnen bestätigt. Robert Elbaz und Leah Hadomi halten diese These in ihrem jüngst erschienenen Artikel „Text and Metatext in Canetti's Fictional World"[33] folgerichtig fest. Sie verweisen, wie schon einst Dagmar Barnouw, auf die diametral-dekonstruktive Beziehung zwischen Text und Kontext, Signifikat und Signifikant, Wort und Welt, Erzähltem und Geschichte, so daß zum Verständnis des Menschen Canetti und seiner Absichten seine Texte *über* herangezogen werden müssen. Das lehnt sich an Canettis Erfahrung, der durch die späte Entdekkung der Liebesbriefe von Karl Kraus an Sidonie Nadherny von Borutin (1974) dessen wohlmeinende, humane Denkweise hinter seinen scharfen Schriften in *Die Fackel* und anderen literarischen Werken plötzlich einsieht. Auf Canetti übertragen, beleuchten die Schriften in *Lebensansichten*, daß *Die Blendung* antithematisch auf einen Lebenssinn hinweisen möchte, der außerhalb des literarischen Nihilismus den Rahmen gegen das entsetzliche Geschehen im Kunstwerk selbst wie warnend zieht. Das Kunstwerk selbst bleibt jedoch gestalterisch abgeschlossen wie Rembrandts zitiertes Gemälde und legt das Verbrechen wertfrei vor. Das Werten bleibt dem Leser - wie bei Rembrandt dem Beschauer - und der Kraft seiner Wertbezüge und Wertwerkzeuge, damit seiner Bildung und ethischen Reife überlassen.

Die wissenschaftlichen Überlegungen zu Canettis *Die Blendung* von Friedbert Aspetsberger und Gerald Stieg u.a.m. zur „Blendung als Lebensform" oder Dagmar Barnouws frühe Canetti-Darstellung bei Metzler, die Beobachtungen Manfred Durzaks, die Darstellungen Edgar Piels aus den achtziger Jahren oder die jüngste umfangreiche Studie Axel Steussloffs *Autorschaft und Werk Elias Canettis*, um nur einige aus den mehreren hundert Beiträgern zu Canetti hervorzuheben, erkennen meistens das Licht hinter dem Todesdunkel des Romans. Auf Grund seines Gesamtwerks erkennt man heute Elias Canetti als den an Karl Kraus geschulten, ihm aber entwachsenen, prophetisch treffenden „Zeichner in Worten" seiner Epoche und dessen, was die Epoche überdauern soll, sei es in der Bestimmung zur künstlerischen Unabhängigkeit, sei es in der Sorge um die Maße, die das menschliche Leben kulturvoll ausmachen. Ob Kiens Feuertod manifestieren soll, daß das Leben nicht um jeden Preis, etwa den der Erniedrigung und der Abhängigkeit von den Gemeinheiten der Mitmenschen, zu leben und zu ertragen ist, bleibt Auslegungsfrage. Der Roman trägt eher die Lehre in sich, daß das menschliche Leben niemals an den Rand solcher Überlegungen gedrängt werden dürfte. Dazu Canettis beide Aphorismen, zunächst:

„Der Fluch des Sterben-Müssens soll zu einem Segen gewandelt werden: daß man doch noch sterben kann, wenn es unerträglich ist zu leben."[34]

Und im Gegensatz dazu:

„Das Kühnste am Leben ist, daß es den Tod haßt, und verächtlich und verzweifelt sind die Religionen, die diesen Haß verwischen."[35]

Im Jahre der Fünfzigjahrfeiern nach dem Ende des zweiten Weltkriegs, nach einem halben Jahrhundert also, da die Welt an anderen Orten an die zweihundert Kriege erneut erfahren hat, mag wenigstens West- und Mitteleuropa die erste Hälfte des Jahrhunderts, von deren zeitlicher Mitte Canettis *Die Blendung* inspiriert wurde, wenn auch mühsam durch sinnvollere Lebenseinsichten vertauscht haben. *Die Blendung* gewinnt dabei im zeitlichen Abstand, abgesehen von aller literarischen Unabhängigkeit ihrer Gestaltung, keine geringe Bedeutung als Mahnmal zur Abwendung des fatalen Schicksals jener fernen, doch stets durch bösen Willen abrufbaren Epoche. Wenn Roger Hillmann in seinem Beitrag „Der Wiener Karneval. E. Canettis *Die Blendung*"[36] Canettis Hauptfiguren, wie übrigens an anderer Stelle auch Curtius, nämlich Fischerle, Therese und Kien als groteske Erscheinungen aus Legende und Volkserzählungen erkennt, wie sie im Prater oft gemalt an Wänden aufkreuzen: der bucklige Zwerg, die kopfschüttelnde Hexe und der weise Zauberer, dann bestätigt er einen Tiefgang ins Mythenhaft-Historische. Franz Boas' *The Mind of Primitive Man*[37], wonach das Tierhafte im modernen Menschen unbewußt und verdrängt: und dadurch abrufbar weiterlebt, fällt dazu ebenso ein wie das Churchillwort, daß Menschenwürde, etwa im Sinne des demokratischen Ideals, täglich neu erfragt und bestimmt werden muß, damit der Mensch keiner Blendung durch falsche, das freie Leben bedrohende Mächte unterliege.

Anmerkungen

1) In Walter Bensels *Elias Canetti. Eine Personalbiographie*, Bremerhaven 1989, sind 156 Beiträge zu *Die Blendung* vermerkt; bis 1995 könnte die Zahl 200 erreicht worden sein.

2) Dagmar Barnouw, *Elias Canetti*, Stuttgart 1979, S. 17 ff.

3) Elias Canetti, *Die Fackel im Ohr. Lebensgeschichte 1921-1931*, Frankfurt am Main 1982. Im weiteren zitiert unter FiO mit Seitenangabe.

4) FiO, S. 293 ff.

5) FiO, S. 67 ff.

6) FiO, S. 260 ff.

7) FiO, S. 250

8) FiO, S. 236

9) Robert Elbaz and Leah Hadomi, "Text and Metatext in Canetti's Fictional World", in: *The German Quarterly*, 67.4 (Fall 1994), S. 521. Weitergeführt unter TaM mit Seitenbezeichnung. Meine Übersetzung.

10) Ernst Jandl, „wien: heldenplatz", in: *Laut und Luise*, Berlin 1968, S. 44. Das Gedicht lautet:
wien: heldenplatz

der glanze heldenplatz zirka
versaggerte in maschenhaftem männchenmeere
drunter auch frauen die ans maskelknie
zu heften heftig sich versuchten, hoffensdick.
und brüllzten wesentlich.

verwogener stirnscheitelunterschwang
nach nöten nördlich, kechelte
mit zu-nummernder aufs bluten feilzer stimme
hinsensend sämmertliche eigenwäscher.

pirsch!
döppelte der gottelbock von Sa-Atz zu Sa-Atz
mit hünig sprenkem stimmstummel.
balzerig würmelte es im männechensee
und den weibern ward so pfingstig ums heil
zumahn: wenn ein knie-ender sie hirschelte.

11) FiO, S. 119

12) Elias Canetti, *Die Blendung*, München 1981, 5. Auflage, S. 24. Im weiteren zitiert unter B mit Seitenangabe.

13) Hugo von Hofmannsthal, „Manche freilich“, in: *Gedichte und Dramen*, Frankfurt 1955, S. 22. (ca. 1895) Die erste Strophe lautet:
Manche freilich müssen drunten sterben,
Wo die schweren Ruder der Schiffe streifen,
Andre wohnen bei dem Steuer droben,
Kennen Vogelflug und die Länder der Sterne.
Und endet mit der Strophe:
Viele Geschicke weben neben dem meinen,
Durcheinander spielt sie alle das Dasein,
Und mein Teil ist mehr als dieses Lebens
Schlanke Flamme oder schmale Leier.

14) B, S. 144 ff.

15) B, S. 353

16) Martin Heidegger, *Sein und Zeit*, Tübingen 1968, 10. Auflage, S. 350

17) Schon D. Barnouw verweist auf diese Tatsache und hält in ihrem Buch über E. Canetti fest: „Georg ist häufig zu positiv verstanden worden.“ a.a.O., S. 25

18) Hans Magnus Enzensberger, *Landessprache. Gedichte*, Frankfurt am Main 1969, S. 5-12

19) Ingeborg Bachmann, *Werke*, München-Zürich 1978, S. 618 f.

20) B, S. 463

21) B, S. 506

22) B, S. 506

23) B, S. 507

24) B, S. 514

25) FiO, S. 113 f.

26) FiO, S. 109

27) Ebd.

28) *Buch der Richter* 16, 9. 12. 14. 20

29) FiO, S. 109

30) Elias Canetti, *Die Provinz des Menschen. Aufzeichnungen 1942 - 1972*, München 1973, S. 77. Im weiteren zitiert unter PdM mit Seitenangabe.

31) B, S. 34-36

32) B, S. 209

33) TaM, 521-533

34) PdM, S. 51

35) PdM, S. 35

36) In Kurt Bartschs und Gerhard Melzers Sammelwerk *Experte der Macht*.

37) Franz Boas, *The Mind of Primitive Man*, New York 1913

Die Blendung der massenhaft verfehlten gesellschaftlichen Synthesis

Michael Benedikt

I. Drei Grundgedanken

Von den acht Romanen, mit denen Canetti als verspätetes, womöglich postmodernes und nach Schnitzlers Reigen gedrehtes Kreisspiel der Comédie Humaine à la Balzac uns wie mit Scheinwerfern jede nur aufkommende Décadence bis in die letzten Schlupfwinkel auszuleuchten versprach, ist nur *Die Blendung*, ab 1929 niedergeschrieben, veröffentlicht. Wenn auch in der Studienzeit vorkonzipiert, teilweise nach Frankfurt und in die Wiener Kinderzeit, auch nach Baden bei Wien oder bis nach Rustschuk zurückreichend, steht der Text in der Halbzeit der dreißiger Jahre fest. Die Inkubation zwischen der ersten Auflage von 1935 und der zweiten bzw. dritten, 26 Jahre später, gab uns Zeit und Distanz, vor allem Mutmaßungen und Gelehrtenwissen aufzuhäufen; jetzt könnte es an der Zeit sein, zu fragen, was denn in dem vielfach verschlüsselten Nachlaß noch weiteres zum einzig publizierten Roman stehe, zu einer Fortsetzung der Abhandlung *Masse und Macht*, zu einem möglichen Folgeband, nach entsprechend verfaßten Notizen zur *Blendung*.

1. Das verbogene Rückgrat des Glaubens. Vor Beginn der Thematisierung der *Blendung* ist an eine Stelle im Gespräch zwischen Canetti und Bienek zu erinnern, welches für das Werk, die Interpreten und die Zuhörer sicher wichtig ist.

Horst Bienek zitiert in *Aufsätze und Gespräche* zunächst ein von Canetti geprägtes Wort: „Ich habe alle Eigenschaften des religiösen Menschen in mir, aber auch den tiefen Zwang, dem Gehege des Glaubens zu entkommen.“ Diesem Eigenzitat des Autors entgegnet nun Canetti: „Es ist wahr, daß mich der Glaube fasziniert, daß es nichts gibt, was ich mir für dieses Leben noch so sehr wünsche als die Lösung dieses Rätsels. Ich will wissen, was der Glaube ist. Die Formen, in denen er sich abspielt, kenne ich nun genau. Ihn selbst kenne ich sozusagen nur von oben. Was ist er von unten, und was ist er ganz innen? Was ist das Mark in seinem Rückgrat?“[1]

In der Folge gibt Canetti zu bedenken, daß wir in vielerlei Weise durch die Sucht nach unserem eigenen Wohlergehen geblendet sind, um auch nur an die Lösung dieses Rätsels heranzugehen; allerdings wird gerade die Lösung nie berührt, daß Glaubensintentionalität, und zwar wegen ihres Verfehlens der Zuwendung zum Nächsten, zunächst als Auserwählung auf das unsere Kraft nahezu übersteigende Heil der Nichtglaubenden gerichtet ist; weiters jedoch, wenn als auserwählter Glaube verabsäumt, womöglich auf die Lebensform der jeweils Ungläubigen überspringen wird: Also ist aufgerufen, die Bonität der Handlungsfolgen aufzuspüren, was jetzt im Zeitalter der Mythen-, Symbol-, Riten- und Glaubenslosigkeit auf jede Frau, jedermann zutreffen müßte, selbst in den Formen des Atheismus.

2. Das „soziale Rätsel“. Eine andere Seite dessen, was durch vielerlei Blendungen uns Blick und Atem des langmütigen Zusehens und Dechiffrierens nimmt, hat Canetti überlegt: „Wer wirklich wüßte, was die Menschen miteinander verbindet, wäre imstande, sie vor dem Tode zu retten. Das Rätsel des Lebens ist ein soziales Rätsel.“[2] Es gibt unter den wenigen säkularisierten sozialen Rätseln bekannter Weise eigentlich nur die eine Auflösung des von Saint-Simon beeinflußten frühen Marx, ein Konzept, welches er gegenüber der bürgerlichen kapitalistischen Besitz-, Arbeitsteilungs- und Tauschlogik gegen das nackte Ich-Du Feuerbachs in den Schriften um 1843/44 vorführt: „Gesetzt, wir hätten als Menschen produziert ...“, d.h. wirklich für die Bedürfnisse anderer produziert, dadurch die Nacktheit des Ich-Du überwunden, deren Problematik Canetti so trefflich in seinem Flucht-Kapitel von *Fackel im Ohr* schildert, dann würden wir das Bedürfnis des Charakters unserer Gattung erfüllen.

In der Folge zeigt Marx, was diese Vermittlung der in der bürgerlichen Revolution mißlungenen Solidarität für unsereins, für den Mitmenschen, das Werk, das Gattungswesen Mensch, also Konsumenten und Produktionsverwalter, bedeutet. Marx zeigt hier vier Stufen von einfacher Werkrelevanz im Produzieren genußfähiger Güter, und zwar in Kooperation, bis zur arbeitsteiligen Organisation der Tauschhandlungen des Gattungswesens im Ambiente des Marktes auf, um sich zuletzt allerdings nach der Umkehr zugunsten der altruistischen Humanität die ganze Korrelativität des „gesellschaftlichen Bandes“ („vinculum substantiale“, wie sein Lehrer Feuerbach, Leibniz zitierend, sagt) vielfach narzißtisch als Spiegelspiel des wechselseitigen Genusses zu verpatzen.

3. Die Bedingungen der Unmöglichkeit der Zuwendung zum Nächsten. Nun ist im Zusammenhang mit vielerlei anderen Untersuchungen und Arbeitsgesprächen zu Canetti auf ein Moment in der *Blendung* aufmerksam gemacht worden, das nicht beiseite zu schieben ist, wenn es um die drei oben genannten Rätsel geht: das Rätsel des Todes als soziales Rätsel und das des unmöglichen Glaubens als Rückgrat unserer gemeinsamen Lebensform, zuletzt ihrer absehbaren Momente gelungenen Tausches, zu dechiffrieren.

Wir unterscheiden hier zunächst vom existentialistischen Vorwegnehmen des eigenen gewaltsamen oder faktischen Todes und gegenüber dessen stilisiertem Vorlaufen den viel allgemeineren Tod der entropischen Hinfälligkeit, wenn auch vielleicht gegenüber ihrer negentropischen Gegenläufigkeit des „Überlebens“. Beide jedoch setzt Canetti entschieden gegen die Unmöglichkeit des Todes anderer und gegen das Vorlaufen in diese Unmöglichkeit, wie dies wenig rücksichtsvoll gegen sich ein Janos Korcak, ein Raoul Wallenberg, die Geschwister Scholl, um nur einige Gerechte dieses Jahrhunderts zu nennen, durchgestanden haben. Erst letzteres Vorlaufen, seine Bereitschaft hierfür, scheint die genuin authentische zu sein: Wenn diese ansteckend, also massenweise auftreten sollte, könnte sie geradezu die Vorbereitung zur Aufschlüsselung des Geheimnisses der gesellschaftlichen Synthesis ergeben, den Schlüssel des Schlosses zur versperrten Tür.

Das gesellschaftliche Gelingen dieses Öffnens der Tür, auch nur erst im Stellen eines Fußes zwischen Stock und Türblatt, führt allerdings zum sozialen Rätsel, zu dessen Lösung, doch nur dann, wenn diese unerbittliche Sorge um das Überleben anderer funktional sowohl Produktion, (vertikale) Arbeitsteilung und Tausch sowie die alles umgreifende Informatik in Beschlag und in Dienst nimmt. Nicht zuletzt deshalb hat auch Marx in seinen frühen Pariser Schriften gegenüber Feuerbach darauf Wert gelegt, daß zwischenmenschliche Beziehung, also die Sorge um das sogenannte Du des anderen, wie wir sahen, eben nicht paradiesisch nackt zu bleiben hat.

Hierbei müssen wir als ersten Befund annehmen, daß es zwar schon Lösungen des Rätsels des Glaubens gibt (wie Augustinus': Deum et animam scire cupio, nihil be plus? nihil ne omnino!), ohne diese in die Diversifizierung der Masse mit Bezug auf das Heil eben des je anderen eingebracht zu haben: eigener Heilsanspruch und massa damnata sind korrelativ; Augustinus' Glauben ist offensichtlich heilsegoistisch, selbst im gesellschaftlichen Status der Heilsgemeinschaft; anderseits müssen wir annehmen, daß es auch hier eine vorläufige „Lösung" des „sozialen Rätsels" gibt, auf dessen Lösungsspur sich zumindest auch Persönlichkeiten, Gruppen, Massen ohne pointiert klargestellten Glauben begeben. (Fast könnte man, wie angedeutet, paulinisch sagen, daß die versäumte und pervertierte Liebe der Christen - in Analogie zum abgelehnten jüdischen Glauben - als positive offene Chance auf die Nichtglaubenden übergegangen sei.)

Und selbst dann, wenn wir die Modernisten mit ihrer impliziten Glaubenslehre der Bonität der Handlungsfolge oder Augustinus mit seinen anonym Glaubenden (nämlich an die in Gottes Egoismus geborgene eigene Glückseligkeit) gerade noch - auch gegen mannigfaltige Kritik - akzeptieren wollten, ist darin eine Vorstufe zu einem neuen Verwandlungsglauben gegeben: Diesem Verwandlungsglauben ist jedoch erst durch neue Symbolik, Mythen, Riten, Geschichte gehöriger Ausdruck zu verleihen.

Allerdings ist ausdrücklich festzuhalten, daß der langhin fixierte Glaube ans eigene Heil, als Angelegenheit der Auserwählung, zugleich als Verdeckung der Lösung des sozialen Rätsels distanziert werden müßte.Die Perversion der Gesellschaftsordnung des private vices - public virtues und vice versa gilt zunächst nicht. Die hier zugrunde liegende Philautie oder Eigenliebe, sei es des Einzelnen, sei es der Gruppe, ist einer der Ursprünge unseres Hanges zur Blendung, und erweise sich diese noch sosehr im Schutz der Behaglichkeit.

II. Weltloser Kopf

1. Blendung: Übertragung von Gelehrtenwissen auf Lebenswelt. Immerhin steht fest, daß einerseits die drei bzw. vier Arten von Gerechtigkeit - von Tausch, von Verantwortung, von Zuteilung, von gesellschaftlicher Proportion - seit der Antike zur Billigkeit hinneigen, von dieser zur Freundschaft und Liebe; von letzterer führen sie allerdings zur attraktiven Selbstliebe als Kitt der Gesellschaft.

Anderseits steht fest, daß zumindest seit Augustinus, wenn nicht schon durch Clemens bzw. gar durch Paulus' Stoizismus vorbereitet, nahezu jede Form gläubigen Altruismus zuletzt in die angeblich einzig statthafte Philautie des eigenen Heilsstrebens zurückführte.

Immerhin hat die Paarung jenes Gerechtigkeitskitts und dieser synthetischen Philautie zu einer fast unschlagbaren Verbindung geführt, die zumindest bis zu Nietzsches Positivismus und dem präsentischen Positivismus geraume Zeiten gehalten hat.

Wenn sich also selbst das berühmte „Gesetzt, wir hätten als Menschen produziert ..." bis zur Explikation des gesellschaftlichen Bandes der Produktion für andere sogar den Humanisten Marx in das Spiegelspiel des Narzißmus („wir wären lebendige Spiegel") gefallen lassen muß, dann ist, wenn kein besserer Einfall vorliegt, mit dem man Staat und Wirtschaft machen kann, gegen diese Blendungen eben eine entsprechendere Verbindlichkeit aufzusuchen.

„Blendung“ bedeutet dann z.B. moderner, über alle Engführung und Verkürzung (Weltloser Kopf, Welt ohne Kopf, Welt im Kopf) hinaus, die permanente Vereinnahmung der nach Naturgesetzen und -annahmen vereinnahmten Bonität jener Handlungsfolgen, welche die der anderen ist. Vorwelt, Mit- und Umwelt sowie Nachwelt bestimmen sich dann bloß aus der Entwurfsschematik der Wechselwirkung von Entropie und Informatik. Das naturontologische Versuchs- und Irrtumsschema („trial and error“) wird zur Basis auch von gesellschafts- und geisteswissenschaftlicher, zuletzt philosophisch-anthropologischer Betrachtung.

2. *Die Blendung*, konkreter. Aus dem dritten Teil von *Die Blendung* stammt ein vorgeblich positiver Begriff der Bestimmung der Masse. Während der erste Teil der *Blendung* bekanntlich als „Ein Kopf ohne Welt“ die Aussperrung des Sinologen Kant – oder besser Peter Kiens – aus seinem Bibliotheks-Theresianum seitens seiner zur Ehefrau avancierten Haushälterin und Vettel, der Therese Krumbholz, behandelt, dreht sich der zweite Teil hingegen um die „Kopflose Welt“, das heißt, um die ebenso dämonische Kehrseite der Brutalität des bloßen Überlebens um jeden Preis in den verbrecherischen Privatsphären der öffentlichen Perversionen des Kapitals, der Technik, der abstrakten Arbeitsteilung, kurz der Masse der modernen Welt. Hier erfahren wir eben die kopflose Welt und manches mehr. Man denke an Morde und Inzest des pensionierten Polizeiportiers Benedikt Pfaff oder des unter dem Koitus-Lager seiner Angetrauten hingeschlachteten und seines Buckels beschnittenen devoten Betrüger-Dieners Kiens, des Buckelzwergs, des paranoischen Schach-Weltmeisters Fischerle: ein Leben, wie es in den Nachtpissoirs, den Kanalsystemen und den Hausmeisterlogen einer halb dörfisch zusammengewürfelten, wie immer prächtigen Großstadt anzutreffen ist.

Dagegen wird im dritten Drittel, „Welt im Kopf“, nun der Gegenpol zu Peter Kiens perverser Bibliophilie und deren verkommener Basis, eine weitere Blendung ausgeleuchtet, die der Verrückten: Nämlich wie durch die Sucht nach der vorgeblichen Genialität der Verrückten und durch den zunächst psychologischen Mordkomplott des durch seine dritte Frau hochgekommenen humanistisch-psychiatrischen Bruders von Peter Kien, des Helden und weißen Gottes Georges Kien, der unmöglichen Lösung des sozialen Rätsels nachgegangen wird: Die Gewohnheit des weißen Gottes zeigt und entlarvt sich auch hier: sonst in der gigantomanen psychiatrischen Versuchsstation einer Weltklinik zu Paris, jetzt aber als Retter seines Bruders im dörfischeren Wien, als empathischer Psycho-Synthetiker, welcher dem vermaledeiten Logozentrismus unserer verfallenden Kultur die heile Sprache des Emotiven, der Symptom- und Signalform entgegensetzt, ohne aber diese Entgegensetzung als Repräsentation zu entwirren.

3. Die Verwandlungsgestik. Die Episode, auf welche Canetti hier besonderen Wert legt, ist die von der zunächst durch das Koitus-Bild von zwei Halbmenschen eingeleitete und zum Narren festgehaltene Figur des Gorilla-Menschen, des Schwagers einer aus der früheren Klientel stammenden beleibten Bankiers-Gattin, da Peter Kien noch Frauenarzt gewesen war.

Akzeptanz und Deskription und Hermeneutik des sich als Protest gegen die mondäne Halbwelt zum Affen degradierenden Bruders des Bankiers sind Meisterwerke der Verwandlungsgestik: Pantomimik, Mimik und Sprachpräsentation des Laissez-faire werden zu geradehin filmisch prägnanten Momentaufnahmen in der Methodik Canettis: Halbwelt wird hier nicht, wie im Jargon der Gaunersprache von Heideggers Seinsgeschichte, zur Eigentlichkeit kontrastiert (was also Naturschichtung, auch Geschichte aus uns gemacht gegenüber dem Authentischen des Vorlaufens in den je eigenen Tod); vielmehr wird hier durch die hohe Kunst der Verwandlung – eines der Lieblingsthemen der Anthropologie Canettis mit Hinblick auf das Nachahmungsvermögen des Menschen – nun ein prinzipiell anderer Ansatz deutlich: Die Symptom- und Signalfunktion der Sprache (welche wir gemäß Chomsky oder Wittgenstein oder Bühler oder Descartes angeblich auch mit den Tieren gemein haben) wird gegenüber den dominanten Symbol- und Argumentativformen öffentlicher Kultur- und Zivilisationssprache zur Leitwährung der in chief-clans segmentierten Gesellschaft: und zwar jetzt im Gegenzug zu dem vom weißen Gott geleiteten Big Man. Daß dies weder Peter Kien – in seiner Infragestellung des üblichen Gebrauchs von Symbol und Argumentation – noch auch Georges in seinen Experimenten mit Symptom und Signal, inmitten von Pantomimik, Gestik und Mimik gelingt, dies ist vor allem der vielfach gebrochenen Blendung unserer Zivilisationsrelevanzen und Kulturwerte zuzuschreiben und Thema des Romans.

Seine Stoßrichtung pocht an die versperrte Tür der Würde des Menschen, seinen Ausdruck und Widerhall, und erreicht eben den Ausdruck der Würde nicht, auch wenn, wie gesagt, gelegentlich ein Fuß zwischen Tür und Angel mehr droht als verwandelt.

Daß dies aber dem ehr-, herrsch-, habsüchtigen und eigendünkelhaften Georges, der im Verhältnis von Anspruch und Echo zu leben vorgibt, nicht gelingt, dies kommt daher, daß er nicht weiß, was er tut: daß er sich nämlich angetragen hat, das Naturell des Gattungswesens Mensch sowohl in seiner Natur-Schichtung als auch in seiner Gattungsgeschichte als Gottmensch, Heros, Übermensch etc. durchzugehen, Evolution mit ethnographischer Geschichte zu vereinbaren, dies bleibt ihm verborgen. Dies bleibt ihm verborgen deshalb, weil doch nur in der Spannung zum intelligiblen Charakter der jeweils in Relationen begegnende empirische Charakter erst das göttliche oder jeweils ektypische Bild und das animalische Verhängnis in den Platz des Nächsten (la place d'autruy) so einzurücken vermag, daß Humanität, ihre Würde, selbst in sardonischer Verfremdung, inmitten der massenhaft auftretenden Blendungen durchscheint.

Hier wird also ausdrücklich der Spur der geheimen gemeinsamen Wurzel zwischen dem oben genannten entmythologisierten Glauben und dem Rätsel der Gesellschaft nachgesucht.

Allerdings ist immer noch nicht geklärt, ob nun Canettis positiver Begriff der Masse, ob aus ihrer Immanenz im bloßen Kopf (als Idee des Gattungswesens in uns) oder aus der ebenso fatalen Immanenz der vergeudeten Kopflosigkeit (als Blendung pervertierter Berührungssucht außer uns) zur wechselseitigen Anerkenntnis befreit, des Rätsels Lösung wäre: Canetti hält hier gegen Freuds Individual- und Massenpsychologie, gegen Adlers Macht- und Individualsyndrome oder gegenüber der naiven Massenpsychologie des Gustave Le Bon fest, daß es weder um die Masse in uns noch um das Gattungswesen in uns, noch auch um die „Bildung als Festungsgürtel" gegen die „Auflösung" des petrifiziert „Individuellen" gehen könne:

Sein positiver Begriff der Masse ist vielmehr gerichtet gegen die Feuerbach-, Buber-, Ebnersche Zelebrierung des Ich-Du, des Ich-Er, selbst der anonymen dritten Person, wie bei Feuerbachs Gott der Zukunft, wie bei Rosenzweig. Konfuzius' Relativierung jenes „Er" wird schon im ersten Teil thematisiert, im dritten Teil der Blendung geht es umgekehrt zumindest Georges Kien – in seinem Habitus als weißer Gott relativiert – um den positiven Begriff der Masse als höheres Tier, Leitfigur seines Primaten-Menschen für die Weltklinik.

Diese Darstellung ist nun ebenso satirisch, wie die beiden vorangestellten antagonistischen Begriffspaare von den sukzessive im ersten Teil – der Welt im Kopf – reduzierten Formeln Ich-Du (Er-Sie) ihren Punkt gefunden haben.

Auch wird in dem abstrakten, dekrepiten, ordinären, verfallenen „Wir" und dessen uneigentlicher Hermeneutik des künstlich gesteigerten Überich eines Benedikt Pfaff, eben im „Wir" seiner zwei oder mehr Scheinpersonen, im zweiten, zum Teil noch im dritten Teil der primitive Sinn der Masse, die Bildung einer Gegenmasse, tatsächlich getroffen, wenn auch nicht klargelegt, ob es Masse auch ohne den Logozentrismus des Machthabers gibt.

Noch ist auch schließlich in der Idee von Georges Kien, Leithammel für das Große Tier als kollektive Einheit von Selbstbezüglichkeit der Bewohner wissenschaftlicher Welt, und zwar ausdrücklich im Gegensatz einer dieser entsprechenden Masse, eine Spur zum gesellschaftlichen Rätsel gefunden.

Vielmehr macht Canetti wie auch immer indirekt darauf aufmerksam, daß die Anonymität der Masse, welche durch die Doppelmassen des Wir-Ihr hindurchgegangen ist, sich der Verschlossenheit in der Stufung des Gattungswesens, seiner Relationen in Arbeitsteilung, Tausch, Eigentum als die fundamentalen relationalen Grundkategorien, dann erst begibt, wenn der Ursprung allen Übels, die Gier nach dem eigenen Überleben, die Enge der Angst, gelöst wird. Doch wird sie gelöst?

III. Das Substrat der Geschichte des Weltbürgerlichen, der Charakter der Gattung

1. Evolutionen. Es beginnt die Geschichte, wie Canetti, zusammen mit Wittgenstein weiß, schon mit der Natur-Geschichte des Menschen, der wir als Advokaten oder Klienten der Psychiatrie wie immer noch nahe oder entfernt und vertraut sind. Die von Schelling, Comte, ja schon mit Thomas Hobbes und Gustave Le Bon dargestellte Natur-Geschichte des Menschen – ganz zu schweigen von Ortega y Gassett und Hermann Broch – ist aber weder die Schichtung des Kontinuums zum Menschen herauf noch diejenige Scheingeschichte zum Primaten hinab. Deren Lauf ist so schnell wie möglich umzudrehen, wie Karl Marx, besser als die anderen Vor- und Frühgeschichtler, weiß: daß wir nämlich den Primaten, als noch nicht festgestelltes Tier zumindest, auch entsprechend zu Leibniz und Bacon, als zum Menschen offenes Wesen sehen können. In unableitbarer Vereinbarung hierzu ist jedoch festzuhalten, daß damit zu jedem Evolutionsentwurf des Menschen, gemäß seiner Naturschichtung und sie komplettierend, ein ethnographischer Parallelentwurf von Halbgöttern, Heroen, Übermenschen etc. mitentworfen ist und erst das Naturell der Massen-Basis des empirischen Charakters des Menschen ausmacht. Daß aber überhaupt Charakter als konkrete Lebensform sich konkretisieren kann, ist erst in Anbetracht des intelligiblen Charakters eben des Gattungswesens Mensch einzuholen.

Canetti muß aus diesen Voraussetzungen etwas machen, zu denen Bacon feststellt: „iustitia debetur quod homo homini non sit lupus sed deus", und wenn Leibniz die „place d'autruy" als „place de Dieu" bestimmt: Canetti hat diesen unsterblichen Platz samt seinem Naturell nun aber für den Menschen zurückgewonnen, wenn er auch nicht der erste dieser Menschheitskämpfer war. Was unterscheidet ihn von den anderen zeitgemäßen oder unzeitgemäßen anthropologischen Lösungen eines „sed homo" statt „lupus" oder „deus", die ja schon der frühe Descartes in seinem traité de l'homme eingeläutet hatte?

2. Revolution gegen den Kreislauf. Demnach bestimmen wir anthropologisch uns selbst als Gattungswesen, was Natur, auch Geschichte aus uns gemacht, nämlich als unser Naturell, welches im Nachahmenkönnen von Tieren oder Pflanzen oder Molekularschichtungen einerseits, von Halbgöttern, Heroen, Übermenschen in Spannung zu unserem intelligiblen Charakter anderseits besteht. Inmitten dieses gespannten Bogens ist also der Pfeil auf Öffnung oder Verschlossenheit des empirischen Charakters von der Ich-Du Beziehung bis zum Weltbürgertum gerichtet.

Die verkehrten Kreisläufe von Natur-Zivilisation-Kultur-barbarische Natur sind jetzt - und zwar ausdrücklich seit Kant - in einem neuen „revolutionären", eigentlich fortschreitenden Ansatz, zugunsten des neuen Überganges von Kultur, ihren *Werten*, Zivilisation, ihren *Relevanzen* und der *Würde* des ethischen Gemeinwesens zu durchlaufen. Dieser Durchlauf ist jedoch einerseits durch Rückfall in den Kreislauf, anderseits an die Fixierung des Zivilisationsstatus und dessen abstrakten Relevanzen, unter Mißachtung der zusammenstimmenden und ineinandergeflochtenen Relationsstränge, der „Fringes", wie William James und Alfred Schütz dies bezeichnen, verfallen.

3. Der empirische Charakter. Unser im letzten und diesem Jahrhundert verdrängtes Gattungswesen ist allerdings - trotz aller uns bedrohenden industriellen Revolutionen - jenes sich im empirischen Charakter offenbares Zusammenstimmen von Naturell, also was Natur, auch Geschichte aus uns gemacht, hervorgetreten, und was wir als Intelligible (im Erfassen des intelligiblen Charakters) daraus schaffen und einander antun.

Als Resultat ist die in Spannung von Masse und Macht bestimmte Formationsmannigfaltigkeit und ihre Erscheinung des empirischen Charakters entweder zur Verengung, auch massenhaft, pervertiert oder als Erweiterung, wie immer auch künstlich, geöffnet. Dies könnte man als die äußerste Nähe zwischen Canetti und dem gelegentlich von ihm, wie in den Vorfassungen der *Blendung*, verengten Kant, in späterer Betrachtung jedoch in entsprechender Perspektive, auffassen.

IV. Fehldeutungen des empirischen Charakters der Masse durch Blendungen

Dieser empirische Charakter, als Zusammenspiel von natur-geschichtlicher und künstlich-intelligibler Verbindlichkeit, ist bei Canetti nie völlig klar und deutlich und systematisch analysiert worden. Wir kennen seine Auffassung um 1935, daß Philosophie, also die ohne Methode verarmte Fundierung von Hermeneutik (der Geisteswissenschaften), Dialektik (der Gesellschaftswissenschaften) und Analytik (der Naturwissenschaften) der gesellschaftlichen Synthesis katexochen gegenüber, ratloser ist als die Dichtung. Wenn wir wüßten, was diese wäre, sagt bekanntlich Canetti damals (ohne eindeutig Dichtung oder Struktur-Dialektik oder Philosophie den Schlüssel zu geben), dann wäre unser menschliches Rätsel gelöst: *Dies sein berühmter Satz, einer der wenigen großen kanonischen Sätze des Jahrhunderts.*

Anhand von dem von Canetti im ersten Ansatz leider mißverstandenen Kant trachtet nun unser Autor, die gespaltene Blendung und ihre verschiedenen Blendungsfacetten zwischen Kopf und Welt eher zu kontrastieren als zusammenzufügen. Wer oder was ist die erlösende Instanz? Man würde Georges Kien dafür halten, den er den Leser aus seinem ihn erhaltenden Asyl zu Paris , das er zur Weltklinik auszudehnen gedenkt, zur Rettung herbeiwünschen läßt.

Wir kennen allerdings Canettis Skepsis gegenüber der Psychoanalyse aller Herkunft: Seine sardonisch kritisierte Methode der Auflösung des Unbewußten, Georges Kien in die Schuhe geschoben, ist Anspruch und Echo der Psychosynthese, welche die Kranken nur unglücklicher, und ohne sich wirklich mit dem Unglück zurechtzufinden, nur ungern entläßt. So reicht weder die intelligible Einsicht in der Übertragung von Patient gegenüber Therapeuten bzw. Übernahme des Widersprüchlichen im Patienten durch den Arzt noch auch das geraffte Syndrom von intelligibel durchleuchteter Natur-Geschichte zur eigenständigen Synthesis des sich je und je öffnenden empirischen Charakters: dessen Geheimnis ahnt Georges Kien höchstens; gelegentlich läßt er dies Geheimnis der Übernahme des Leidensdruckes seine Patienten pantomimisch vollziehen, ohne je deren Mündigkeit vollenden zu helfen.

Im Falle seines Bruders jedoch wird die Unmöglichkeit, Naturell mit seinem und dessen je eigenen verzerrten und perversen intelligiblen Charakter zur intentionalen Fremdbeziehung zu verbinden, einfach scheitern, weil deren Lösung und alternativer Ausgang blockiert ist, und das Experiment, wenn auch Erlösung aus Kopf ohne Welt und kopfloser Welt gelungen sein mag, wird schließlich ohne Erlösung der bloßen Welt im Kopfe beider Brüder für den einen zumindest zur Todesfalle.

V. Nochmals die Blendungen

Statt uns über die gesellschaftliche Synthesis, über die Macht und ihre Transformation in Gewalt, die Teilung der Gewalt, ihre zentrifugalen und zentripetalen Instanzen, sei es ontogenetisch, sei es im gesellschaftlichen Verhältnis, Bescheid zu geben, diese sogar zum Leben zu erwecken, schieben sich ganz andere Formen vor Peter Kiens, vor Georges Kiens, vor unser Visier.

1. Die phänomenologische Blendung. Zunächst dreht es sich um die verstellte Lebewelt, die Lebenswelt. Brentanos und Husserls bürgerliches Pathos und Distanz zumal können nicht die Intimität des Gemüts des empirischen Charakters ersetzen, welcher die Spannungen zwischen Ökonomischem, Wissenschaftlichem hier, zwischen Arbeit und Feier da, aushält.

2. Die pragmatische Blendung: Verstellung und Maske. Zu bedenken ist, daß Reste des gesellschaftlichen Selbstbewußtseins jener Lebenswelt zu petrifizierten Laut-

und Klangmasken erstarrt sind. Das Antlitz der Menschen verschwindet cinematographisch unter der Lautmaske und wird so zum Ursprung obszöner Dämonie, welche sich nicht nur in der Sphäre der Welt ohne Kopf, vielmehr auch schon im weltlosen Kopf und erst recht im dritten Anlauf, in der Welt im Kopfe, abspielt.

3. Die wertorientierte Blendung. Die längst und neuerdings wieder verfallenen Formen des Gattungswesens sind bloß lose Teile von in sich zerstörten Charaktermasken, welche zusammenzusetzen nicht einmal mehr dem Bruder für den Bruder gelingt. Inwiefern er durch den geheimen Mord an seiner Ehefrau (bzw. an seinen beiden psychisch ermordeten ehemaligen Gattinnen) affiziert ist, wäre zu untersuchen: es ergäben sich hier Parallelen zum Psychiater Jordan im Fall Franza der Ingeborg Bachmann. Allerdings vermißt man bei Canetti - anders als bei Alfred Schütz oder sogar bei Hermann Broch - jene Dynamisierung aufgrund des Verfalls der Werte (wir schätzen Werte, sagt man in Kiens „Theresianum", also dem Dorotheum), welche über die Zivilisationsrelevanzen zur Würde des ethischen Gemeinwesens - oder dessen Perversion - fortschreitet.

4. Die Hinterfragung der Blendungen durch Relativierung des wissenschaftlichen Potentials (Welt im Kopf). Eine glückliche Hand hat Canetti in die Sphäre des Gattungswesens Mensch geführt: Er ist nicht in die bloß halbweltliche Bestimmung Heideggers, sogar Husserls und Brentanos gefallen, die sie zu einer Analogisierung des für die Endlichkeit angeblich Unerreichbaren zugunsten des Numinosen der Seinsgeschichte fortgetrieben hatte. Zu erinnern ist hier, daß sich weder Husserl noch Heidegger mit der pragmatischen Basis unserer theoretischen Welteinstellung, nämlich in Form der Basis der Werk- und Tauschstruktur befassen, diese Dimensionen, wie immer spekulativ transformiert, der Seins- und Gesellschaftsgeschichte zuschreiben, für die uns angehenden Existentialien aber ausschalten. Dies macht uns arm, somatisch und psychisch, existentiell dekrepit und krank.

So erwartet man sich für jemand, der ausgezogen ist, jedwedes Phänomen einzustreifen, der Philosophie Totalität und Mystik streitig zu machen und, mit dem Geruchssinn auf dem Boden, gegen den Zeitgeist zu denken, eben jene groß angelegte Restauration, nein, Ersteinführung der Würde des Einzelnen, der Gesellschaft, der Kontinuität der Seinsgestalten, etwa der des Gattungswesens des Menschen, seines Charakters: Wenn Diderot diese für Hegel zerstört, Heine für Marx demoliert, dann ist es für einen österreichischen Spaniolen, für einen Juden im Exil Zeit, trotz ihrer Schindung und Ächtung, diese Lebensformen wieder einzuführen.

5. Entwurzelung. Falls nun tatsächlich das Gattungswesen ausgeschaltet bleibt, Vererbung von Person zu Person, Geschlecht zu Geschlecht, Generation zu Generation ihren Halt verloren hat, ist auch das Weltbürgertum ohne ein Minimum an enracinement, an Verwurzelung, nicht zu empirischem Charakter zu gestalten. Die Heimatlosigkeit wird Schicksal, Ausschaltung des Gattungswesens wird Ursprung für Blendung jeder Art; ihr Abfallprodukt ergibt sich als Masse, ihre Kristallisationsform inmitten der Bewegungen im Entstehen ist der Beginn der neuerdings in Gewalt, ohne Teilung, umschlagenden Macht. Ihre Transformation in Gewalt hat Canetti nur negativ gesehen, ähnlich Benjamin, ihre Teilung, als Basis aller zentripetalen und zentrifugalen Gruppierungen, ist ihm als Basis aller partizipatorischer versus repräsentativer Verfassungsrepublik - vorläufig und vorsichtig gesagt - fremd geblieben.

Canetti ist Exulant, ein Fremder auf dieser Erde. So wie ich einer bin, seit dem Anblick der Mündungsfeuer von 1934 und seit meines Vaters Darlegungen über „Mein Kampf" gelegentlich eines Spaziergangs am Schweizer Ufer 1939 entlang des Bodensees. Ein Fremdling auf dieser Erde. So könnte ich vielleicht Canetti in die Augen sehen.

VI. Die Arten der Blendung

Diese ergeben sich im Roman teils aus den Charaktergestalten, teils aus den Haupttypen der drei einzelnen Teile.

1. Ein Kopf ohne Welt. Dies stellt sowohl für den oberflächlichen als auch den gelernten Österreicher die Poppersche Variante der Welt II dar. Nur vergißt Popper, wie dies Canetti nie kann, daß Welt II seiner Ansicht immer nur eine recht und schlecht reflektierte der Welt I ist, wie Gilbert Ryle pragmatistisch schon in seinem Buch *The Concept of Mind* gezeigt hat. In *Conjectures and Refutations* Poppers wird zum ersten Mal versucht, die Sphäre von Welt I als Basissphäre auch für die Dimensionen von Welt II (der angeblichen Form reflektierenden Geistes bzw. des „Lebens" ohne Rücksicht auf dessen gesellschaftliche Basis) und (in Form der Emergenz) von Welt III, also der Sphäre der Geisteswissenschaften, aufzubereiten. Welt II verfällt für Popper schließlich der Bewußtseinsimmanenz, wie dies vom ersten und dritten Kapitel von Canettis Blendung bekannt ist.

2. Kopflose Welt. Wenn deshalb Canetti von einer Kopflosen Welt, also von einer unter Entzugserscheinungen lebenden Welt der Masse ohne Spontaneität der Fremdbestimmung und der zu deren Gunsten einzuholenden Natur-Geschichte, also im defizienten Modus, eben als zu dechiffrierender Masse, spricht, geschieht eine auch für uns einfache Österreicher akzeptierte Nivellierung der Lebenswelt: dann wird à la Comte oder Neurath Masse, als Resultat menschlichen Gemeinwesens, also eigentlicher Welt II, zur Basis aller Modifikation von Welt I reduziert. Das Ich oder die Gemeinschaft solcher Wesen ist dann nichts anderes als die Reflexionen des vernetzten Materienschemas, mit oder ohne kristallines Wasser.

3. Aporetisches Resultat. Die in sich zerworfene Masse ist zugleich Basis als auch dialektische Modifikation des in sich verschlungenen Kopfes. Einen ersten Ansatz zu dieser Auffassung gibt Popper, wie gesagt, in seinen *Conjectures and Refutations*, wo Gesellschafts- und Geisteswissenschaften derselben Methode wie die Naturwissenschaften unterworfen werden, ganz abgesehen von seinem Konzept der fundierenden Anthropologie, welche, ähnlich wie bei Hegel, der Psychologie botmäßig gemacht wird. Dies hat zur Folge, daß die in sich verlorene Masse, die Gedankenwelt, ausgebeutet wird (wie Peter Kien durch Fischerle), also die ausgebeutete Reflexionsstruktur setzt sich zugleich eine Basis entgegen, von der wir, wie schon im Kratylos diskutiert, zunächst nicht wissen, ob zuerst das Modell, dann die Wirklichkeit, oder zuerst diese, dann das Modell relevant ist.

4. Welt im Kopf. Der radikale Angriff auf die genetische Psychologie, sei es genetische Massenpsychologie (Brentanos Trennung von genetischer und intentionaler Psychologie hier vorausgesetzt), sei es genetische Individualpsychologie, wird dann relevant, wo es sich um folgende Frage dreht: Wie kann ein Muster selbst zur Individuation verbunden sein, oder aber es erweist sich nur als eine bloße Modifikation, Abstraktion davon. Selbstverständlich wird Canettis Welt im Kopf jenem Reduktionismus anheimfallen, der sich unmittelbar und illegitim an Kant herangemacht hat, das Ideal der Vernunft, die organischen, mehr noch künstlichen Vernetzungen, zuletzt beide ineinander, nicht als Individuationsträger zuzulassen. Daß dies weitgehend für die technische Welt stimmen mag, ist festgestellt; daß dies hingegen für die Welt des empirischen Charakters nicht gilt, daß wir ohne Welt III keine individuierende Erweiterung unseres Gemeinwesens - etwa als gesellschaftsethisch oder strukturell poetisch relevante Sprache - darlegen können, ist evident.

Diese Welt nur als Exponent von Welt I bezeichnet, reduziert die Sphäre der Verhältnisse und des Übergangs von Werk und manifester Würde in die Schizophrenie von bloß organologischer Feldstruktur und Modell im Kopf. Kien (wie wir nun wissen, vorerst als Kant benannt) reagiert auf eine Weise, welche Kant gelassen ausdiskutiert hätte.

Kiens Zusammenschluß hingegen, zwischen Zweckmäßigkeit ohne Zweck, also Teleologie, und Ästhetik, sei es des Erhabenen, sei es des Schönen, gelingt nicht. Selbst chinesische Weisheit reicht für die Abstraktionen unserer zwischenmenschlichen Relationen, für ihre massenhafte Basis, gemäß unserem Verständnis nicht hin. Peter Kien hat weder was übrig für die Frage: Was darf ich hoffen, noch für die Frage transzendentaler Pragmatik: Was ist der Mensch? (Auch sein Bruder gibt sein Interesse nur vor.) Die Welt im Kopf wird somit für ihn selber, auch für seinen Bruder, für die Welt, zum Gefängnis, zum Gespött. Gespött im Kopf, gegen ihn gerichtet.

Philosophie, auch Sinologie, könnte vielleicht, gemäß unserer Erweiterung ins Globale, mit Bezug des Intelligiblen auf unseren empirischen Charakter und in Spannung auf unser jeweils differentes Naturell, das Gemüt schützen. Die Gebrüder Kien sind daran, es zu zerstören. Canetti stellt eine Warntafel auf: So nicht! Wie denn dann?

VII. Masse und gesellschaftliche Synthesis

Ist gesellschaftliche Synthesis bloß eine utopische Betrachtung, von Canetti selbst schon 1935 vollzogen, in seinen Schriften aufbewahrt? Für Kunst ist Utopie mehr. Für eine die Kunst schützende Philosophie, da diese womöglich nicht mehr das Ganze, ihr erhabenes Geheimnis zu sagen vermag, ist der Schutz des Gemüts die Feuerprobe. Das noch rettende auto dafé, wie der Roman auf englisch heißt, wäre vielleicht eine, aber ist keine Lösung, vielmehr ein Warnmal für das, was ist, für das, was kommt. Es ist nicht ein weiteres Blatt fröhlicher Apokalypse-Abziehbilder, die Krankheit zum Tode ist ernster.

Canetti schreibt auch einen Anti-Popper. Welt III ist eben keine Welt der evolutionären Emergenzen oder eine beliebige technisch-praktische Erfinder-Welt oder indispensable Bibliothek; oder Spezialistentum für neue Zeichenwelt, und sei diese uralter Kultur. Sie ist somit auch kein Ursprungsritual oder dynamische Fortgestaltung animalischer Produktions-Welt. Hier ist jetzt die Gefahr zu ernst, das Rettende im vergleichenden Strukturmodell unserer Zeichen ist nicht dort, wo ein Aristide mit Fernglas, die heile Natur im neuen Biotop-Park betrachtend, den Vögeln vögeln zusieht, das ist nicht unser Fest, nicht unser gelungenes Vermitteltsein von Arbeits- und Feierwelt, von wissenschaftstechnischer und ökonomischer Welt.

Wir wollen mit Canetti und Bachmann vielmehr eine andere Welt, ein anderes Leben, da wir jene Dämonen, welche unsere Verwandlungen verhindern, zumindest einmal entlarven können. Ein weiterer Schritt, den wir, da wir keine Künstler sind, nicht vermögen, den Dämonen die Welt abzuwerben, ist uns nicht geboten, wir sind hierfür geblendet. Dafür aber ist es Manier, so tun, als ob wir als Geblendete sehend sind. Bachmann hat dies als Gaunersprache bezeichnet.

Zusammenfassend sei gesagt: Sollte es richtig sein, daß sogar nach Boltzmann, nach Mach, Helmholtz, Boscovich, Lagrange, Leibniz, für alle Welt-Phänomene, auch für die von Canetti wesentlich beachteten biochemischen und chemischen, das Gesetz der kleinsten Leistung bei größter Wirkung gilt; und sollte es so sein, daß seit Kant, nein, nicht seit Peter Kien, das Gesetz des durch Handlungsfolgen als Bonität geglückten Handelns, auch anderer, nämlich das der größtmöglichen Leistung bei kleinster Wirkung verbindlich ist, so bedarf es zunächst einer Zusammenstimmung beider.

Daß dies, wie Kant sagt, und nicht durch Kien seitens Konfuzius, namentlich seit dem Barock auf uns gekommen ist, *göttliche Kunst* sei, ist *eine* Sache. Eine *andere* Sache ist es, daß es jetzt für uns gilt, diese göttliche Kunst, diese place d'autruy, *durch uns Menschen* eben in Verbindung mit der lex parsimoniae, dem Gesetz der Sparsamkeit, und ihrer Vermittlung seitens unseres Überflusses der Anstrengung mit geringstem Erfolge erst dem Dämon abzuwerben.

Um diese Vereinbarung „einer zukünftigen Religion, von der wir jetzt ... wenig wissen", kommt es eben auch und gerade jetzt darauf an, deren Relevanz und Würde der jetzigen abzuwerben, dies hat die Souveränität Canettis des „Handle so, wie du nie wieder handeln könntest"[3], festgeschrieben. Ebenso wie er das Überlassen unserer Freiheit an unseren Ursprung an sich der Anstrengung mit geringstem Erfolg gewürdigt hat, da er unseren freien Ursprung der Erweiterung des empirischen Charakters angesichts der weltbürgerlichen Gefahren durch den Fremdling aus Rustschuk andeutet. Daß nämlich diese Bonität der Handlungsfolgen an jeweils anderen und deren Handlungsfolgen die alten Religionen nur mühsam, wenn überhaupt, darzustellen vermochten, war die Antwort Albrecht Wellmers und Hans Jonas' gegenüber aller Theodizee (Rechtfertigung Gottes angesichts der Übel in dieser Welt).

Diese Antwort kommt womöglich Canetti entgegen, wenn dieser Fremdling auf Erden diese nicht längst schon überholt hätte. Deshalb auch reicht Goethes bloße Ahnung einer Ahnung vom Zusammenstimmen von kleinster Anstrengung bei größter Wirkung im Zusammengehen von größter Leistung bei kleinster Wirkung weit über Goethes Säkularismus der Unsterblichkeit, im Gedenken der Vorwelt seitens der Nachwelt, hinaus.

Das Abwerben aus den Machtbereichen der Dämonen jener genannten göttlichen Kunst, die Vereinbarung zwischen dem kleinsten Aufwand und größter Wirkung, zusammen mit dem größten Aufwand mit kleinster Wirkung aufs Menschenmaß der Dechiffrierung der Masse im empirischen Charakter des Gattungswesens eingebracht, dies ist – jetzt einmal von der Bearbeitung seines Nachlasses abgesehen – also die Canetti zuzumutende Wahrheit seiner gelassenen Anstrengung, vielleicht seiner neuen Religion, durch die wir dem Ursprung der Gottheit eine Freiheit zurückgeben können, über welche jener nicht verfügt. 1942 schreibt Canetti allerdings hierzu: „Der Glaube an eine zukünftige Religion, von der wir jetzt nichts wissen, hat etwas unsagbar Quälendes."[4]

Was jedoch als ein Resultat mitzunehmen ist, könnte man so umschreiben: Die Aporie, daß unser intelligibler Charakter uns zu leisten drängt, was zuvor nicht geschehen ist, gegenüber derjenigen, daß wir in unserem intelligiblen Charakter dasjenige zur Entscheidung bringen, was in der Differenz von Ursprung und Selbstdarstellung desselben selbst unserem Naturell vorausliegt, dies ist der Konkretisierung unseres empirischen Charakters anheimgegeben, seiner spezifischen Relationen, die, wenn abstrakt unserer Spontaneität entzogen, uns dämonisch geblendet halten. Diese Blendungen, ihre Abstraktionen vom empirischen Charakter, welche als kopflose Welt uns zur Masse degradieren, ist von Canetti zur Dechiffrierung vorgeschlagen. Unsere Arbeit ist es, einerseits dem Dämonischen sein Werk abzujagen, anderseits jedoch die Gewalt der Masse zu teilen, ihre Zähmung zum Gleichgewicht der gesellschaftlichen Affekte, der zentripetalen und der zentrifugalen, vorzubereiten.

Anmerkungen

1) Elias Canetti, *Aufsätze und Gespräche*, Hamburg 1972, S. 98 ff.
2) Elias Canetti, *Alle vergeudete Verehrung*, München 1970, S. 188
3) E. Fried, *Welt im Kopf*, Graz 1962, S. 111
4) Ebd., a.a.O., S. 111

WARUM DIE MILCH VOM FLEISCH GETRENNT WERDEN MUSSTE ODER *DIE GERETTETE ZUNGE* UND DAS DROHENDE MESSER

Doron Rabinovici

„Meine früheste Erinnerung ist in Rot getaucht." So beginnt er seine autobiographische Trilogie. Alles ist in Rot, rot der Boden und rot die Treppe. Ihn, das zweijährige Kind, trägt eine Frau. Sie trifft einen Fremden, der ihn auffordert, seine Zunge zu zeigen, der hierauf das Messer zückt, der droht, ihm die Zunge - die rote Zunge - abzuschneiden. „Er sagt: ‚Jetzt schneiden wir ihm die Zunge ab.' Ich wage es nicht, die Zunge zurückzuziehen, er kommt immer näher, gleich wird er sie mit der Klinge berühren. Im letzten Augenblick zieht er das Messer zurück, sagt: ‚Heute noch nicht, morgen.' Er klappt das Messer wieder zu und steckt es in seine Tasche."[1] Dieser Vorgang wiederholt sich täglich, täglich verzichtet der Mann auf die Bluttat, doch täglich schwingt er das Messer.

Zehn Jahre lang wagte der Junge nicht, seinen Eltern von jenen Erlebnissen zu berichten. Als er seiner Mutter viel später davon erzählt, erkennt sie in der Schilderung einen Ferienort, den die Familie einst aufsuchte: in der Frau, die den Jungen hielt, das minderjährige Kindermädchen sowie im Mann deren Liebhaber wieder. Beide, das Mädchen und ihr Geliebter, hatten sich heimlich getroffen, bis die Eltern des Knaben die Verbindung entdeckten und die jugendliche Angestellte nach Hause schickten.

„Die Drohung mit dem Messer", schreibt Canetti, „hat ihre Wirkung getan, das Kind hat zehn Jahre darüber geschwiegen."[2] Jahrzehnte später aber noch berichtet der Erwachsene uns davon, nennt er das erste Kapitel seiner Autobiographie: „Meine früheste Erinnerung", den ersten Band der Trilogie: „Die gerettete Zunge".

Die Rettung der Zunge ist sein Triumph, weil sie zum Bericht, zur Sprachfindung, zur Erinnerung, zum Kampf gegen drohende Messer, gegen Macht und Gewalt befähigt. Die Zunge ist - zumal in jenem Alter des Spracherwerbs - die Garantie eigener Mächtigkeit. Die Zunge, der orale Muskel, ist das zentrale Objekt, mit dessen Hilfe der Knabe verständig werden konnte, sich verständlich machen konnte in der Welt der Erwachsenen.

Canetti konnte damals bloß Spaniolisch, wo „Zunge" zugleich auch „Sprache" bedeutet. Das erste Kapitel bezeichnet nicht bloß die Rettung eines Körperteils, sondern die seiner Existenz. Die Drohung des Messers blieb jahrelang aufrecht. Mutter und Sohn einigten sich acht Jahre nach dem Ereignis darauf, daß die Erinnerung auf kein Erlebnis zwischen dem Knaben und seinen Eltern zurückzuführen sei, sondern alleinig auf das Kindermädchen und seinen Galan. Wie beunruhigend wäre es auch gewesen, wenn irgendein Vorkommen, irgendein Geschehen, zwischen dem Vater, der Mutter und dem Jungen in dieser dramatischen Erinnerung eine Rolle gespielt hätte. Wenn die Angst einem väterlichen Messer gegolten hätte.

Was aber, falls die Rettung der Zunge bloß deshalb zu solch einer gewichtigen Bedeutung im Bewußtsein Canettis gelangen konnte, weil sich hinter der vordergründigen Geschichte, der heimlichen Liebesbeziehung zwischen dem Kindermädchen und seinem Geliebten, eine andere versteckte, weil das drohende Messer dem Zweijährigen eine andere, frühere Angst vergegenwärtigte? Könnte die Rettung der Zunge auch eine Deckerinnerung für ein vorangegangenes Erlebnis, für ein Trauma ähnlicher Art, doch unverhüllter Gestalt verbergen?

Das allererste Ereignis im Leben eines jüdischen Knaben, das wohl in jeder Bedeutung des Wortes einschneidendste, das er erlebt, ist die Beschneidung - acht Tage nach seiner Geburt. Sie ist Drohung und Schonung, Verletzung und Rettung zugleich. Das Ritual markiert den Neugeborenen, es setzt ihm das Zeichen des Bundes. Dem Beschnittenen ist nun etwas unmißverständlich eingeschrieben, eine Kerbe gesetzt worden, ein Zeichen. Der Beschnittene ist sowohl ein Gezeichneter als auch ein Ausgezeichneter. Vor allem wird er zum Buchstaben, ja, im wahrsten Sinne zum geritzten Stabe einer weitverzweigten Buche, zum Ast eines Stammes. Seinem Körper wird einerseits die Erinnerung an den Bund mit Abraham, dem Stammvater, den Brith Avraham, aufgebürdet, andererseits diejenige an die Drohung und Schonung, an die Verletzbarkeit und Errettung seiner selbst.

Der niederländische Rabbi de Vries, der 48 Jahre lang der jüdischen Gemeinde von Haarlem diente und im Frühjahr 1944 im Konzentrationslager Bergen-Belsen ermordet wurde, schrieb in seinem Werk „Jüdische Riten und Symbole", dessen zwei Bände 1927 und 1932 erstmals erschienen: „Der Bund wurde nicht nur unterzeichnet, sondern auch besiegelt. Nur ist das Siegel kein Dokument, kein Emblem, weder eine Fahne noch ein Abzeichen. Noch irgendein Gerät, das im täglichen Leben als ständige oder gelegentliche Mahnung vorgezeigt wird; das entweder getragen oder zu Hause gelassen werden kann. Dieser Bund ist an Abrahams Volk besiegelt; er wird direkt in das Fleisch seiner Nachkommen geschnitten. Bis ans Ende aller Generationen."[3] Rabbi de Vries bestand in seinem Buch auf der Interpretation, daß die Beschneidung des Penis eine moralische, eine „kategorische Forderung" beinhalte, damit die Libido des Menschen „gelenkt, gezügelt und geheiligt werde. Die tierischen Instinkte", so de Vries, „müssen kultiviert und verfeinert werden, damit sie der edelste Ausdruck seiner Natur werden."[4]

Hinter dieser moralisierenden Legitimierung der Beschneidung kleiner Knaben wird offenbar, daß im Ritual zentrale Elemente der jüdischen Religion miteinander verknüpft werden.

Zu den herausragenden Motiven jüdischer Religionslehre gehört die Geschichte von Avraham und Itzchak. Sie handelt zum einen von der Fügung des Stammvaters unter den väterlichen Befehl seines Gottes, weiters vom Verzicht des Vatergottes auf die Opferung des Sohnes. Darin liegt der entscheidende Unterschied zu allen sohnesopfernden und apokalyptischen Religionen wie etwa dem Christentum. Im Christentum muß der Gottsohn, der den einsamen Gott des Stammvaters beerbt, am Kreuze sterben, damit Erlösung möglich wird. Im Judentum entstammt dem Opfer kein Ausweg. Die Errettung entspringt der Schonung, die aus der Beugung, der Unterwerfung unter dem väterlichen Gesetz erwächst.

Obwohl die Beschneidung nicht mit der Opferschonung Isaaks begründet wurde, darf eine Verbindung zwischen Opferverbot, Kastrationsschonung und Beschneidung angenommen werden. Auffällig wird dieser Zusammenhang in der Geschichte von Moses Sohn, der bloß durch eine Beschneidung, die Zipora durchführt, dem Tod entgeht.[5] Die Beschneidung erscheint hier als Opferersatz.

Für den jüdischen Jungen, der 1905 beschnitten wurde, muß die Botschaft - unabhängig von den ursprünglichen Gründen und Erklärungen für die Entstehung der Beschneidung, denn die sind mannigfaltig - eindeutig gewesen sein: Die Zeremonie ist eine Handlung der Männer und eine sogenannte Weihe des Mannes: durchgeführt von einem Sachkundigen, dem Mohel, im Schoße eines Gevatters, eines „Paten", des Sandak. Weder Vater noch Sohn dürfen ihren Gelüsten nach Auslöschung des jeweiligen Konkurrenten im ödipalen Konflikt nachgehen.

Die jüdische Errettung liegt nicht im Glauben an ein Ende, an den jüngsten Tag, sondern in der Erinnerung bis an den Anfang aller Zeiten, in der Abstraktion, in der Festschreibung des Stattgefundenen.

Auf die Bedeutung der Erinnerung in der jüdischen Kultur und ihren Einfluß auf viele jüdische Schriftsteller verweist Konstanze Fliedl in ihrem Essay „Merkbuch und Memento": „Im Kollektiv wird das Gedächtnis, das ein Gedächtnis der *Opfer* ist, bewahrt."[6] Konstanze Fliedl beschreibt das jüdische Gedächtnis als *das* Moment einer historischen *und* gesellschaftlichen Zugehörigkeit. Sie schreibt: „Das ‚Gedenke' haben Gesetz und Propheten immer auch zum Korrektiv einer schlechten sozialen Praxis gemacht: ‚Vielmehr sollst du dessen eingedenk bleiben, daß [auch] du Knecht in Ägypten warst ...' (Deut 24, 17) Zugleich diente das Gedächtnis als Überlebenstraining: die Bibel und der Talmud warnten immerfort vor der Illusion der Geborgenheit unter den Fremden. Der Überfall der Amelikter auf die Israeliten während der Wüstenwanderung ist die Ursituation einer Verfolgung, auf die man gefaßt sein muß ..."[7]

Als einen Kronzeugen des Erinnerungsgebotes - am Kopfe ihres Essays - zitiert Konstanze Fliedl Elias Canetti: „Suche, solange noch etwas in dir zu finden ist, erinnere dich, gib dich der Erinnerung *willig* hin, verschmähe sie nicht, sie ist das Beste, sie ist das Wahrhaftigste, was du hast, und alles, was du in der Erinnerung versäumst, ist verloren und *für immer* vorüber."[8]

Bereits in der ersten Zeremonie, der der jüdische Knabe unterworfen wird, wird ihm diese Lehre zugefügt. Auch wird ihm gesagt, daß er sich nicht bloß zu erinnern habe, um auf der Hut zu sein, nicht selbst ein Opfer zu werden, sondern daß allen Opferungen hiermit eine Absage erteilt wird; hierin liegt die Präambel des Bundes. Die Geschichte von der *geretteten Zunge* offenbart ebenfalls die Möglichkeit solch einer Lesart. Diese Lesart zieht sich wie ein Faden - in Rot getaucht - durch das Buch.

Mit all dem soll nicht gesagt werden, daß Canettis Einstellungen und Eigenschaften „jüdische" oder, um im Sprachgebrauch der Fremdzuschreibung zu bleiben, „verjudete" waren. Doch die biographische Darstellung seiner höchst persönlichen Meinungen und die Entfaltung ihrer Wirkung folgen einer kulturell beeinflußten, wenn auch nicht einheitlich festgesetzten Dramaturgie.

Canetti, dem in Rustschuk aufgewachsenen Jungen einer traditionellen jüdischen Familie, war wohl bekannt, daß sein Vorname an jenen Propheten, an Elia, Eliahu Ha Navi, gemahnt, der nach der Thora beklagte, daß das jüdische Volk seinen Bund mit Gott vergesse, und dem deshalb bei jeder Beschneidung ein leerer Stuhl gewidmet ist, damit er beruhigt erkenne, daß seine Befürchtung sich nicht erfülle, daß der Bund und die

Erinnerung daran aufrechtbleiben. Nach jüdischer Überlieferung ist der Prophet Elia der Zeuge der Erinnerung, des Bundes, der Zeuge jeder Beschneidung und jedes Pessachfestes. Der Prophet Elia werde – so heißt es – bei der Ankunft des Messias zugegen sein.

Canetti wußte, wem er seinen Vornamen verdankte. Es wurde ihm erzählt, als er vier Jahre alt war, als sein jüngerer Bruder beschnitten wurde: „Es kamen viel mehr Leute ins Haus. Ich durfte bei der Beschneidung zusehen. Ich habe den Eindruck, daß man mich absichtlich zuzog, alle Türen waren offen, auch die Haustüre, im großen Wohnzimmer stand ein langer, gedeckter Tisch für die Gäste, und in einem anderen Zimmer, das dem Schlafzimmer gegenüber lag, ging die Beschneidung vor sich. Es waren nur Männer dabei, die alle standen. Der winzige Bruder wurde über eine Schüssel gehalten, ich sah das Messer, und besonders sah ich viel Blut, wie es in die Schüssel träufelte. – Der Bruder wurde nach dem Vater der Mutter Nissim genannt, und man erklärte mir, daß ich der Älteste sei und darum nach meinem väterlichen Großvater heiße. Die Stellung des ältesten Sohnes wurde so sehr herausgestrichen, daß ich vom Augenblick dieser Beschneidung an ihrer bewußt blieb und den Stolz darauf nie mehr los wurde.“[9] Ab diesem Zeitpunkt durfte er eine Hose tragen, war er sich als Erstgeborener seiner Männlichkeit bewußt.

Daß Canetti den Vornamen seines Großvaters trug, erhob ihn auch deshalb vor allen anderen, da der Großvater – im Unterschied zu seinem Vater – noch der letzte traditionelle Patriarch der Familie war. Der Großvater und sein Enkel waren die zwei Brennpunkte in einer Ellipse der Überlieferung. Canetti schildert den Pessachseder, das Erinnerungsmahl an den Auszug aus Ägypten, als jenes Frage- und Antwort-Spiel zwischen den beiden Männern verschiedenen Alters, doch gleichen Namens: Elias Canetti.[10]

Der Großvater war es auch, der eines Tages den mörderischen Schlachtruf seines Enkels vernahm: „Jetzt werde ich Laura töten.“ Diese Laura, seine Cousine, wollte dem kleinen, wißbegierigen Elias ihre Schulhefte vorenthalten, da griff der Junge nach einem Beil. Der Großvater herrschte ihn zornig an.[11] Canetti schreibt: „Ich glaube, man begriff, daß es mir so sehr um die Schrift zu tun war, es waren Juden, und die ‚Schrift‘ bedeutete ihnen allen viel, aber es mußte etwas sehr Schlechtes und Gefährliches in mir sein, das mich dazu bringen konnte, meine Spielgefährtin ermorden zu wollen.“[12] In einem eigenen, späteren Kapitel seiner Biographie geht Canetti auf die allerersten Verbote ein, die ihm als Kind auferlegt worden waren. Dieser Abschnitt heißt interessanterweise „Verbotsbereitschaft“. Das früheste Gebot war jenes, den Gartenhof des großväterlichen Hauses nicht zu verlassen, und Canetti nennt den Großvater als Ursprung dieses Verbotes. Doch das kardinale Verbot, das – wie er sagt – „Ur-Verbot“, war jenes des Tötens nach dem Erlebnis mit Laura. Der Großvater wieder untersagte ihm, das Beil zu berühren, beim Holzhacken zuzuschauen. Canetti schreibt: „Das also war mein Sinai, das mein Verbot, so ist meine wahre Religion aus einem ganz bestimmten, persönlichen, nie wiedergutzumachenden Ereignis entstanden, das trotz des Mißlingens mir anhaftete, solange ich dem Großvater auf dem Gartenhof begegnete. (...) Unter der Herrschaft dieses Verbotes zu töten bin ich aufgewachsen, und wenn auch kein späteres je seine Wucht und Bedeutung erlangte, so bezogen sie doch alle aus ihm ihre Kraft.“[13] Von diesem Erlebnis aus erklärt Canetti seine Abneigung, jemals Hirn oder Innereien zu essen, da ihm von seinem Opa geschildert worden war, wie er das Hirn seiner Cousine gespalten hätte.[14] Die Speiseverbote, so Canetti, seien im engen Zusammenhang mit dem Mordverbot gestanden.

Können die jüdischen Essensgesetze nicht in Beziehung zu den Prinzipien des Opferverbotes und der ödipalen Ordnung gesetzt werden: das Verbot, Blut und Innereien zu essen, das Verbot, gewisse Tiere zu verspeisen, die in früheren Religionen Opfertiere wurden? Das Verbot, Milchiges mit Fleischigem zu mischen, beruht auf dem Satz: „Du sollst das Böcklein nicht kochen in seiner Mutter Milch." Hinter dieser strengen Festlegung kann ein Inzestverbot erkannt werden: Der Vorrang des Vaters, der den Sohn nicht opfert, sondern verschont, muß geachtet bleiben; die Mutter ist dem Vater als Frau vorbehalten. Um an dieses Gesetz - so könnte vermutet werden - allgegenwärtig zu erinnern, muß die Milch vom Fleisch getrennt werden.

Doch alle Speiseverbote, denen sich Canetti unterwarf, wurden von seiner Mutter verhöhnt und unterhöhlt. Als er lernte, daß Juden Schweinefleisch nicht essen dürfen, es für ein Gesetz der Männer hielt und sich ihm unterwerfen wollte, wunderte er sich erst, als ihm die Mutter - die Frau[15] - darin vorerst nicht widersprach, ihm aber dann eine köstliche Speise servierte, die sich als jene unreine Kost herausstellte.[16] Auch als Canetti sich Jahre später - aufgrund seines Mitgefühls gegenüber Tieren - bloß noch vegetarisch ernähren wollte, brachte ihn die Mutter unwirsch davon ab. Er schreibt: „Ihre Mittel waren nicht wählerisch. Dabei spielte ihre Überzeugung mit, daß humane Regungen Menschen allein gelten sollten, würde man sie auf alles Leben beziehen, so müßten sie ihre Kraft verlieren und unbestimmt und unwirksam werden."[17]

Zwischen väterlichen, sprich großväterlichen, und mütterlichen Prinzipien herrschte ein Kampf; kein unbedingter, unumgänglicher Gegensatz zwar, aber eine entscheidende Differenz, unentwegt gegenwärtig.

Das väterliche Gesetz verlangte primär - wie bereits ausgeführt - nach der Absage apokalyptischer Lösungen, nach Erinnerung und Abstraktion. Die Verherrlichung von Tod und Menschenopfer war verboten. In einem katholischen Land, in dem die Kirchen mit Leichenteilen, Reliquien genannt, vollgestopft sind, muß das andere Verhältnis des Judentums zum Tod betont werden. Eine Leiche, ja auch nur ein Knochensplitter eines Toten kann in der Synagoge nicht verehrt werden; im Gegenteil: Der Körper eines Leblosen entweiht die Stätte der Religion. Darin offenbart sich der kardinale Unterschied zwischen Christentum und Judentum, in der Differenz zwischen Anbetung oder der Ächtung der Passion als Heil - oder ironisch ausgedrückt: in der verschiedenen Betonung des einen selben Satzes: Die Christen verkünden: „Jesus ist *für uns* gestorben", während die Juden erklären: „Jesus ist für uns *gestorben*".

Während aber das väterliche Gesetz im patriarchalen Bund wirkt, während der Vater die Zugehörigkeit zum Priestertum, die religiöse Berufung weitergibt, verkörpert die Mutter den Stolz der Abstammung. Sie bestimmt die jüdische Herkunft. Der Stolz der Abstammung ist von jenem Hochgefühl, das Canetti angesichts der Beschneidung seines Bruders beschrieb, zu unterscheiden. Die Stammväter des Volkes Israel brauchten keine Erstgeborenen zu sein: Ismael war Abrahams Erstgeborener, aber Isaak war Sarahs, der legitimen Frau, erster Sohn. Jakob täuschte seinen Vater mit Hilfe mütterlicher List und betrog Esau um das Recht des Ältesten. Auch Josef war nicht der vorgesehene Erbhalter. Die Ahnen der Israeliten bezogen allesamt ihre Bedeutung nicht aus der männlichen

Erbfolge. Es ist kein Zufall, wenn die Mutter in Canettis Biographie den Abschnitt „Familienstolz" beherrscht. Nicht ohne Spott erinnert sich Canetti an das Kastenbewußtsein seiner Mutter, die nicht so sehr durch ihr Judentum, sondern vielmehr durch ihre spanische Herkunft und durch den familiären Reichtum sich erhaben fühlte. Er beschreibt den Hochmut seiner Mutter, die ihn erstaunte, da sie zugleich die Schwächen der einzelnen Verwandten durchaus verachtete, jedoch ihre Abstammung ehrte. Canetti erkennt darin das Spiegelbild seines Humanismus, mit dem er sich von jeglichem Stolz auf seine Abstammung abwandte, indem er ihn auf die ganze Menschheit legte, obgleich er die Menschen nicht schätzte. Er schreibt: „Es gibt wenig Schlechtes, was ich vom Menschen wie der Menschheit nicht zu sagen hätte. Und doch ist mein Stolz auf sie noch immer so groß, daß ich nur eines wirklich hasse: ihren Feind, den Tod."[18] Den Humanismus, den Stolz auf die menschliche Spezies, teilt er mit seiner Mutter, die humane Regungen bloß den Menschen zugesteht. In der Feindschaft gegen den Tod treffen sich mütterliche und väterliche - oder großväterliche - Prinzipien.

Dennoch können väterlich charakterisierte Lehren in der *geretteten Zunge* von mütterlichen getrennt werden: Die Mutter verkörpert nicht bloß den Stolz der Herkunft, sondern ebenso emanzipatorische Hoffnungen, in denen die religiösen Gesetze überwunden sein werden, der Vater - oder bei Canetti der Großvater - steht für die Macht der Überlieferung.

In einem neuen Spannungsfeld dieser alten Motive standen jüdische Familien seit der zweiten Hälfte des neunzehnten Jahrhunderts. Die Macht der Väter, der Tradition, der Religion, erlebte ihren Niedergang, während messianische Wünsche an Bedeutung gewannen. Die Schmach der jüdischen Väter war eine mehrfache: Einerseits galten durch die Moderne die Regelungen der Stettl und des Ghettos als überaltert, standen sie doch den Verheißungen der Emanzipation im Wege. Canetti schildert in seiner Autobiographie die Begeisterung der Eltern für die deutsche Sprache, die ein Liebescode, eine wundersame Zauberformel zu sein schien.[19] Wien galt als Ort der Verheißung und der Moderne.

Andererseits schienen die orthodoxen Traditionen nicht bloß rückständig, sie wurden auch von einer zunehmend antisemitischen Welt verschmäht. Die Patriarchen waren durch die Moderne ihrer angestammten Sphäre beraubt, durch die Antimoderne gleichzeitig aus der Gesellschaft verbannt. Dem Niedergang der patriarchalen Ordnung entsprach eine Zuwendung vieler Söhne an messianische Hoffnungen: Jüdische Männer, deren Väter noch in angestammten Geldberufen tätig waren, träumten von der Verwirklichung ihrer emanzipatorischen, geistigen und kreativen Sehnsüchte. Sie fühlten sich in zweierlei Hinsicht eingeschränkt: Einerseits mußten sie der Enge der Tradition, dem Niedergang von Vatergott und Ghettovater entfliehen, andererseits die Schranken des Ressentiments und der antisemitischen Standesdünkel überwinden. Die Lösungen aus diesen Eingrenzungen sahen unterschiedlich aus. Manche suchten in der Wissenschaft, manche in der politischen Utopie, einige in der künstlerischen Revolution, andere in einem nationalen, räumlichen, heimatlichen Traum, dem Zionismus, ihre Erfüllung. Alle hier angeführten Beispiele zielten auf einen radikalen Bruch mit gesellschaftlichen, patriarchalen Verhältnissen im deutschsprachigen Mitteleuropa, in denen jüdische Menschen keine Möglichkeit auf soziale Anerkennung sahen. Die messianischen Hoffnungen knüpften sich an Prinzipien und Modelle, die in der Sprache des Unbewußten zumeist weiblich charakterisiert sind: die nationalen Prinzipien, die Heimat, das Land, die Wissenschaft und Universität als alma mater, die Revolution, die Kunst mit ihren Musen - bei Canetti die Literatur.

Nicht bloß die jüdische, sondern die bürgerliche Familie in Mitteleuropa schlechthin erlebte zu Anfang dieses Jahrhunderts einen emanzipatorischen Schock. Der Erste Weltkrieg brachte die patriarchalischen Grundordnungen ins Wanken. Die monarchischen Überväter riesiger Reiche wurden gestürzt; die Herrschaft des Adels, der Beamten und der Militärs wich der Macht der Massen. Das allgemeine Wahlrecht wurde eingeführt - auch für Frauen. Die Oktoberrevolution schien ein Ende aller bisherigen Geschichte einzuläuten. Paul Federn veröffentlichte 1919 seinen Aufsatz: „Zur Psychologie der Revolution. Die vaterlose Gesellschaft“[20]. Ein neues Schlagwort war geboren.

In Elias Canettis Autobiographie kann diese allgemeine Dynamik im Einzelfall wiederentdeckt werden, kann das gesamtgesellschaftliche Drama in seiner jüdischen Ausgabe verfolgt werden.

Canettis Vater hatte sich dem patriarchalen Gesetz noch unterworfen: Er gab seine Träume von Wien und der Schauspielerei auf, kehrte nach Bulgarien zurück, um dort - so wie es der Großvater gewünscht hatte - Geschäftsmann zu werden. Mit seiner Frau bloß konnte er noch deutsch reden, mit ihr noch in ihren früheren Hoffnungen von künstlerischer Selbstverwirklichung schwelgen. Als der Vater letztlich beschloß, nach England zu ziehen, dorthin also, wo Juden eine gesellschaftliche Anerkennung aufgrund ihrer persönlichen Verdienste erlangen konnten, wo eine demokratische Kultur zur Tradition gehörte, als der Vater auch noch seinem dritten Sohn, dem jüngsten Bruder Elias Canettis, keinen biblischen Namen gab, wurde aus der Rebellion eine - wie Canetti schreibt - „offene Kriegserklärung“. Der Großvater beschuldigte bezeichnenderweise die Frau seines Sohnes, Canettis Mutter, „die Urheberin des Auswanderungsplans“ zu sein. Er sprach nicht mehr zu ihr, verstieß und verfluchte Elias Canettis Vater zum Abschied. Canetti schreibt über die Reaktion der jüdischen Familienmitglieder auf diesen Fluch: „... nichts gäbe es, sagten sie, das furchtbarer sei, als ein Vater, der seinen Sohn verfluche.“[21] Mit der Rebellion hatte der Vater dem Großvater seine Treue aufgekündigt, des Großvaters Fluch kam einem Todesurteil, einem Verrat an dem heiligsten Gesetz des Bundes gleich.

Der Vater überlebte diesen Fluch um kaum mehr als ein Jahr. Canetti erzählt, daß über seinen Tod mehrere Versionen existierten. Zuallererst wurde ihm berichtet, den Vater hätte aus Gram über die Zeitungsschlagzeile vom Kriegsausbruch am Balkan der Schlag getroffen. Der Großvater hingegen glaubte, sein Sohn sei gestorben, weil er ihn verflucht hatte, wodurch der Patriarch seine Autorität vor dem Enkel verlor. Dreiundzwanzig Jahre später gestand ihm die Mutter ein Geheimnis: Sie war am Tag vor dem Tode des Vaters von einem Kuraufenthalt in Reichenhall zurückgekehrt, wo ein Arzt ihr seine Liebe gestanden und einen Antrag gemacht hatte. Sie hatte sich zu dem Arzt hingezogen gefühlt, war aber dennoch zum Vater zurückgekehrt. Obgleich sich nichts abgespielt hätte, zürnte der Vater, sprach kein Wort mehr mit seiner Frau, schlief die ganze Nacht nicht. Am Morgen verstarb er am Frühstückstisch, ehe er sich noch mit ihr versöhnt hatte.[22] Wurde der Mann, der - auch seiner Frau zuliebe - mit seinem Vater gebrochen, der auf Emanzipation gesetzt hatte, zum Opfer der neuen Freiheiten? Er war zerrissen, war aus der patriarchalen Welt des Großvaters verbannt, sah sich aber in der modernen Gesellschaft als Mann entmachtet. In Bulgarien hätte eine ihm angetraute Frau sich nicht einmal für ihn und gegen einen Konkurrenten entscheiden können: diese Alternative wäre ihr nicht zugestanden. Die Tatsache, daß seine Frau die Möglichkeit der Wahl ins Auge gefaßt hatte, daß sie sich nicht für ihn erwählt empfand, daß sie sich vielleicht nicht so sehr für ihn als für die Ehe und die Kinder entschieden hatte, muß den abtrünnigen Sohn, muß Elias Canettis Vater schwer getroffen haben. Der Fluch seines Vaters schien ihn nun zu erreichen: Er, der den alten Vorstellungen zu entfliehen versucht hatte, konnte ihnen nicht entkommen.

Mit dem Tod des Vaters gewann die Mutter für Elias Canetti an zentraler Macht. Der Autor schildert, daß er, der älteste Sohn, öfter wach neben der Mutter gelegen, daß er ihr nach sei, wenn sie aus dem Bett stieg und ans Fenster ging, um hinauszuspringen. Er umklammerte die Mutter, so daß sie nicht hinabstürzen konnte, ohne ihn mitzureißen.[23] Der Bund zwischen Mutter und ältestem Sohn wurde untrennbar, ein Pakt, voller Eifersucht gehütet gegen fremde Männer. Der Sohn Elias verbat ihr jegliche Verbindung mit einem anderen Mann. In den Monaten nach dem Tod des Vaters lag der Sohn im Bett der Mutter. Der Erstgeborene erlebte einen triumphalen Machtzuwachs. Der Vater war tot, der Großvater in Trauer, durch Schuldgefühle und Selbstbezichtigung gebrochen; das Fleisch mußte nicht mehr getrennt werden von der Milch.

Für Elias Canetti, der seinen Vater mehr als seine Mutter geliebt hatte, wurde sie nun zur zentralen Bezugsperson. Sie lehrte ihm Deutsch – voller Strenge im Laufe von wenigen Wochen[24] –, nahm ihn mit nach Wien, studierte mit ihm die Weltliteratur[25]. Die Mutter wird als stolz, stark, selbstbewußt, elitär, modern, bildungsdurstig beschrieben. Sie ist in vielem das genaue Gegenteil des Großvaters, der ein leutselig praktischer Patriarch gewesen zu sein scheint.

Die Mutter blieb im Einklang mit gewissen Grundlinien der familiären Prinzipien: Sie schickte den Jungen in den Religionsunterricht der Talmud-Thora-Schule. Der Großvater jedoch war der eigentliche Wächter des jüdischen Schulbesuchs. Der Enkel war von den Lesestunden in Hebräisch enttäuscht. Er schreibt: „Auch die Geschichten der Bibel wurden uns nicht nahegebracht. Einziges Ziel der Schule war es, uns fließendes Lesen der Gebetbücher beizubringen, damit die Väter oder Großväter im Tempel Ehre mit uns einlegten. Ich beschwerte mich bei der Mutter über die Dummheit dieses Unterrichts, sie bestätigte meine Meinung, wie anders waren unsere gemeinsamen Lektüren! – Aber sie erklärte mir, daß sie mich hingehen lasse, damit ich den Kaddisch, das Totengebet für den Vater, richtig beten lerne. An der ganzen Religion sei das das Wichtigste, außer vielleicht auf den Versöhnungstag komme es sonst auf nichts an. Als Frau, die immer abseits sitzen mußte, hatte sie nicht viel übrig für den Kult im Tempel, beten bedeutete ihr nichts und lesen konnte ihr nur wichtig sein, wenn sie verstand, was sie las. Für Shakespeare brachte sie die Inbrunst auf, die sie für ihren Glauben nie empfunden hatte."[26]

Diese Aufgabe, für den toten Vater zu beten, schien von entscheidender Wichtigkeit, erwähnt sie Canetti doch auch bereits an anderer, früherer Stelle des Buches: „Der Großvater erklärte mir, daß ich als der älteste Sohn den Kaddisch, das Totengebet, für meinen Vater sagen müsse. Jedes Jahr, wenn der Tag wiederkehre, müsse ich den Kaddisch sagen. Wenn ich es je nicht täte, werde sich der Vater verlassen fühlen, als habe er keinen Sohn.

Es sei die größte Sünde, die ein Jude begehen könne, den Kaddisch für seinen Vater nicht zu sagen."[27]

Wer könnte es verleugnen: Zwischen dem Verbot des Mordgedankens gegen sein eigen Fleisch und Blut, jeglicher Tötungslust zwischen Vater und Sohn, und der Notwendigkeit, dem verblichenen Vater eingedenk zu bleiben, ihn nicht im Tode zu töten, ihn nicht zu vergessen, besteht eine enge Verbindung.

Die Abneigung gegen jegliche Mordlust und gegen jeden Todeswunsch war dem jungen Elias Canetti eingeimpft worden. Er wehrte sich gegen die Iliade, da sie mit dem Menschenopfer der Iphigenie begann. Daß ein Vater, „daß Agamemnon darin nachgegeben hatte, erfüllte mich mit heftiger Abneigung gegen ihn; so war ich von Anfang an auf seiten der Griechen"[28]. Odysseus, der Umhertreibende, der Wanderer unter Völkern, galt dem Jugendlichen, der seit seiner Kindheit von einem Land zum nächsten zog, als Vorbild.[29]

Auf seiten der Moderne und gegen den Krieg, gegen die hysterisierten, fanatisierten Massen war Elias Canetti erzogen worden. Mit seinem frühesten literarischen Jugendwerk schrieb der Vierzehnjährige ein Drama über Junius Brutus, jenen ersten Konsul Roms – (wohlgemerkt: Rom war nunmehr auch zum Zentrum des sohnesopfernden Katholizismus geworden) –, der seine Söhne wegen Hochverrat gegen die Republik hinrichten ließ, weil es das Gesetz verlangte. In Canettis Stück setzte sich die Frau des Junius Brutus für die Begnadigung der Söhne ein. Elias Canetti selbst schreibt, er wäre sicher gewesen, „daß mein Vater an Brutus' Statt seine Söhne begnadigt hätte. Und doch war *sein* eigener Vater imstande gewesen, ihn wegen Ungehorsams zu verfluchen. (...) Das Drama endet in einer Apotheose der Mutter. Die letzten Worte ... lauten: ‚Dem Vater Fluch, der seine Söhne mordet!'"[30]

Canetti erklärt, daß er sich mit diesem Stück eindeutig gegen seinen Großvater und auf die Seite seiner Mutter gestellt hatte und daß ihn in diesem frühen Werk schon der Zusammenhang zwischen Befehl und Todesurteil beschäftigt habe, den er Jahrzehnte später bearbeitet, der ihn nie losgelassen hatte.

Anmerkungen

1) Elias Canetti, *Die gerettete Zunge. Geschichte einer Jugend*, Frankfurt am Main 1994, S. 9. Im weiteren zitiert unter DgZ mit Seitenangabe.
2) DgZ, S. 10
3) S. Ph. de Vries, *Jüdische Riten und Symbole*, Wiesbaden 1981, S. 174
4) Ebd., S. 175
5) Siehe dazu *Encyclopaedia Judaica*, Jerusalem 1972, Volume 5, S. 568. Oder Gunnar Heinsohn, *Was ist Antisemitismus? Der Ursprung von Monotheismus und Judenhaß. Warum Antizionismus?*, Frankfurt am Main 1988
6) Konstanze Fliedl, „Merkbuch und Memento", Nachwort in Arthur Schnitzlers *Der Weg ins Freie*, Wien 1995, S. 447
7) Ebd., S. 448
8) Ebd., S. 447
9) DgZ, S. 20
10) DgZ, S. 32 f.
11) DgZ, S. 41
12) DgZ, S. 42
13) DgZ, S. 265
14) DgZ, S. 266
15) DgZ, S. 267
16) DgZ, S. 267
17) DgZ, S. 320
18) DgZ, S. 13
19) DgZ, S. 37
20) Paul Federn, *Zur Psychologie der Revolution. Die vaterlose Gesellschaft*, Leipzig-Wien 1919
21) DgZ, S. 45
22) DgZ, S. 71-78
23) DgZ, S. 41
24) DgZ, S. 84-90
25) DgZ, S. 103-105
26) DgZ, S. 107
27) DgZ, S. 80
28) DgZ, S. 118
29) DgZ, S. 118
30) DgZ, S. 225

Ein Schlüsselmotiv für *Masse und Macht* aus *Die Fackel im Ohr*

Peter Steyrer

1. Aufstand gegen Macht und Tod als Aufstand gegen die Religion.
Der gewaltsam durch die Gottesordnung - die auf der Vertreibung aus dem Paradies wegen der „Todsünde" basiert - herbeigeführte Opfertod Christi zur Erlösung der Menschheit ist für Canetti um nichts annehmbarer als die Aussicht, einmal selbst sterben zu müssen. Der als Erlösungsopfer herbeigeführte Tod diskreditiert aufs einfachste und einleuchtendste das Christentum als eine Religion, die auf einer barbarischen Legende beruht.

„Was mich abstieß, was mich mit Stummheit schlug, was mich entsetzte, war nicht der Name, den ich, vielleicht ohne es zu wissen, immer noch in mir trug, sondern, daß er ‚auch für mich gestorben' sei. Mit dem Wort ‚sterben' hatte ich mich nie ausgesöhnt. Daß jemand für mich gestorben sein sollte, hätte mich mit den furchtbarsten Schuldgefühlen beschwert, so als sei ich der Nutznießer eines Mordes. Wenn es etwas gab, das mich von Christus ferngehalten hatte, so war es diese Vorstellung eines Opfers ..."[1] Hierin liegt nicht bloß eine Erklärung für seine Abwendung vom christlichen Glauben.

Es liegt hier die Einführung eines Begriffes von *Tod* in Religionen als Opfertod vor, der auch für die Erklärungen Canettis in *Masse und Macht* ganz wesentlich ist.

Der „Befehl" wird in *Die Fackel im Ohr* an derselben Stelle als Begriff vorgestellt: „... ich hatte in den Religionsstunden mit Mr. Duke von Abrahams Opfer seines Sohnes Isaak erfahren. Ich bin nie darüber hinweggekommen, und wenn es nicht so lächerlich klingen würde, möchte ich sagen: bis zum heutigen Tage nicht. Es hat den Zweifel am *Befehl* in mir geweckt, der nie wieder eingeschlafen ist. Es allein hat genügt, mich davon abzuhalten, zum gläubigen Juden zu werden."[2]

Der Befehl zur Opferung Isaaks, als vollständige Macht des Vaters über den Sohn, ist bei Canetti aus dem religiösen Erlösungszusammenhang herausgenommen und auf seinen barbarischen Kern reduziert. Die Bereitschaft zur Opferung des Lebens zeigt sich als nackte Grausamkeit, als höchste Form der Herrschaft, als Verfügung des Machthabers über die Untertanen schlechthin. Als „Befehl zum Tod" - als die schärfste Form des Befehls, wie er letztlich auch im Krieg erteilt wird - erfaßt Canetti ein mythologisches Bild und findet damit eine der Wurzeln der Grausamkeit unserer Kultur - Rationalisierung und Aufklärung einer im Grunde unmenschlichen religiösen Ordnung, auf der nur eine destruktive Gesellschaft aufbauen kann.

Er setzt den Opfertod in Zusammenhang mit dem Befehl der Väter und der Götter. Wird dies als religiöse Legende angenommen, ergibt sich daraus die Macht des Glaubens über Massen. Diese religiösen Massen werden aus dieser Legende kaum nützliche Lehren für das Leben ziehen.

„Der Kreuzestod Christi ... hatte eine nicht weniger verstörende Wirkung auf mich, denn es bedeutet, daß der Tod, zu welchem Zwecke immer, *eingesetzt* wird."[3] Mit dieser

Einsetzung des Kreuzestods als Taktik Gottes, als Taktik der Macht, bezeichnet Canetti die Macht der religiösen Legenden, die mit barbarischen Geschichten über gläubige Massen herrscht.

Väter befehlen den Tod des Sohnes. Sie werden damit zu Überlebenden; sie werden damit als Machthaber, Propheten oder Götter unangreifbar. Wir kennen die Ausführung dieses Gedankens aus *Masse und Macht*: Wo der Herrscher als Überlebender aus einem Krieg hervorgeht, ist er alleine durch sein Überleben gestärkt: auf den Leichenbergen seiner Untertanen wird er immer unerreichbarer. Er hat sie alle überlebt.

Das Wechselverhältnis von Macht, Befehl und Tod als der für die Massentheorie Canettis entscheidende Schlüssel liegt im zitierten Absatz der *Fackel im Ohr* im Erfahrungszusammenhang vor uns. Es handelt sich um die drei Phänomene, die den Machtbegriff Canettis geprägt haben. Der Einfluß auf die Masse kommt durch die Vermittlung der religiösen Legende über die Einsetzung des Todes und den Gehorsam gegenüber dem Befehl zum Tragen.

Canettis rationale Abwehr von Religion, mit der er den barbarischen Umgang von Juden- und Christentum mit Befehl, Macht und Tod aufhellt, ging Hand in Hand mit seiner sich intensivierenden Beschäftigung mit den Phänomenen von Macht und später auch von Masse. Damit lag möglicherweise Canettis erster Aufstand gegen Macht und Tod begründet in seiner aufklärenden Erkenntnis vom religiösen Glauben als der Einsetzung barbarischer Legenden in die Kultur und Gesellschaft.

2. *Die Fackel im Ohr*: „Jedes Wort, jede Silbe in der ‚Fackel' sei von ihm selbst. Darin gehe es zu wie vor Gericht. Er selber klage an und er selber richte."[4]

„Als ich nicht lange danach Karl Kraus in Wien hörte, war die Wirkung dieselbe. Nur daß ich als Wortmensch Karl Kraus nachzuahmen begann, von ihm konnte ich besonders das Hören, bis zu einem gewissen Grade aber auch ... die Rhetorik der Anklage lernen."[5]

„Das sei der strengste und größte Mann, der heute in Wien lebe. Vor seinen Augen finde niemand Gnade."[6]

Seit dem Frühjahr 1924 besuchte Canetti jede Vorlesung des Karl Kraus. Er sog jedes Wort der „Fackel" des manischen Sprachkünstlers in sich auf. Er wunderte sich über die Distanz seiner Freundin Veza in Hinblick auf von Kraus geächtete Schriftsteller wie z.B. Heinrich Heine. Canetti stand bis zu seinem 27. Lebensjahr wie viele andere Wiener Intellektuelle unter dem Bann des Sprachgerechten!

Die Fackel im Ohr ist insofern auch die Geschichte einer Ablösung von einer intellektuellen, beinahe autoritären Bindung Canettis an Kraus.

3. Canetti und Kraus: Ein Dialog aus Originaltexten:

Canetti: Es gibt zwei Arten, die ‚*Letzten Tage der Menschheit*' zu lesen ...[7]

Kraus: Gewiß, der Leser hört auch besser als der Hörer. Diesem bleibt der Schall. Möge der stark genug sein, ihn als Leser zu werben, damit er nachhole, was er als Hörer versäumt hat.[8]

Canetti: Ich habe mir heute nicht die Aufgabe gestellt, Sie von der Größe dieser Leistung zu überzeugen.[9]

Kraus: Das Stück bedient sich nur des dramatischen Scheins als Mittel. Selbst mit den besten Schauspielern würden nur die wenigsten Szenen auf der Bühne auch nur annähernd das dramatische Leben behalten, das sie vor dem verständigen Leser oder dem Hörer unschwer gewinnen.[10]

Canetti: ... einmal ist es zu lesen als die peinigende Einleitung zu den wirklich letzten Tagen, die uns bevorstehen ...[11]

Kraus: Lassen Sie mich diesen Gedankengang bis zum Galgen der Menschheit nicht weiter gehen – und dennoch muß ich, denn ich bin ihr sterbender Spion, und mein herzbeklemmendes Erlebnis ist der horror vor jenem vacuum, das diese beispiellose Ereignisfülle in den Gemütern, in den Apparaten vorfindet![12]

Canetti: ... dann aber auch als ein Gesamtbild dessen, was wir von uns abtun müssen, wenn es nicht zu diesen wirklich letzten Tagen kommen soll.[13]

Kraus: Wir sind verantwortlich, daß wir in einer Welt zu atmen ertragen haben, welche Kriege führt, für die sie niemanden verantwortlich machen kann. Verantwortlich für das einzige, was wirklich verantwortet werden muß: die Verfügung über Leben, Gesundheit, Freiheit, Ehre, Besitz und Glück des Nebenmenschen.[14]

Canetti: Am besten wäre es, man fände die Kraft, dieses Werk zu verschiedenen Gelegenheiten verschieden, nämlich auf beide Weisen zu erleben.[15] Nur bei ihm fand man Gerechtigkeit, nein, man fand sie nicht, er *war* sie.[16]

Kraus: Wo Leben sie der Lüge unterjochten,/ war ich Revolutionär./ Wo gegen Natur sie auf Normen pochten,/ war ich Revolutionär./ Mit lebendig Leidenden habe ich gelitten./ (...) und bin bis zum Ursprung zurückgeschritten.[17]

Canetti: Es gibt in der Welt von Karl Kraus nichts, das gleichgültig wäre. Es gibt das Verächtliche und das Hohe, dazwischen ist nichts. Das Matte und Mittlere, aus dem die Welt der meisten besteht, ist ihm unbekannt ...[18]

4. Der Aufstand gegen die Macht Kraus' als Canettis Aufstand gegen den Sprachglauben Kraus'.

Die Resonanz von Kraus auf die Masse der Wiener Intellektuellen mußte auf Canetti wie auf alle Beteiligten Eindruck machen. Canettis Überlegungen zu den Themen „Frage, Antwort, Hören, Urteil und Rhetorik der Anklage" in *Masse und Macht* erscheinen von dieser Erfahrung mitbeeinflußt. Aber es ist sowohl die intellektuelle Autorität von Kraus, die Canetti verarbeitet und von der er sich schließlich absetzt, als auch die Aussagen von Kraus, die Canetti eingearbeitet, verwoben in seine Massentheorie aufgenommen und weiterentwickelt hat.

Alleine der Titel *Die Fackel im Ohr* drückt die Gewalt aus, mit der sich die Autorität Kraus' offenbar des Wahrnehmungsapparates Canettis in jenen Jahren bemächtigt hat.

Canettis beklemmende Erfahrung der Masse und der Opfer, die sich im Zusammenhang mit dem Justizpalastbrand gebildet hatte, wurde offenbar erst durch die berühmte Rücktrittsaufforderung von Kraus an den Polizeipräsidenten – affichiert in ganz Wien – gelöst. „Meine abgöttische Verehrung für ihn erreichte damals ihren Höhepunkt. (...) Ich ging von einem zum anderen, blieb vor jedem stehen, und es war mir, als sei alle Gerechtigkeit dieser Erde in den Buchstaben seines Namens eingegangen."[19]

Spätestens in Berlin, nachdem er Kraus als ruhigen, zuvorkommenden, höflichen, vor allem Brecht zugeneigten Menschen persönlich kennengelernt hatte, begann der Thron zu wackeln, auf den er in Wien gehoben war. Insbesondere der enge Umgang mit Brecht, der den puristischen Ansprüchen von Kraus nur wenig entsprach, behagte Canetti gar nicht.

Als er schließlich noch von den Schwierigkeiten hörte, die der Schauspieler Hardt nach langer, intensiver Zusammenarbeit mit Kraus hatte, und eine Heine-Interpretation des Schauspielers vernahm, schlug dieser eine Bresche für Heine. Canettis Glauben an die Autorität von Kraus geriet in Berlin 1928 in die Krise. Er löste sich vom autoritären, poetischen und intellektuellen Programm des Karl Kraus und konnte sein Verhältnis zu ihm offensichtlich später normalisieren.

5. Die Erzählung als moralische Utopie tritt an die Stelle des Krausschen Kampfes um die Sprache.

Dem Aufstand gegen Macht und Tod bei Canetti entspricht der Krieg, den Kraus mit dem Krieg aufgenommen hatte. Was Kraus mit der Waffe der Sprachkunst bewerkstelligen will, nämlich die Rettung der Natur und der Kultur vor der Technik und der Zerstörung im Krieg, gelingt seinem Schüler mit der großen Erzählung:

Canetti richtete seine Liebe zum Leben der Menschen und ihren Sonderbarkeiten gegen die Macht und die Herrschaft der Führer über den Tod. Insofern ist *Masse und Macht* eine Vollendung des Krausschen Anspruches. Allerdings in einer Karl Kraus völlig fremden und verhaßten Form: Dem Erzählen, das uns einen entspannten Blick auf die Ursprünge und das Wesen der Macht und der Masse eröffnet.

Während Kraus den einzelnen und seine Sprachkultur als Subjekt des Widerstandes gegen Macht und Tod anzusprechen bemüht ist, gibt uns Canetti den Blick frei auf Wesentliches, das die Bedingtheit der Menschen in der Geschichte, die uns noch in Macht und Krieg hält, beschreibt.

Kraus ist selbst Krieger gegen den Krieg. Er ist Sprecher und Hegemon einer Sprachmoral. Kraus ist ein Gerechter! Canetti ist ein Weiser, der die großen Erzählungen der Menschen alle kennengelernt hat und sie im großen Essay *Masse und Macht* neu versammelt.

Er hat wohl bei Kraus gelernt, entzieht sich aber letztlich seinem Bann. Und er entwickelte seine eigene Form gegen Macht und Tod: das Erzählen von Mythen und Archetypen. Canetti fügt diese in einer Gegenwart zusammen, die eigentlich jede Form des Erzählens unter einer Bilderflut verschüttet, die sich der Bezüge zu den Mythen und Riten selbst entledigt, die weder ein Verhältnis zur Natur noch zur Kultur aufrechterhalten will.

Insofern ist zu sagen: die Ziele der beiden sind dieselben. Ihre Mittel und Methoden, die Formen, mit denen sie arbeiten, sind verschieden. Kraus, der Meister der Sprache, hat keinen Roman, keine Erzählung, eigentlich kein Drama geschrieben. Er erscheint mir vom Sendungsbewußtsein beseelt, mit Sprache, Satire und Poetik die Form des Lebens und die Ordnung der Dinge zu retten.

Canetti wird in *Masse und Macht* und in anderen Essays zum Erzähler. Canetti wird in der *Blendung* zum Romancier und zum Dramatiker. Insofern räumt uns Canetti Zeit ein, zur Besinnung zu kommen.

Kraus befindet sich hingegen in einem verzweifelten Überlebenskampf und in einem Wettlauf mit der Zeit gegen den Untergang, jene Tendenz, die niemand je klarer erfaßte als er. Canettis zweiter Aufstand gegen die Macht der Sprache und die intellektuelle Autorität von Karl Kraus gelang auch durch Abstand zu dessen Formen und die Aufnahme seiner Inhalte und Ziele in seinem Hauptwerk über die Masse und die Macht.

Anmerkungen

1) Elias Canetti, *Die Fackel im Ohr. Lebensgeschichte 1921-1931*, Frankfurt am Main 1982, S. 25. Im weiteren zitiert unter FiO mit Seitenangabe.
2) FiO, S. 25 f.
3) FiO, S. 26
4) FiO, S.65
5) FiO, S.261 f.
6) FiO, S. 64
7) Elias Canetti, „Der neue Karl Kraus", in: *Das Gewissen der Worte*, Frankfurt am Main 1981, S.259.Im weiteren zitiert unter DnKK mit Seitenangabe.
8) Karl Kraus, *Aphorismen*, S. 240
9) DnKK, S. 258
10) A.e.Briefentwurf an Piscator.
11) DnKK, S. 259
12) Karl Kraus, *Die letzten Tage der Menschheit*. Im weiteren zitiert unter DlTdM mit Seitenangabe.
13) DnKK, S. 259
14) DlTdM, S. 413
15) DnKK, S.259
16) FiO, S.151
17) Karl Kraus, *Gedichte*
18) DnKK, S.263
19) FiO, S. 232

ABRAHAM SONNE UND *DAS AUGENSPIEL*

Jüdisches Bewußtsein in Elias Canettis autobiographischen Schriften

Mark H. Gelber

Im dritten Band seiner autobiographischen Schriften kommt eine teilweise unerwartete Wendung in Canettis Darstellung seines jüdischen Selbst vor. Aufgrund der Einwirkung der Schlüsselfigur, des jüdischen Intellektuellen und Kaffeehausliteraten, des wahren Dichters und guten Menschen, Dr. Sonne, auf Canettis Verständnis von seinem jüdischen „Ich" wird eine neu postulierte, jüdische Identität geschaffen, deren Entwicklung im Laufe des Erzählprozesses im *Augenspiel* beschrieben wird. Sonne, der zu seinem literarisch dargestellten, wichtigsten Lebens-Mentor und Nachweltsrichter wird, der eventuell Karl Kraus in Canettis literarischer und intellektueller Entwicklung ersetzt, wird zu einer Leitfigur des Textes, zu einer immer wiederkehrenden, literarischen Präsenz. Canettis Beschreibung seiner eigenen Erlangung einer neuen jüdischen Identität wird infolgedessen zu einem Hauptthema der Autobiographie, zu einem Hauptthema in Canettis autobiographischen Schriften insgesamt. Denn die diesbezüglichen Textstellen im *Augenspiel* knüpfen unmittelbar an thematisch verwandte Textstellen aus früheren autobiographischen Werken an, aus der *geretteten Zunge* und aus der *Fackel im Ohr*. Aber eine kritische Analyse der spezifischen ästhetischen Präsentation und der literarisch-biographischen Dimensionen dieser Schlüsselfigur, Dr. Sonne, wirft Licht auf die literarische Art und rhetorische Weise dieser Konstruktion, die wohl auch als eine tentative Antwort zu verstehen ist auf die Fragen nach der Möglichkeit einer modernen, nicht-religiösen jüdischen Identität nach der Shoa (d.h. nach dem Holocaust) und auch nach der Gründung des Staates Israel, d.h. nach den konkreten politischen Erfolgen der zionistischen Ideologie. Denn zwischen den geschilderten Lebenserfahrungen im *Augenspiel* und der Komposition des autobiographischen Textes liegen diese zwei entscheidenden Ereignisse, die das Wesen und Verständnis des modernen Judentums in der zweiten Hälfte dieses Jahrhunderts in innigster Weise geändert haben. Meine These ist nämlich, daß die literarische Beschreibung und die Konstruktion von Dr. Sonne in *Das Augenspiel* als eine verspätete, nuancierte Rechtfertigung von Canettis persönlicher, jüdisch-kosmopolitischer Einstellung gelten sollte, die im nachhinein auch eine transzendentale und ewige Wahrheit haben dürfte, trotz der Shoa, trotz des Sieges des Zionismus im innerjüdischen Leben und trotz des brutalen, massenmörderischen Weltgeschehens und der allgemeinen menschlichen Tragik dieses Jahrhunderts, ja gerade deswegen. Um diese Rechtfertigung literarisch zu gestalten, begeht Canetti paradoxerweise eine Reihe von Entehrungen oder Vertrauensbrüchen an seiner Konstruktion der literarischen Figur Dr. Sonne, im Hinblick auf seine Erinnerung, die ich auch im folgenden erörtern möchte.

Diese Vertrauensbrüche oder Entehrungen sind verschiedenartig. Friederike Eigler diskutiert eine wichtige, vielleicht die wichtigste diesbezügliche Entehrung in ihrer Monographie über Canettis autobiographisches Werk. Sie behauptet, daß Sonne alle positiven Züge, die in den anderen Porträts fehlen, in sich vereinigt, daß er zum idealen Vorbild des Dichters wird, auf das Schreiben aber paradoxerweise verzichtet. Wie Eigler schreibt: „Gemessen an diesem Vorbild ist der Kontrast zu Canettis Verhalten als Autobiograph gravierend. Bei dem expansiven Unternehmen, die eigene Lebensgeschichte festzuschreiben, nimmt er, anders als Sonne, dessen ‚Respekt für die Grenzen' jedes anderen unabänderlich war, eine urteilende Position ein, d.h., die Grenzen der dargestellten Menschen werden nicht gewahrt, sondern im Verlauf der Autobiographie zunehmend verletzt. Mit dem Porträt Sonnes hat sich Canetti ein Idealbild geschaffen, das den Vergleich mit der Position, die er selbst als Autobiograph einnimmt, herausfordert."[1] Diese Art Dekonstruktion des Textes hat im Rahmen dieser Diskussion über jüdisches Bewußtsein eine zunehmende Bedeutung, insofern die Darstellung von Sonnes jüdischer Identität im *Augenspiel* auch problematisiert und teilweise verzerrt wird, um Canettis größere literarische Strategie zu verwirklichen. Dies kann man mit Hilfe von zusätzlichen Quellen zum Leben und Wirken Sonnes präzisieren und bestätigen. Die wichtigsten Quellen dafür sind folgende: erstens die bekannte und intime Darstellung von Abraham Sonne, die 1952 von Lea Goldberg in hebräischer Sprache verfaßt wurde;[2] zweitens der „Nachruf an Sonne", „eine der merkwürdigsten und interessantesten Figuren unserer jüdischen Generationen", „ein Mann von beinahe universaler Genialität", verfaßt von Robert Weltsch;[3] drittens die vor kurzem im Jahre 1993 erschienene Monographie über die hebräische Dichtung Sonnes (hebräisch Avraham Ben-Yitzhak genannt), verfaßt von Chanan Chever, *Prichat Hadumiah*;[4] und viertens der Nachlaß von Abraham Sonne und die Fülle von Materialien über ihn im Zentralen Zionistischen Archiv sowie in der Archiven- und Handschriftenabteilung der Jüdischen Nationalbibliothek in Jerusalem.[5] Die vielen Übereinstimmungen zwischen dem literarischen Bild Dr. Sonnes, das Canetti entwirft, und demjenigen, das sich aus anderen zugänglichen Quellen zusammenstellen läßt, sind überraschend pikant, aber die Divergenzen oder Versäumnisse in Canettis Darstellung deuten auf die literarischen Strategien, die die neue, endgültige, jüdische Identität des Autors belegen sollten.

Das wichtige Jahr in England

Der Autobiograph Canetti erinnert sich: Während der anderthalb Jahre, in denen er Dr. Sonne aus einer Distanz im Wiener Café Museum beobachtete, bevor er seine Bekanntschaft machte, bemerkte er, wie Sonne regelmäßig ausländische Zeitungen, vor allem englische Zeitungen las. Viel später, während er den autobiographischen Text schreibt, versteht Canetti, daß Sonnes unabänderlicher „Respekt für die Grenzen jedes anderen" „etwas Englisches" an sich hatte. Diese Verwechselung des retrospektiven erzählerischen Standpunkts zwischen der Periode des Zeitgeschehens und der Zeit der späteren Niederschrift ist für die autobiographischen Schriften charakteristisch, wenn nicht immer auffallend. Sie bestätigt die Umwandlung der auktorialen Perspektive oder des auktorialen Urteils, ohne Zweifel an der Wahrheit des Geschehens zu hegen. Jetzt zitiere ich aus dem Text: „Er (Sonne) hatte ein wichtiges Jahr seines Lebens in England verbracht, diese Tatsache gehörte zu den zwei oder drei Umständen, die ich seinen Worten entnehmen konnte. Denn eigentlich wußte ich nichts über ihn, und auch wenn man mit anderen, die ihn kannten, über ihn sprach, hatte kaum einer etwas Konkretes zu sagen."[6]

Literarisch gesehen verbindet sich diese Bemerkung über Sonnes wichtiges Jahr in England mit der Darstellung von Canettis sowie Vezas Jugenderlebnissen in England aus den früheren Bänden der autobiographischen Schriften und auch mit ihren späteren Erfahrungen in England während der Exilperiode, die jenseits der Zeitgrenze des *Augenspiels* liegen. Darüber hinaus wird aber nicht explizit festgestellt, inwiefern oder in welchem Sinn dieses Jahr wichtig für Sonne war. Von der Perspektive der erzählten Handlung wußte Canetti damals nichts darüber. Der spätere auktoriale Standpunkt, der gewiß anders und besser informiert ist, wird hier verschwiegen oder abgelehnt. Der Eindruck wird gemacht, daß Sonne vielleicht auch als Junge wie die Canettis in England wohnte oder daß er möglicherweise von einer Bildungsreise oder von einer kurzen Studienperiode in England profitierte, die dann lebenslang für ihn bedeutend war.

Aus den anderen Quellen wissen wir allerdings, daß die Londoner Periode entscheidend für Sonnes endgültige Distanzierung vom zionistischen Engagement und von politischer Aktivität im allgemeinen war. Canetti lernte einen älteren, anderen, veränderten Dr. Sonne in Wien kennen, im Vergleich mit dem Bild des jungen, zionistischen Aktivisten Sonne, wie er aus anderen Quellen zu erkennen ist. Die Londoner Periode war zunächst die Zeit, in der Sonnes politische Tätigkeiten zum intensivsten Ausdruck kamen, während er sich für die Zionistische Weltorganisation engagierte. Schon während des ersten Weltkrieges 1917 reiste er im Auftrag des zionistischen Zentralkomitees mit der Zustimmung des k.u.k. Ministeriums des Äußeren in die österreichisch-ungarischen Okkupationsgebiete Polens, um dort selbst die prekäre Lage und die ökonomischen Verhältnisse der jüdischen Bevölkerung zu erkunden.[7] Daraufhin reiste er auch nach Kopenhagen, um darüber offiziell einen Bericht zu erstatten. In London leitete er 1920/21 zuerst die Palästina-Abteilung der Organisation, die die Agrar- und Siedlungspolitik der Bewegung nach der dramatischen diplomatischen Wendung koordinierte, die die Balfour-Deklaration 1917 mitten im Krieg signalisierte. Diese Deklaration war die erste offizielle Bejahung der zionistischen Idee durch eine europäische Regierung. Dadurch verpflichtete sich Großbritannien, die zionistischen Bestrebungen zu unterstützen, eine anerkannte jüdische Heimstätte in Palästina zu schaffen. Später wurde Sonne Generalsekretär der Zionistischen Exekutive in London. Er reiste 1921 zusammen mit den Mitgliedern der Reorganisationskommission nach Palästina, um Dateien und Beobachtungen zu sammeln. Diese sollten als Basis eines erwünschten Berichts zwecks Verbesserung der Administration in den jüdischen Siedlungen in Palästina dienen. Diese Kommission war ein Ausdruck der Ost-West-Konflikte in der Bewegung, und die Kommission beabsichtigte, ein neues organisatorisches System zu errichten, das das vorherrschende Chaos des damaligen Pioniertums im Land ersetzen sollte, obschon dieses Pioniertum nach Robert Weltsch zu dieser Zeit als alleingültiger Idealismus mißverstanden war.[8] Sonne war ein Architekt der geplanten Reorganisation und der Verfasser des Berichts, der für umfassende Veränderungen des jüdischen Gemeinlebens im Land plädierte, was aber von Chaim Weizmann und von anderen wichtigen Führern der Bewegung endgültig abgelehnt wurde. Aufgrund seiner Enttäuschung und der totalen Ablehnung seiner Ideen über die erwünschte nötige Richtung in der Organisation legte er im Frühjahr 1921 seine Position nieder, trotz des aufrichtigen Dankes und offizieller Schätzung der hohen Qualität seiner Arbeit, seiner Intelligenz und unbestreitbaren Logik sowie der Ehrenhaftigkeit und Wichtigkeit seines Berichts, wie es damals in Briefen an Sonne ausgedrückt wurde.

Da Dr. Sonne Canetti als lobwürdiges Exempel des „Verzichts auf weltliche Ziele" dient, ohne Feindschaft gegen den menschlichen Geist zu äußern, verwendet er später im *Augenspiel* die diesbezügliche Formulierung, daß die „Zeit, in der er (Sonne) an die Rückgewinnung eines Landes gedacht hatte"[9], vorüber sei. Diese Anspielung auf die Londoner Periode, die jedoch nicht genannt wird, vermittelt zur gleichen Zeit keinen Eindruck vom Ausmaß von Sonnes wirklichem Engagement und von seinen intensiven und verantwortungsvollen politischen Tätigkeiten, die bis heute einen unentbehrlichen Teil der geschriebenen Geschichte des Zionismus ausmachen. Canettis Worte im autobiographischen Text deuten auf Sonnes Gedanken schlechthin, und da er als Inbegriff des Denkers, des denkenden Menschen konsequent im Text dargestellt und gelobt wird, kann der implizite Leser keine Ahnung von der wahren Bedeutung dieser späteren persönlichen Orientierung Sonnes bekommen, die der Autobiograph Canetti offensichtlich gut kannte. Wieso denn Sonne die „Tätigkeit in der Welt" aufgab, ist aus dem Text nicht zu ersehen. Die dargestellte Entfernung Sonnes von allgemeiner politischer Aktivität in Canettis Text fußt in Wirklichkeit auf einer von tiefster Enttäuschung geprägten Lebenserfahrung, die Sonne aber nicht hinderte, die letzte Phase seines Lebens im Jerusalemer Exil und später im Staat Israel zu verbringen.

Dr. Sonne als Jude und hebräischer Dichter

„Sonne war Jude, es war der einzige äußere Umstand, der mir von Anfang an bekannt war ..." Und dann: „Daß er ... die Rückeroberung einer Sprache (Hebräisch) unternommen hatte, wußte ich lange nicht."[10]

Die Hervorhebung von Sonnes Jude-Sein, wenn auch als äußerer und nicht innerer Umstand, und die angebotene Möglichkeit, daß dies nicht als unbedingt negativ zu lesen ist, stellt einen neuen Aspekt der sich spät entwickelnden jüdischen Identität des Verfassers Canetti dar, die hier in dieser spezifischen, nicht-negativ gemeinten Anwendung des Wortes konkretisiert wird. Denn das Wort „Jude" trägt zuvor in den autobiographischen Schriften unvermeidlich negative Bedeutungen und Assoziationen mit sich, wenn es z. B. in der gesprochenen Sprache von Alma Mahler oder im Wortschatz des Autobiographen Canetti auftaucht. Nach dem Exempel Sonnes hätte Canetti das Wort wohl konsequent aus seinem Wortschatz ausgeschlossen, denn es ist immer noch am besten, diesen diffizilen, emotionell geladenen Terminus zu vermeiden, wie Sonne ihn vermeidet: „Das Wort ‚Jude' hat er (Sonne) weder von sich noch von mir gebraucht. Es war ein Wort, das er auf sich beruhen ließ. Als Anspruch ebenso wie als Zielscheibe gehässiger Meuten war es seiner unwürdig."[11] Hier zeigt Canetti wieder einen Bruch mit seinem Mentor. Der negative Sinn des Judentums stammte aus seiner persönlichen familiären Erfahrung, er wird zum Teil als Familienerbe geschildert, das Canetti schon als Kind in Rustschuk mitbekommen hatte, das die inhaltsdürftige und wesenlose jüdische Erziehung miteinbezieht. Zum Teil ist er zu verstehen als vehemente Gegenreaktion auf den leeren, verwerflichen, spaniolischen Hochmut der Mutter und den anderer Familienmitglieder, der sowohl innerhalb des Judentums gegen andere jüdische Gruppen als auch außerhalb des Judentums gegen Nicht-Juden gerichtet wurde.

Sonnes Meisterschaft in der Beherrschung der hebräischen Sprache, die Kenntnis der hebräischen Bibel sowie seine Fähigkeit, die Ursprache, wie Canetti sie nennt, auswendig zu zitieren und dann fließend in eine floskelhafte deutsche Dichtungssprache zu übersetzen, wird von seiten des Verfassers als eine neue Gelegenheit dargestellt, sich wieder mit seinem eigenen Judentum auseinanderzusetzen. In diesem Zusammenhang diskutierten Sonne und Canetti im Kaffeehaus die damals erschienene Bibelübersetzung von Martin Buber: „... es war die Gelegenheit für mich, den Wortlaut in der Ursprache kennenzulernen. Ich hatte das bisher vermieden, es hätte mich beengt, von den Dingen Genaueres zu erfahren, die mir meiner Herkunft nach so nahe waren, während ich mich mit einem Eifer, der nie nachließ, jeder anderen Religion zugewandt hatte."[12]

Hier wird beschrieben, wie Sonne Canettis Annäherung an die jüdische Urquelle in der hebräischen Ursprache ermöglicht, obschon Canettis Kenntnisse des Hebräischen hilflos auf der unteren Grundstufe liegen. Die tiefe jüdische Bildung Sonnes und die Authentizität seiner Verwurzelung in den jüdischen Quellen bilden einen starken Gegensatz zu Canettis lebenslanger Ignoranz auf diesem Gebiet, fördern jedoch die Erlangung einer neuen Perspektive zum Judentum. Diese Textstellen knüpfen literarisch an frühere diesbezügliche Momente in den autobiographischen Schriften an, z.B. an die Episoden seiner jüdischen Erziehung in England in der *geretteten Zunge*[13] und an den oberflächlichen, unbedeutenden „Schein-Unterricht" im „Hebräisch-Lesen" in der Talmud-Thora Schule in Wien, ohne die Sprache überhaupt zu verstehen.[14] Auch erinnern sie an die Worte seines bulgarischen Cousins, des zionistischen Redners Bernhard Arditti, der Canetti ermahnte, Hebräisch zu lernen, anstatt eine deutsche Schriftstellerexistenz zu erstreben, nachdem Canetti ihm seine Lebensabsichten vertraulich mitteilte: „Wozu? Lern Hebräisch! Das ist unsere Sprache. Glaubst du, daß es eine schönere Sprache gibt?"[15]

Die literarische Schilderung von Sonnes Sprachfähigkeiten im Hebräischen ist einerseits eine dargestellte Substitution für Canettis Versäumnis, sich diese Sprache je als Teil seines Jude-Seins anzueignen, andererseits ist sie nur eine partielle Darstellung, die wichtige Aspekte von Sonnes Tätigkeiten, gerade zur Zeit seiner Bekanntschaft mit Canetti, in der Autobiographie ausläßt. Zwar wird später berichtet, daß Sonne als junger Mensch einige hochangesehene hebräische Gedichte veröffentlichte und dank einer enthusiastischen Rezeption einen sicheren Platz in der modernen hebräischen Literaturgeschichte gewann. Aber Sonnes lebenslange Bemühungen um das Hebräische werden im *Augenspiel* kaum bewertet, wohingegen Sonnes Bescheidenheit, sein Verzicht auf Ruhm, sein Zurücktreten von den öffentlichen Kulturdebatten der dreißiger Jahre sowie die Idealisierung seiner ewig wahren, dichterischen Authentizität jenseits der alltäglichen oder künstlerischen Alltagsexistenz das Schwergewicht der autobiographischen Darstellung bilden.

In der Tat beschäftigte sich Sonne fast lebenslang und intensiv mit „hebräischen" Aktivitäten, sie nehmen den zentralen Teil seiner Lebensarbeit ein. Sonne genoß als Kind eine traditionelle, tief in hebräischen Quellen wurzelnde jüdische Ausbildung bei seinem Großvater in Galizien. Vor dem ersten Weltkrieg sandte der Hilfsverein der Deutschen Juden in Berlin Sonne nach Jerusalem, um in der Lehrerausbildungsanstalt des Vereins hebräische Literatur zu unterrichten. Während des Krieges, im Jahre 1916, hielt Sonne einen ambitiösen Vortrag in Wien über hebräische Sprache und Literatur: „Das Hebräische und seine Literatur bei den Ostjuden".[16] Hierin argumentierte Sonne für die innere Lebendigkeit der alten Kultursprache, die ihr ihre eigentliche Bildungsfähigkeit gäbe. Das Hebräische sei ein unentbehrliches Bildungselement für das Judentum, und die Bibel diene, wie schon Jahrtausende hindurch, als Mittelpunkt der jüdisch-humanistischen Erziehung. Hebräisch sei ein integraler Aspekt der modernen jüdisch-nationalen Besinnung und Weltanschauung sowie der modernen zionistischen Palästina-Kolonisationsbewegung.

Infolge der positiven Aufnahme der Rede in Wien lud Martin Buber Sonne ein, ihm eine Fassung davon zu senden, zwecks Veröffentlichung in seiner damals neu gegründeten, jüdisch-nationalen Zeitschrift *Der Jude*, und darüber hinaus versuchte er, Sonne in den inneren Kreis der Beisteurer miteinzubeziehen.[17] Buber bat Sonne um Aufsätze über Bialik und Berdyzewski, und er veröffentlichte in *Der Jude* Sonnes Aufsatz über Mendele Mokher Sforim, den Begründer der modernen hebräischen sowie der modernen jiddischen Literatur.[18] Im Frühjahr 1918 erhielt Sonne eine Einladung vom Volksbildungshaus Wiener Urania, einen wöchentlich einstündigen Kurs über hebräische Sprache zu übernehmen, der einer der neuen praktischen Lehrkurse nach seminaristischer Art sein sollte. Nach dem Krieg und nach der Periode seines zionistischen Engagements in London widmete er sich dem Hebräischen Pädagogium in Wien, das er schon 1918 mithalf zu gründen. Robert Weltsch rühmte im nachhinein das Hebräische Pädagogium zu Wien als „eines der merkwürdigsten geistigen jüdischen Zentren, die es im 20. Jahrhundert gegeben hat".[19] Es war „viel mehr als eine Lehranstalt", es war eher das lebendige Symbol eines geistig bewegten Kreises, der nach dem Weltkrieg „das alte jüdische Erbgut mit der Moderne" verband. Die Ausstrahlungen und Wirkungen der Schüler des Pädagogiums seien später in der ganzen Welt verspürbar gewesen. Nach Robert Weltsch sei die ursprüngliche Idee des Pädagogiums Sonne gutzuschreiben, der diese dann auch zusammen mit Adolf Böhm, dem zionistischen Historiker, und Siegfried Bernfeld, dem Schüler Freuds und Führer der Wiener zionistischen Studenten, realisierte. Auch wird der Name von Zvi Peretz Chajes - der große jüdische Gelehrte und Erzieher und nach 1918 Hauptstadtrabbiner in Wien - damit verbunden. Sonne war Lehrer und später Leiter des Pädagogiums auch in der Zeit, als er in den dreißiger Jahren Canettis Bekanntschaft machte, und er blieb in diesem Rahmen tätig bis zu seiner Flucht ins Exil im Jahre 1938. In der Autobiographie widmet Canetti diesen Tätigkeiten Sonnes in Wien kein einziges Wort.

Was hier betont werden muß, ist die ideologische Untermauerung der modernen hebräischen Renaissance, die erst vor dem ersten Weltkrieg den Sprachkampf im Zionismus, und zwar ausschließlich in den Siedlungen in Palästina, gewonnen hat, während Hebräisch den Sprachkampf im Weltzionismus sowie im Weltjudentum verlor. Dies ist ein sehr kompliziertes Thema, auf dessen Umrisse ich hier nur flüchtig verweisen darf.[20] Die modernen Hebraisten strebten an, den ermüdeten und dem Tode nahen jüdischen Volksgeist zu neuem Leben zu erwecken. Nach ihrem romantischen Modell funktionierte der lebendige gesunde Volksgeist als Quelle der Kapazität eines Volkes (hier eines Volksmenschen), als vereinigtes Wesen, um Neues und Originelles zu schaffen. Die Vertiefung und Ausbreitung der hebräischen Sprachkenntnisse und die moderne hebräische Literaturproduktion, die als selbstbewußte Wahl und erstrebenswertes Ziel zu betrachten sind, tragen dazu bei, das jüdische Nationalbewußtsein zu erneuern und zu stärken, um modernes jüdisches Leben kreativ und geistig stark auszuprägen. Die Hebraisten beabsichtigten, die Existenzlage des modernen Judentums neu zu bestimmen, wie dies auch andere jüdische Bewegungen vorhatten, wie zum Beispiel die moderne jiddische Bewegung, der Bundismus oder der Zionismus. Die Hebraisten fanden ihre Partner in der zionistischen Bewegung, aber erst nach einem schwierigen inneren Kampf, der heute kaum noch zu verspüren ist. Die Zionisten argumentierten im allgemeinen, daß das jüdische Volk eine gesicherte nationale Existenz nur in seinem eigenen Land genießen könnte und daß der jüdische Volksgeist sich nur in seinem traditionellen Vaterland normativ und kreativ entwickeln würde. Die hebräische Sprache war auch für viele Zionisten nebensächlich. Wichtige Zionisten der ersten Generation, wie zum Beispiel die Führer der Bewegung, Herzl und Nordau, lehnten Hebräisch völlig ab, wie sie auch bereit waren, alternative Asylländer als Substitution für Zion in Betracht zu ziehen.

Zwar gab es weltweit einige hebräische Literaten, die in diesem Sinn weniger ideologisch oder sogar anti-ideologisch eingestellt waren. Man denkt an David Vogel in Wien oder an die hebräische Schriftstellerschule in New York zu der Zeit vor dem zweiten Weltkrieg.[21] Canettis Beschreibung von Sonne als anti-ideologisch muß in diesem Zusammenhang bezweifelt werden, sie ist auf keinen Fall mit der anti-ideologischen Grundeinstellung des Autobiographen vergleichbar. Zunächst muß erwähnt werden, daß Sonne bis zum letzten Moment in Wien um das Hebräische bemüht war. Zweitens setzte Sonne fort, hebräische Gedichte zu schreiben (oder Gedichte ins Hebräische zu übersetzen), viel länger, als Canetti es schildert, auch während der Periode in Wien. Aus den späten Gesprächen mit Lea Goldberg wissen wir von Sonnes fortdauernder intensiver Beschäftigung mit der hebräischen Literatur bis zu seinem Tod. Gegen Ende seines Lebens las er die neueste hebräische Literatur, er folgte den literarischen und kulturellen Debatten und diskutierte darüber leidenschaftlich in privaten Gesprächen. Er hörte nie auf, die klassische hebräische Literatur sowie die Weltliteratur und -kultur aus dem Blickwinkel eines jüdisch-nationalen hebräischen Denkers und Kritikers zu kommentieren. Dazu einige typische Bemerkungen, die uns Lea Goldberg in „Pgisha Im Meshorer" mitteilt: 1.- Sonne erzählte Lea Goldberg, daß Joseph Chaim Brenner der einzige ernsthafte hebräische Prosaist sei.[22] 2.- Wir Juden könnten Joyce' Ulysses am besten verstehen, denn das Buch sei theologisch-katholisch, und Joyce sei wie ein Jeschiwabocher, der Abtrünniger wurde.[23] 3.- Mahler sei der größte jüdische Musiker. Seine Musik sei den Melodien des jüdischen Gebets ähnlich.[24] 4.- Arabische Musik könnten Juden nicht verstehen. Sie sei den Juden zu fremd.[25]

Trotz seines Verzichts auf öffentliche Tätigkeit und seiner Scheu vor der Öffentlichkeit wurde Sonnes Teilnahme an der Weiterentwicklung der hebräischen Literatur und Literaturkritik nach der Staatsgründung garantiert - durch seine entscheidende Einwirkung auf einflußreiche Persönlichkeiten, vor allem auf Lea Goldberg selbst.

Sonne im Jerusalemer Exil

Canetti berichtet im *Augenspiel*: „Jahre danach, im Krieg, ich war in England ... wir (Sonne und ich) waren weit voneinander getrennt, aber er war wie ich am Leben. Er war in Jerusalem, wir schrieben einander nicht. Ich dachte: nie hat es einen Propheten gegeben, der es weniger gern war. Er hat gesehen, was mit den Städten geschehen würde. Er hat auch das andere gesehen. Es gab genug, um das er zu zittern hatte. Er hat keinen Schrecken mit dem anderen vermengt. Er war aus der Blutrache der Geschichte ausgetreten."[26]

Die Erwähnung Jerusalems in diesem Zusammenhang betont die Identifizierung Sonnes mit den jüdischen Propheten, während Canetti sich die prophetischen biblischen Schriften durch Sonnes Mittlertum zum ersten Mal als jüdisches Kulturgut aneignet. Darüber hinaus knüpft diese Textstelle literarisch an das Kapitel „Das himmlische Jerusalem" aus der *geretteten Zunge* an, an beschriebene Ereignisse, die für Canettis religiöse und jüdische Entwicklung von Bedeutung waren. Hier erklärt der Großvater dem Kinde, wie es den Kaddisch für seinen verstorbenen Vater sagen müsse, während die christliche Gouvernante Miss Bray den Kindern missionarisch erklärt, wie der Vater im himmlischen Jerusalem ruht. Miss Bray brachte den Kindern geheim christliche Ideen und Lieder bei, bis Canettis Mutter sie entdeckte. Die Gouvernante wurde auf der Stelle entlassen, kam aber später zurück, nachdem sie versprochen hatte, nie wieder mit den Kindern christliche Lieder zu singen oder über „den Herrn Jesus" zu sprechen.

Nach Canettis Darstellung vereinigt Sonne in sich viele prophetische Eigenschaften, aber hier ist vor allem seine Prophezeiung des tragischen Schicksals und der Zerstörung der europäischen Städte im zweiten Weltkrieg von Bedeutung, nach der Erfahrung der damals schockierenden Bombardierung von Guernica. Während Sonne und Canetti regelmäßig die Entwicklungen des spanischen Bürgerkriegs diskutieren, bietet sich auch die Gelegenheit, die jüdisch-sephardische Literatur und Kultur sowie die hebräische und maurische Renaissance in Spanien zu besprechen, die Sonne ebenfalls gründlich kennt. Canetti beschreibt, wie Sonne in ihm eine neue Orientierung zu seinem eigenen spaniolischen Erbgut verursachte, das er seit seiner Kindheit entscheidend zurückgewiesen hat: „(Sonne) versäumte keine Gelegenheit, meine Herkunft wahrzumachen, eben weil ich so wenig auf sie gab. Es war ihm daran gelegen, daß nichts in einem Leben verschwinde. Was ein Mensch berührt hatte, nahm er mit. Es ging nicht um den Stolz der Herkunft, der immer etwas zweifelhaft war. Es ging darum, daß nichts Gelebtes verleugnet wurde. Der Wert eines Menschen bestand darin, daß er alles enthielt, was er erfahren hatte und es weiter erfuhr."[27] Durch diese Diskussionen lernte Canetti, sein jüdisches Kulturgut zu respektieren. Sonne bestärkte Canetti in seiner jüdischen Vergangenheit, die erst durch ihn zu einer wirklichen wurde, wie er im autobiographischen Text beteuert. Dies ermöglichte, daß Canetti kurz danach Wien als bewußter Jude verläßt, als Nachkomme sephardischer Exilanten. Wieder einmal, aber diesmal vor den Nationalsozialisten, flüchtet er ins Exil, er weiß jetzt als Jude, daß die deutsche Sprache auch sein Eigentum ist, das er „mit (zäher) Kraft" auch im Exil behalten will. Wie er es 1944 in seinen Aufzeichnungen ausdrückte: „Die Sprache meines Geistes wird die deutsche bleiben, und zwar weil ich Jude bin. Was von dem auf jede Weise verheerten Land übrig bleibt, will ich als Jude in mir behüten. Auch *ihr* Schicksal ist meines; aber ich bringe noch ein allgemein menschliches Erbteil mit."[28]

Canetti verweist implizit darauf, daß Sonne die große jüdische Tragik der Shoa voraussah: „Er habe auch das andere gesehen." Aber dies ist vor allem als ein Aspekt des allgemeinen Verfalls der westlichen Zivilisation zu verstehen, den man zum Beispiel in den großen literarischen Werken des Jahrhunderts nachlesen könne, bei Schriftstellern wie Joyce oder Musil. Canetti relativiert die Shoa, indem er Sonnes allgemeine Fähigkeit schildert, intellektuelles Verständnis für beide Seiten einer Debatte oder eines Konflikts zu zeigen, Respekt für die Grenzen des anderen zu äußern, ohne eine Seite ideologisch oder parteilich zu befürworten oder zu verleumden. Basierend auf dem Exempel von Sonne, sucht Canetti auch einen Standpunkt außerhalb der Geschichte und über das historische Streiten hinaus.

Im selben Zusammenhang ist die Erwähnung von Sonnes Kenntnissen der maurischen Dichtung von Bedeutung, seine Sprachfertigkeit im Arabischen und sein impliziter, aber tiefer Respekt für die arabische Kultur. Denn obschon Sonne im Jerusalemer Exil ist, wird der Eindruck vermittelt, daß er jenseits von politischen Ideologien, wie dem Zionismus, lebt, daß er nie politische oder militärische zionistische Ziele zum Nachteil oder Schaden anderer hätte befürworten können, hier gegen Palästinenser oder Araber im allgemeinen. Die wiedergegebenen Bemerkungen Sonnes zu Goyas Radierungen über die „Unglücksfälle des Krieges" und Sonnes allgemeine Darstellung von Goya charakterisieren auch seine eigene Stellungnahme sowie konsequenterweise auch die von Canetti: Er hatte Gesinnung, und er nahm Partei, aber „er sah was geschah, als hätte er beiden Seiten angehört, denn seine Kenntnis war die des Menschen und sein Abscheu war der Krieg und wie niemand vor ihm und vielleicht mit solcher Leidenschaft selbst heute niemand, wußte er, daß es keinen Krieg gibt, der gut ist ..."[29] Dank der Einwirkung von Sonne lehnte Canetti Krieg und Tod sowie Religion und Politik entschieden ab, denn dies alles kompromittiert das ewig Menschliche. Wie Canetti schreibt: „Die Achtung, die er (Sonne) für jeden Menschen hatte, verwehrte es ihm, irgendwelche, auch die niedersten, vom vollen Anrecht auf Menschheit auszuschließen."[30] Nach Canettis Schema schalten Religion und Politik menschliche Anteilnahme aus.

In Quellen kann man nachlesen, daß Sonne nach der Abreise aus Wien ursprünglich beabsichtigte, in die USA auszuwandern. Nach einer Zwischenstation in Merano (Italien) betrachtete er im Frühjahr 1938 einen kurzen Besuch in Palästina vielleicht als einen zeitlich begrenzten Aufenthalt vor seiner Auswanderung in die Vereinigten Staaten. Aber er blieb bis zu seinem Tod 1950 in Palästina-Israel, und wir wollen fragen, ob Sonne während dieser letzten Phase eher als Emigrant oder als Exilant zu betrachten ist. Vielleicht mußte er seine ursprünglichen Pläne ändern, aufgrund einer neuen Orientierung oder aufgrund des Ausbruchs des zweiten Weltkrieges und dann vielleicht auch wegen seines sich rapide verschlechternden Gesundheitszustands. Aber diese Spekulationen können nicht bewiesen werden. Obzwar Canetti später keinen Kontakt mit ihm aufnahm, vielleicht aus einer Haltung von pietätvollem Respekt, korrespondierte Sonne mit anderen Freunden, z.B. mit seinem anderen engen Freund Hermann Broch, der Sonnes Adresse in Jerusalem von Canetti (!) erhalten hatte – was man nie hätte erwarten können. Broch versuchte zunächst, Sonne zu überzeugen, in die Staaten auszuwandern, und schlug ihm nach Kriegsende vor, sich in Europa zu treffen.[31] Weder das eine noch das andere geschah. Aber Sonne äußerte „letzte Wünsche“ in Jerusalem, bevor er sich 1940 einer Blinddarmoperation unterzog. Er erwähnte seine Freundschaften mit Broch und mit Alma Mahler sowie mit Canetti: „Ich möchte Elias Canetti ... bei Gelegenheit sagen, daß mir seine Freundschaft immer ein Geschenk war, daß ich immer an ihn denke, ohne schreiben zu können. Mir verging die Sprache vor den Dingen, die ich kommen sah.“[32]

Canettis literarisches Bild von Sonne als bescheidenem Superjuden oder als einem heimlichen transzendentalen Überjuden erinnert zum Teil an die talmudische und kabbalistische Legende von den sechsunddreißig anonymen Gerechten, ohne die die Welt nicht existieren könnte. Im Jiddischen heißt einer dieser bescheidensten, verborgenen Gerechten der „Lamedvovnik“ - aus der Gematrie: Lamed hat den quantitativen Wert von dreißig, Vov ist sechs, also zusammen sechsunddreißig. In einigen Versionen der Legende taucht der verborgene Lamedvovnik dramatisch auf, besonders, um Gutes zu tun, oder um die Kinder Israels vor bösen Feinden zu retten. Er verwendet eine geheimnisvolle Macht, um seine Rettungsaktion zu aktualisieren, aber nachher verschwindet er ohne Spur, zurückkehrend in die Verborgenheit, aus der er so unerwartet erschien.

Ist es denkbar, daß dieses jüdische Erbe, das durch Canetti literarisch vermittelt und internationalisiert wird, je vergessen wird? Oder warten wir wenige einfach auf den nächsten Lamedvovnik?

Anmerkungen

1) Friederike Eigler, *Das autobiographische Werk von Elias Canetti*, Tübingen 1988, S. 174 f.
2) Lea Goldberg, *Pgisha Im Meshorer* (Treffen mit einem Dichter), Tel Aviv 1952
3) Robert Weltsch, „Nachruf an Sonne“, in: *Mitteilungsblatt, Nr. 27*, Tel Aviv, 9. Mai 1950, S. 6
4) Chanan Chever, *Pricbat Hadumiah* (Das Aufblühen des Schweigens), Tel Aviv 1993
5) Ich bedanke mich bei den Bibliothekaren des Zentralen Zionistischen Archivs Jerusalem sowie bei Frau Margot Cohen von der Jüdischen National- und Universitätsbibliothek (Schwadron-Sammlung und Buber Archiv) für ihre freundliche Hilfe während meiner Forschung in Jerusalem.
6) Elias Canetti, *Das Augenspiel*, München 1985, S. 151. Im weiteren zitiert unter DAs mit Seitenangabe.
7) Siehe Canettis Anspielung darauf, nämlich seine enthusiastischen Bemerkungen zum Thema der Flüchtlinge und zu Sonne, die an dessen zionistischen Aktivitäten anknüpfen: „Er (Sonne) wußte, was Flüchtlinge sind, als wäre er selber einer gewesen, aber mehr noch so, als habe er für Flüchtlinge Verantwortung getragen, als habe er ganze Transporte von ihnen gesammelt, geleitet und dort verpflanzt, wo ihr Leben nicht mehr in Gefahr war.“ DAs, S. 155
8) Robert Weltsch, a.a.O., S. 6
9) DAs, S. 157
10) DAs, S. 155 ff.
11) DAs, S. 165
12) DAs, S. 155
13) Elias Canetti, *Die gerettete Zunge*, München 1977, S. 91 f. Im weiteren zitiert unter DgZ mit Seitenangabe.
14) DgZ, S. 122 f.
15) Elias Canetti, *Die Fackel im Ohr*, München 1980, S. 108

16) Hauptthemen und Inhalt dieses Vortrags befinden sich in Sonnes Handschrift in der Schwadron-Sammlung, Manuskript- und Archivenabteilung, Jerusalem.

17) Bubers Briefe an Sonne, in: Zentrales Zionistisches Archiv

18) Abraham Sonne, „Ein Wort über Mendele“, in: *Der Jude 3* (1918/19), S. 239-242

19) Robert Weltsch, a.a.O.

20) Siehe Robert Alter, *Hebrew and Modernity*, Indianapolis 1994, S. 16 f.

21) Siehe Gershon Shaked, „The Beginnings of Hebrew Literature in America“, in: Mark H. Gelber (Hg.), *Identity and Ethos. A Festschrift for Sol Liptzin on the Occasion of his 85th Birthday*, Bern 1986, S. 279-303

22) Lea Goldberg, *Pgisha Im Meshorer*, a.a.O., S. 58

23) Ebd., S. 31

24) Ebd., S. 42

25) Ebd., S. 42

26) DAs, S. 322

27) DAs, S. 319

28) Elias Canetti , *Die Provinz des Menschen. Aufzeichnungen 1942-1972*, München 1973, S. 73

29) DAs, S. 315

30) DAs, S. 211

31) Siehe Paul Michael Lützeler (Hg.), *Hermann Broch. Briefe*, Bd. II, 1938-1945, Frankfurt am Main 1981, S.97f. Ebenso Lützeler, *Hermann Broch. Briefe*, Bd. III, 1945-1951, Frankfurt am Main 1981. Eine Kopie von Sonnes Brief an Broch, datiert am 29. August 1949, befindet sich im Zentralen Zionistischen Archiv.

32) Sonnes „Letzte Wünsche“ befindet sich im Zentralen Zionistischen Archiv, Jerusalem.

Auf vielen Hochzeiten tanzen

Zu den Stücken von Wyspiańskis *Hochzeit*, Canettis *Hochzeit* und Gombrowicz' *Die Trauung*

Hubert Orlowski

Das Drama *Hochzeit*, wegen der gemeinsamen Entstehungszeit und -aura dem Roman *Die Blendung* verwandt und nicht zuletzt dadurch in seiner Gewichtigkeit vielmals verifiziert,[1] fand im bisherigen Canetti-Diskurs beachtliche Zuneigung. Die Untersuchungen von Dagmar Barnouw, Edgar Piel, Helmut Göbel, Hans Feth und Marek Przybecki, in welchem literaturwissenschaftlichen Genre auch immer verfaßt, haben inzwischen ein weites Feld von Lesarten abgesteckt. Übrigens nicht ohne Freude am interpretatorischen Detail! Dieser Weg einer anreichernden und retuschierenden textimmanenten Interpretation, vorwiegend im Bezugsrahmen des Gesamtwerkes von Canetti, soll in meinem Fall nicht gegangen werden. Ohne Zweifel sind textsemiotische und Canettis poetologisches Programm streifende Reflexionen zu „Haus" als „Objekt-Besitz" und zur „nicht bewältigten Interaktion"[2], zu den Spielräumen „Haus, Straße und Platz"[3], zu „Verwandlung", „Grundeinfall" und „Umkehrung",[4] zum „verweigerten Kehraus"[5] wie zu den „Sprachfiguren: Akustische Maske, Maskensprung und Geheimnis"[6], ein legitimes und zugleich weiterleitendes strategisches Vorgehen. In diesem Falle wird jedoch der Versuch unternommen, das Drama *Hochzeit* im Rahmen eines „la longue durée-Projekts" von Bräuchen und Mentalitäten zu verstehen.

Über welchen Stellenwert verfügt primär die „Hochzeit" in der Ikonosphäre kultureller Gegebenheiten der Neuzeit, des 20. Jahrhunderts? Trauung und Hochzeit, ähnlich wie Geburtsfest und Taufe, als auch Begräbnisfeier, sind - abgesehen von ihrem symbolischen Charakter - gefragte gelenkige Kommunikationsräume für Privates und Öffentliches. Sie ermöglichen, emotionsbedingte Wallungen zu zeigen, Macht- und Eigentumsverhältnisse zu demonstrieren, juristisch-familiäre Ein- und Ausgrenzungen durchzusetzen ...

Modellhaft ist „Hochzeit" zu begreifen als ein „großes Lebensdatum", als Abschluß für eine bestimmte Sozialisationsetappe im Leben des Menschen, auf die eine neue folgt: mit Rollenzuweisungen und Rollengewalt. „Ein zentrales Ereignis vor allem teilte das Leben eines jeden in zwei Abschnitte: die Heirat. Eine Hochzeit garantierte die gesellschaftliche und familiäre Kontinuität. So gab es im privaten Leben ein ‚davor' und ein ‚danach', denen sich alle anderen Geschehnisse zuordnen ließen."[7]

Um Canettis Stück aus seiner großen mentalitätsgeschichtlichen Einbettung heraus zu verstehen, sei zurückgegriffen auf zwei weitere Texte, die in diesem Falle als signifikant flankierende Zäsuren von literarischer Domestikation von Sexualität und Macht zu verstehen wären. Gemeint sind die Dramen *Die Hochzeit* von Stanislaw Wyspiański aus dem Jahre 1901 und *Die Trauung* von Witold Gombrowicz aus dem Jahre 1953. (Die argentinische Ausgabe *El Casamiento* erschien übrigens schon 1948; entworfen worden sein soll das Werk schon in den Jahren 1943-45.) Beide Werke sind auch im deutschsprachigen Kulturbereich bekannt geworden, wenn auch unterschiedlich gewertet worden. Wyspiańskis Stück, von Karl Dedecius zum zweiten Mal übersetzt und herausgegeben, ist vor wenigen Jahren in der bewährten Reihe „Polnische Bibliothek" des Suhrkamp Verlags erschienen. Die Verfilmung durch Andrzej Wajda hat ebenfalls zur Verbreitung des Werkes beigetragen. *Die Trauung* von Gombrowicz, inzwischen auf den bedeutendsten Bühnen Europas und der Welt aufgeführt - die Aufführung in Paris 1964 war ein Theatererfolg -, liegt in mehreren deutschen Ausgaben vor, eine Taschenbuchausgabe des Fischer Verlages miteinbezogen.

Was legitimiert ein derartiges Vorgehen, was erteilt mir das Mandat, eben diese beiden Texte zum Referenzrahmen zu erheben!? Auf eine ernsthaft scherzende Weise ließe sich zumindest der erste Autor, der gebürtige Krakauer Stanislaw Wyspiański, als ein recht loyaler Bürger, wenn auch weniger „loyaler" Autor des kakanischen Österreichs definieren. Gombrowicz' Geburtsort (Maloszyce/Opatów) wiederum, ähnlich wie der angedeutete Handlungsort seines Stücks *Trauung*, liegt hart an der österreichisch-russischen Teilungsgrenze. Doch genug davon.

Es geht in der Tat um die Ausarbeitung von Kulturreferenzen für das von Canetti angestrebte Verwandlungsgehabe der „Hochzeitsgäste"; denn bei allen berechtigten textimmanenten Lesarten zu Canettis Drama ist der sich aus der Lesart des traditionsreichen Motivs „Hochzeit" ergebende Blick ein neuer Ansatz. Darüber hinaus sind sich alle drei Stücke insofern noch verwandt, als sie von den Verfassern durch einkreisende Statements und Kommentare vor-gedeutet, also hermeneutisch vorbelastet worden sind. Die Stücke trennt, was Entstehungszeit anbetrifft, jeweils ein Vierteljahrhundert (mittel-)europäischer Geschichte, und damit ist auch die unterschiedliche Lagerung an mentalen Fragestellungen und poetologischen Entwürfen angedeutet worden.

Die Hochzeit ist ein Nationaldrama; über 100 Zitate sind als Sprichwörter und geflügelte Worte in die polnische Alltagssprache eingegangen. Kulturtopographisch ist Wyspiańskis *Hochzeit* scharf umrissen: zeitlich und räumlich. Die Hochzeit selbst wird gefeiert im Jahre 1900 in einem Dorf vor Krakaus Toren. (Der Handlung liegt übrigens ein authentisches Ereignis zugrunde: die Heirat eines bekannten Krakauer Schriftstellers mit einer Bauerstochter.) Die Gestalten sind präzise konturiert; sozial, intellektuell, politisch. Zwei Milieus prallen aufeinander: das der Krakauer Städter auf das der galizischen Bauern. Ein Schriftsteller, wie erwähnt, heiratet ein Bauernmädchen: „Er ist ein Städter, sie vom Land, - aus Krakau kam da allerhand."[8] Zurück aufs Land, unter heile Menschen, lautete eine der damaligen herrschenden Parolen! Selbst beim Aufbau des Personenensembles werden die Gestalten sorgfältig zweigeteilt: in „Hochzeitsgäste aus dem Dorf" und „Gäste aus der Stadt". Es fehlt jedoch zugleich nicht an allegorischen Gestalten, an sogenannten Erscheinungen, Geistern, nationalen Phantomen, u.a. der Strohmann, Hetman, Wernyhora, Stańczyk, der Mahr. Und eben gerade diese „Phantomgestalten" bringen szenische Bewegung und Spannung in die kaleidoskopartige Konstruktion der Szenenfolge hinein, konstruiert übrigens nicht ohne einen Seitenblick auf das experimentelle epische Theater. Dieses kaleidoskopartige Bühnenkonzept zwingt nicht nur ein karussellhaftes Tempo auf, es ermöglicht vor allem eine Vorführung beunruhigender nationaler Fragen: nach den Gründen des Zusammenbruchs der Adelsrepublik Polen (im Phantom des ukrainischen Wahrsagers Wernyhora)[9], nach den Gründen des blutigen Bauernaufstandes von Szela in Galizien Anno 1846 (in der Gestalt des grausamen Mahrs), nach den Gründen der verlorenen Chancen des polnischen Bauerntums (im Phantom des Strohmannes).

In einzelnen Aussagen bzw. syntagmatischen Verkürzungen werden dann diese Schlüsselfragen von realistisch-fiktionalen Gestalten apostrophiert. Die historisch-gesellschaftliche Perspektive bzw. Perspektivlosigkeit gipfelt in einem der hundert geflügelten Worte: „Hier im Dorf herrscht aber Ruh. – Mag die Welt sich doch bekriegen, hat das Polendorf nur Frieden, hat das Dorf in Polen Ruh."[10] Und der bei einer Bauernhochzeit obligatorische Pfarrer ermahnt: „Altpolnische Parole Einigkeit über alles! Wie im Lied."[11]

Der Bauer Czepiec beteuert erinnernd: „Bauern warten nicht gern. Bauern gehn (‚mit Sensen') über Leichen."[12] Und: „... dem Vater brachen sie die Knochen, blutend, geschunden, zerstochen."[13] Der Narr Stańczyk weitet die Perspektive historisch aus: „Kleine Kate, arm, aber lebendig; Polen, Volk, vertraute Tränen."[14] Und: „Die Hölle in unserem Lande ist schlimmer als die von Dante."[15]

Die Neubewertung historischer Mythen und die schonungslose Kritik am Verhalten seiner Zeitgenossen stehen also im Zentrum des Dramas. Der Journalist aus Krakau bilanziert eine dieser Mythen: „Der dritte Mai ist ein Märchen!"[16] Der Maler als Gastgeber geht in der Bewertung noch weiter: „Puppen, Spuk, gemeiner Trug, bunte Masken, Bildertand."[17] In unserem Falle ist jedoch von weitreichender Aussagekraft vor allem die unproblematische Zuweisung und selbstverständliche Erwartung sozialer Rollen sowie die festgelegte Tradition in Sachen Sitten und Gebräuche. Im Personenverzeichnis allein wird die Intaktheit der Rollen hervorgehoben: „man/frau" ist Bräutigam, Brautvater, Brautführerin, Brautführer, Kupplerin ... Und das ist „halt" so!

Zu beachten dabei ist, daß die über hundert Einzelszenen, fürs Drehscheibenkonzept unabdinglich, in einem gut überschaubaren sozialen und Bühnenraum realisiert werden, nämlich „in der guten Stube" eines Bauernhauses, geschmückt mit Heiligenbildern und einem „Erntekranz aus Ähren".[18] Keines der Versatzstücke aus der polnischen Nationalgeschichte („... über dem Schreibtisch eine Fotografie von Matejkos ‚Wernyhora' und eine Lithographie von Matejkos ‚Racßawice'. An der Wand hinten ein abgenutztes Sofa; darüber gekreuzte Säbel, Flinten, Reisegürtel ..."[19]) ist falsch angebracht, ist „gelogen". Auch der dritte Referenzrahmen, nämlich der des Volkskatholizismus, neben dem bäuerlichen und dem nationalen, ist auf der ikonischen Ebene nicht zu übersehen: „Über der Hochzeitstür ein riesiges Bild der Muttergottes vom Spitzen Tor (Ostrabrama in Wilna) im silbernen Kleid und mit goldenem Strahlenkranz auf dunklem Saphir; über der Tür zum Alkoven ein ebenso riesiges Bild der Muttergottes von Tschenstochau ... mit der Krone der Königin von Polen."[20]

Das sozial-mentale Gefüge der galizischen Gesellschaft um die Jahrhundertwende ist intakt, unerschüttert. Einzelne Stöße eines angedeuteten politisch-gesellschaftlichen Erdbebens liegen in unbenannter Ferne. Die sittlich-moralische, die existentiell-metaphysische Dimension des (Un-)Geschehens dagegen wird überhaupt nicht in Frage gestellt.

Die Trauung, Witold Gombrowicz' „ahistorisches Drama"[21], eine antihistorische Parodie auf (Shakespearesche) Königsdramen über Macht und Liebe, verlagert die Fragestellung in eine zwar geschichtlich definierbare Zeit und Welt, um jedoch dann den Leser orientierungslos möglichst bald sich selbst zu überlassen. „Die Welt der ‚Trauung' ist eine Welt der Metamorphosen, irgendwo angehängt zwischen einer Militärbasis in Frankreich und der polnischen Provinz ..."[22]

Im (fiktiven) Gespräch mit Dominique de Roux erzählt Gombrowicz die Handlung seines Stücks folgenderweise nach: „Die Trauung ist ein Traum - ein Traum, den Henrik träumt, ein polnischer Soldat im letzten Krieg, der irgendwo in Frankreich ist. (...) Und Henrik huldigt dem Vater, und der Vater verwandelt sich für ihn in einen König. Und nicht nur erhebt der Vater-König Henrik in den Rang des Kronprinzen, sondern er verspricht ihm kraft seiner königlichen Autorität eine würdige, kirchliche Trauung. (...) Im dritten Akt ist Henrik Diktator. Er hat alle, auch die Eltern, unterworfen. Abermals werden Anstalten zur Trauung getroffen. Doch es ist eine Trauung ohne Gott, ohne andere Sanktion als Henriks absolute Macht. (...) In der letzten Szene entleibt sich Wladzio. Doch Henrik, von seiner Tat entsetzt, schreckt zurück. Die Trauung findet nicht statt."[23]

Nach Gombrowicz ist die Trauung „eine lockere Entladung der Vorstellungskraft" und das Thema „die Dissonanz zwischen Mensch und Form"[24]. Laut Kommentar zur argentinischen Ausgabe erhebt Henrik „im Traum seinen Vater zur Königswürde; und dies, damit der Vater ihm die Heirat gewähre. (...) Im Alptraum suchen Henrik gewisse schmerzliche, unseren Zeiten eigene, Probleme heim. Henrik ist ... drauf und dran, sich von der Vorherrschaft einer ganzen Kultur und einer ganzen hierarchischen Ordnung zu befreien ... das Dämonische, das Übernatürliche und Übermenschliche unserer ‚höheren' Welt besteht darin, daß sie nicht aus der Wechselbeziehung der Menschen untereinander geboren wird."[25] „Hier rotten sich die Menschen in ich weiß was für Figuren voll Schmerz, Angst, Lächerlichkeit oder Mysterium zusammen, in unvorgesehenen Melodien und Rhythmen, in absurden Situationen, und indem sie sich ihnen unterwerfen, sind sie ihrerseits von dem erschaffen, was sie erschaffen haben."[26]

Die Personen sind Henriks „Frucht seiner Einbildung". „Es ist dies also eine wechselseitige Deformation. (...) Henrik schafft den Traum, und der Traum erschafft Henrik, die Handlung auch erschafft sich alleine, und die Personen erschaffen sich wechselseitig. Daraus resultiert: 1. Alle Menschen drücken sich nicht direkt aus, sie sind immer künstlich; sie stellen immer dar. Infolgedessen ist das Stück ein Zug von Masken, Gesten, Schreien, Grimassen."[27] „Die Menschen", so Karl Dedecius dazu, „heucheln nicht nur einer dem anderen etwas vor, der Mensch heuchelt sich selbst etwas vor."[28] In diesem Prozeß gegenseitiger Erschaffung nehmen die Personen doppelte Rollen ein. Ignaz ist Vater und König, Katharina - Mutter und Königin, Henrik - Sohn und Prinz, Wladzio - Freund und Höfling, Mania - Dienstmagd und Prinzessin.

Der gegenseitige „Schöpfungsakt" und dessen Farcestatus wird übrigens im Text selbst festgehalten. „Henrik: Und wenn ich auch nicht an Gott glaube, so glaube ich an das Gesetz der Moral und an die Menschenwürde auf Erden. (...) Der Säufer: Aber wer hat denn dieses Gesetz der Moral erlassen, wenn es keinen Gott gibt? (...) Henrik: Wer? Die Menschen. Der Säufer: Wozu dann solche Feierlichkeit darum, wenn es, wie alles andere, das Ergebnis menschlicher Einbildungskraft ist? Henrik: (...) In der Tat, bis zu einem gewissen Grade hat er recht. Ich glaube an dies alles nicht ... Ich verhalte mich so, als glaubte ich daran. (...) Und ich weiß, daß alles das nur eine Farce ist."[29] Das darf nicht ohne Konsequenzen für die Dialogführung bleiben: „Beim Studium des Textes eines normalen Stückes kann der Schauspieler aus dem Sinn des Satzes ableiten, wie er gesprochen werden muß. Hier ist die Sache komplizierter: Der Dialog ist künstlicher, manchmal erlangen die einfachen Worte einen seltsamen Sinn."[30] In den Anmerkungen zur argentinischen Ausgabe heißt es daher kaum zufällig im Zusammenhang mit der nebulosen Vorstellung der polnischen Heimat: „Dieser Vers hat keinen Sinn, aber er muß gesprochen werden mit jenem Ernst, der uns manchmal im Traum ergreift. ... es ist der Schein des Sinns, Schein der Tiefe und der Wahrheit, Schein des Verses ..."[31]

Henrik kreiert den Vater und König, um darauf von ihm entsprechende symbolische Handlungen zu verlangen: „Ich knie hier vor ihm! Und jetzt versucht mal, mein Knien zu leugnen. (...) Ich gelobe dir, mein Vater, mein König. Liebe. Treue. Verehrung. (...) Du wirst mir das Sakrament der Ehe spenden? (...) Eine anständige Trauung wirst du mir ausrichten ... eine Hochzeit, wie es sich gehört, wie es immer in unserer Familie Brauch gewesen ist ... Du wirst mich trauen mit meiner reinen, unbefleckten, verehrten Jungfrau, meiner Geliebten ... eine anständige Trauung."[32] Alle „Anwesenden" wiederholen darauf mehrmals: Trauung! Trauung!

Und so ist also der „Vater und König" symbolisch imstande, Mania, die Dienstmagd, zur Prinzessin zu bestimmen: „Seht ihr dieses Mädchen dort, dem Anschein nach eine gewöhnliche Dienstmagd, Dienstmagd einer Kaschemmen-Kaschemme. (...) Das ist weder ein Mädchen noch eine Magd! Das ist die ehrbare, bescheidene, unantastbare Jungfer, die von diesen bäurischen Lumpen entführt, gefangen gesetzt, gequält und gewürgt, bespuckt und dienstbar gemacht worden ist ..."[33]

Die Hochzeit ist machbar. Mit Hl. Messe und Priester, ja sogar mit dem Bischof Pandulf. Nicht ohne Hochzeitsmarsch, Brautjungfern, prachtvolles Kleid und Schleppe. Vater: „Bald naht die Hochzeit. (...) Gleich werden wir dir eine Hochzeit bereiten, daß sie vor Neid erblassen. (...) Wir schreiten zum Akt deiner Vermählung. Gleich wird der Jungfernzug die Jungfrau bringen, mit der du dich vereinigen wirst in alle Ewigkeit."[34] Die Etikette, wenn auch nur als Farce der Feierlichkeit, ist immer noch intakt! Obwohl die „Trauung" ein „Schmählied auf den Wahn überlebter Zeremonien"[35] ist, verläuft die Zeremonie dennoch bei kirchlicher Referenzialität. Der Vater: „... die Zeremonie wird derart prachtvoll sein, so würdig, ehrenvoll und majestätisch in ihrer majestätischen Zeremonie, daß sich gegen diese zeremonielle Zeremonie niemand wird zu stellen wagen."[36] Das Schauspiel der Trauung ist, eben auch als Schauspiel, ohne die Folie kirchlicher Tradition kaum zu begreifen. Des „erträumten" Bischof Pandulfs Statement – „eine Trauung, nicht durch die Kirche geheiligt, ist keine Trauung, sondern ein Frevel!"[37] – ist also in einem derartigen Referenzrahmen vollkommen berechtigt.

Geschichte ist für Gombrowicz lediglich ein Vorwand, um Grundsätzliches aufzugreifen: „Nicht das, wie Menschen Geschichte machen und wie sie von ihr geschaffen werden, sondern wie sie sich selbst erschaffen im Prozeß der Interaktion."[38] Apsychologisch, ahistorisch, und dennoch unter Berücksichtigung der Schlüsseltradition nationalpolnischer Geschichte und Kultur: der Konventionen der katholischen Konfession.

Die Konventionen und Zeichen des Katholizismus spielen in Canettis *Hochzeit* keine nennenswerte Rolle. Die Hochzeitsmusik allein verliert sich lediglich am Rande des Geschehens. „Toni: In Dezember a Dunner! Ja, Großmutterle, du bist scho ganz taub. Des is do d' Musi von der Hochzeit im ersten Stock. (...) I mecht aa so a Musi, wenn i heiraten tu. Die haben glei sechs Musikanten auf einmal."[39] In der Aufzeichnung des Bühnenbildes geht es nicht anders: „Von der Decke des länglichen Festraumes hängt ein ungeheurer Kronleuchter herab. Drei breite Fenster ... gehn wohl auf die Straße. (...) Eine bald lärmende, bald anmutige Musik flutet aus einem Nebenraum herüber. Die Hochzeitsgesellschaft, in kleine Gruppen aufgelöst, befindet sich bereits wohl."[40]

Die „Hochzeit" als Ritual, als Etikette, als kulturelle Traditionsmatrize, wird im Stück kaum verzeichnet. Es ist das vielmals herbeigerufene und von der Literaturkritik zitierte und kommentierte „Haus", der „Objekt-Besitz als Hindernis sozialer Kommunikation". Und solch ein „Grundeinfall" sei - so Dagmar Barnouw - „konkret und sinnfällig. So ist in der ‚Hochzeit' das Haus, jene deutlichste Konkretisierung bürgerlichen Sicherungsstrebens, das zum Wahn verhärtete Objekt, um das hier alles Wünschen und Planen kreist ..."[41] Nicht zu übersehen sollte dabei „das Haus" als Gesamtspielraum sein: „Dieses Nebeneinander", so Marek Przybecki, „einzelner Spielräume, aus deren Zusammenspiel sich allmählich der Gesamtspielraum, das Haus, aufbaut, erzeugt ... den Eindruck einer zwar illusorischen (denn szenisch nicht präsentierten), doch empirisch permanent verspürbaren Simultanität dramatischen Geschehens."[42]

Thuts (fast) geflügeltes Wort „Ein Haus ist wie das Ehrenwort des Mannes: Unverbrüchlich"[43] wird wiederholt generiert durch die Selbststigmatisierung einzelner Gestalten, vor allem von Segenreich: „Ich bin der Hausvater! Brautvater Hausvater."[44] Haus und Hausbesitzer bilden die grundlegende Diskursbasis. „Die Räume", so Göbel, „die Canettis Dramen vorstellen, sind grundlegende Räume des Stadtmenschen: Haus, Straße und Platz."[45] Und diese geben den „Ton" des Stückes an. „Durch Regie und Sprechtext stehen sich also im Vorspiel zwei Weisen der Raumkonkretisierung in Handlungsräume und Spielorte gegenüber, oder genauer: zweierlei Raum- und Ortsangaben spielen in Hinsicht auf die Personen mit. Für den Zuschauer heißt das: Auf zweierlei Sinnesebenen lernt er das Verhältnis der Personen zum Handlungsort kennen, visuell über die Bühnenbilder und akustisch über die Sprache der auftretenden Menschen. (...) Raumbestimmungen werden dabei zusammen mit den Beziehungen der Menschen ausgesprochen. Toni etwa kann den Tod ihrer Großmutter kaum erwarten."[46] Im Stück entstehen „Raumbeziehungen, die zugleich die Personen zuordnen, ein unscheinbares ‚a schon' mit dem Verweis ‚unten' drückt bereits die ganze Brutalität gegenüber der Sterbenden aus. (...) Der Gesamtraum des Spiels, das Haus, repräsentiert dadurch einen barbarischen Lebensraum. Ein solcher Raum auf der Bühne kann als Raummaske bezeichnet werden, die Bühne wird analog zu den Personen maskiert. Die Räume spielen mit, sie haben ihr Geheimnis."[47]

Man muß den letzten interpretatorischen Konsequenzen nicht unbedingt zustimmen - sie stehen ja überdeutlich unter dem in der Canetti-Forschung inzwischen fast omnipotenten Vorzeichen von „akustischer Maske", „sprachlicher Gestalt eines Menschen", Sprache aus 500 Wörtern bzw. „Sprache als Paradigma mißglückter Welterfassung"[48] - und dennoch Edgar Piel recht geben, wenn er die „Hauptszene der *Hochzeit*" ohne jegliche Reflexion zur Institution der Trauung bzw. Heirat interpretatorisch definiert: Canetti bringt „16 Personen, die Brautfamilie, Hausfreunde, Hausmitbewohner und Nachbarn, zu einer Gesellschaft zusammen, die durch nichts verbunden ist als durch eine allgemeine Gier oder Geilheit, die allmählich durch tausend kleine Anspielungen und Sticheleien bis zur sexuellen Überhitzung der Szene aufgeheizt wird. (...) Am Ende entsteht das gespenstische Tableau einer unausstehlichen Asozialität. Die Katastrophe stimuliert nicht ... zu Liebestaten, sondern zur äußersten Gehässigkeit, zu Verrat, Prügelei und Totschlag."[49]

Im Programm des Schauspielhauses Zürich von 1969/70 verteidigt Bruno Schärer eine verwandte Deutungsposition: „Keiner der Hochzeitsgäste gehört zu jemandem. Ehepaare, die anwesend sind oder von denen die Rede ist, verachten sich. (...) Diese Gesellschaft geht an sich selbst zugrunde. (...) In diesem Finale, das die Themen noch einmal aufleuchten läßt, vollzieht sich der Untergang einer Welt, in der Menschen einander ausschließlich als Objekt ihrer Besitzgier betrachten, einer Welt, die unfähig ist, Möglichkeiten des Zusammenlebens zu schaffen, das auf der Verantwortung aller für alle gründet."[50]

Der wiederholt zitierte „Gegen-Satz zur *Hochzeit*" – „Und da hat er mich auf den Altar zogen und hat mich küßt und so lieb war er" – ist mit hermeneutischer Vorsicht zu goutieren. Wird Canettis zweiter Schlüsselsatz – „Aus diesem Satz ist etwa ein halbes Jahr später die ‚Hochzeit' entstanden"[51] – nicht überinterpretiert, so besagt er nichts weiter als dies: er stand am Anfang des Entstehungsweges, als Keimzelle des Stückes sozusagen. Und nichts weiter.

„Die Familie", so Michel Foucault, „ist der Umschlagplatz zwischen Sexualität und Allianz. Sie führt das Gesetz und die Dimension des Juridischen in das Sexualitätsdispositiv ein und transportiert umgekehrt die Ökonomie der Lust und die Intensität der Empfindungen in das Allianzregime."[52] Canettis Drama ließe sich unter Umständen als literarischer Ableger von sozialwissenschaftlichen Reflexionen des französischen Philosophen lesen. Es ist jedoch zu beachten, daß die Entstehungsreihenfolge eine entgegengesetzte gewesen ist.

Verglichen mit Wyspiańskis Drama ist das Stück von Canetti ein Siebenmeilenschritt auf dem Wege von bäuerlich-vorindustriellen Verhältnissen in Richtung Stadtlandschaft und Massengesellschaft. Zwar bildet bei Wyspiański die Befreiung der Nation den eigentlichen Mythos seines Werkes, doch es sind die patriarchalische Familie und ihre konfessionellen Legierungen, die diesen Mythos überhaupt erst ins Leben rufen können. „Die Familie, ein Netz von Personen und zugleich ein Hort von Gütern, war ein Name, eine Blutlinie, ein materieller und symbolischer Wert, der von Generation zu Generation vererbt wurde. Die Überlieferung des Eigentums wurde vom Gesetz geregelt."[53]

Als gegenläufig dagegen, und dazu noch auf eine mental und kulturell vertrackte Weise, sind die Relationen zwischen Canettis und Gombrowicz' Deutungspositionen zu bezeichnen. Der „metaphysische Clown" Gombrowicz ist einen entscheidenden Schritt weitergegangen in Richtung auf die „Metapher der Trauung"; indem er die Befreiung der Person als Parodie feiert, reduziert er die „geträumte" Trauung zur „Farce der Beziehungen zwischen Menschen, Menschengruppen, Interessengemeinschaften", zum „Zerrbild von jeder Art Pluralismus, in dem der Multiplikator Tradition wirkt ..."[54] Canetti ist zwar früher stehengeblieben, auf dem Wege der Desillusionierung von menschlichen Beziehungen, um andererseits einen Schritt zu wagen, der für Gombrowicz – als „polnischer" Autor?! – wohl unvorstellbar gewesen ist: die konfessionelle Tradition und ihre Bräuche abzustreifen. Der Tanz der immerhin polnischen „Schattengesellschaft" wurde – so Karl Dedecius – nach dem Ritus einer „Polonaise mortale"[55] getanzt, den Tanz der Canettischen „Schattengesellschaft" dagegen dürfte wohl das Wort von der „Massengesellschaft" eher konturieren.

Anmerkungen

1) Vgl. u. a. Dagmar Barnouw, *Elias Canetti*, Stuttgart 1977, S. 36; Edgar Piel, *Elias Canetti*, München 1984, S. 52.

2) Vgl. Dagmar Barnouw, a.a.O., S. 31 ff.

3) Vgl. Helmut Göbel, „Haus, Straße und Platz. Die Spielräume von Elias Canettis frühen Dramen", in: *Elias Canetti. Text und Kritik*, Nr. 28, 1982, S.48 ff.

4) Vgl. Hans Feth, *Elias Canettis Dramen*, Frankfurt am Main 1980, S. 43 ff.

5) Vgl. Marek Przybecki, *Verwandlung und Spiel. Zur Poetik der „Dramen" von Elias Canetti*, Poznañ 1985 (Diss.), S.78 ff.

6) Vgl. Heike Knoll, *Das System Canetti. Zur Rekonstruktion eines Wirklichkeitsentwurfs*, Stuttgart 1993, S.103 ff.

7) Philippe Ariès, Georges Duby (Hg.), *Geschichte des privaten Lebens*, Bd. 4, Frankfurt am Main 1992, S.240

8) Vgl. Stanislaw Wyspiañski, *Die Hochzeit. Drama in drei Akten*, übertragen von Karl Dedecius, Frankfurt am Main 1992, Suhrkamp, S. 70. Im weiteren zitiert unter WH mit Seitenangabe.

9) Vgl. Wernyhora: „... ich wählte dieses Hochzeitsfest, weil ihr hier alle beisammen, und ich wählte Euer Haus der einfachen Menschen wegen aus." WH, S. 130

10) WH, S. 16

11) WH, S. 79. Vgl. auch: „... wir haben alles vergessen, jeder, diese Qualen, das Elend, den Schmutz; heute schmücken wir uns mit Pfauenfedern", WH, S. 77; Bräutigam: „Ich bin glücklich! In mein Nest lüd ich heut die ganze Welt: So hat mich mein Glück geschwellt." WH, S. 89; Braut: „Das Herz, das ist Polens Hort." WH, S. 210

12) WH, S. 217

13) WH, S. 77

14) WH, S. 104

15) WH, S. 110

16) WH, S. 106

17) WH, S. 173

18) WH, S. 11

19) WH, S. 12

20) WH, S. 12

21) Michal Glowiñski, „Komentarze do ‚Olubu'", in: *Gombrowicz i krytycy*, Hg. Zdzislaw Lapiñski, Kraków Wroclaw 1984, S. 641

22) Ebd., S. 640

23) Witold Gombrowicz, *Die Trauung*, übersetzt von Walter Tiel, Frankfurt am Main 1983, S. 7 ff. Im weiteren zitiert unter GT mit Seitenangabe.

24) Im „Tagebuch" heißt es dazu u. a.: „Die Wirklichkeit ist nicht etwas, das sich restlos in eine Form einschließen ließe. Die Form ist nicht übereinstimmend mit dem Wesen des Lebens. Doch jeder Gedanke, der diese Unzulänglichkeit der Form umreißen möchte, wird seinerseits zur Form." Gombrowicz, S. 11

25) GT, S. 25

26) GT, S. 26

27) GT, S. 27

28) Karl Dedecius, „Die totale Parodie. Über Witold Gombrowicz", in: Karl Dedecius, *Zur Literatur und Kultur Polens*, Frankfurt am Main 1981, S. 171

29) GT, S. 76 f.

30) GT, S. 28

31) GT, S. 139

32) GT, S. 53

33) GT, S. 57

34) GT, S. 58 ff.

35) Karl Dedecius, a.a.O., S. 173

36) GT, S. 63
37) GT, S. 97
38) Michal Glowiñski, *Komentarze do ,Olubu'*, S. 641
39) Elias Canetti, *Hochzeit*, in: *Dramen*, Darmstadt 1964, S. 11. Im weiteren zitiert unter H mit Seitenangabe.
40) H, S. 27
41) Dagmar Barnouw, a.a.O., S. 31
42) Marek Przybecki, a.a.O., S. 88
43) H, S. 14, und: „Wie sagte ich doch vorhin: ein Haus ist unverbrüchlich wie das Wort des Mannes." H, S. 66
44) H, S. 49
45) Helmut Göbel, a.a.O., S. 49
46) Ebd., S. 51
47) Ebd.
48) Heike Knoll, a.a.O., S. 109. Vgl. auch: „Wenn Canetti mit der akustischen Maske Wirklichkeit wiedergeben will, so kann dies nur heißen, daß er eine Darstellung des menschlichen Bewußtseins anstrebt, welches diese Welt prägt und bestimmt ..." Ebd., S. 108
49) Edgar Piel, a.a.O., S. 43 f.
50) Bruno Schärer, „*Hochzeit* von Elias Canetti", in: *Programm des Schauspielhauses Zürich*, 1969/70, S. 4-6
51) Elias Canetti, „Der Gegen-Satz zur *Hochzeit*", in: *Programm des Schauspielhauses Zürich*, 1969/70, S. 8
52) Michel Foucault, *Sexualität und Wahrheit*, Frankfurt am Main 1977, Bd. 1, S. 131
53) Philippe Ariès, Georges Duby (Hg.), a.a.O., S. 111
54) Karl Dedecius, a.a.O., S. 177
55) Ebd., S. 174

Komödie der Eitelkeit: Von der Demontage einer Gattung zum transformatorischen Prozess des Erzählens

Axel Gunther Steussloff

Berlin war, nicht anders als Wien, schon immer eine Reise wert. Vor allem in den „Goldenen Zwanzigern". Manch ein Wiener jedoch hatte mit der Weimarer Metropole so seine Probleme. Canetti jedenfalls erlebte die Stadt als einen einzigen unentwirrbaren Dschungel. Was ihn zu der folgenschweren Einsicht führte: „Denn der eine, einheitliche Mensch ... war ein Truggebilde. (...) Die eigentliche Tendenz der Dinge war eine zentrifugale, sie strebten auseinander, mit größter Geschwindigkeit voneinander weg."[1] Werk und Autorschaft Canettis gründen ohne Zweifel im Versuch, der Erfahrung der Dezentrierung im Rückgriff auf die symbolische Ordnung der Sprache Einhalt zu gebieten.

Die *Komödie der Eitelkeit*, 1933 unter dem Eindruck der Machtergreifung Hitlers entstanden, ist weit mehr als die sich im Titel ankündigende bloße Sittensatire. Denn aus dem zunächst amüsanten Grundeinfall eines generellen Spiegelverbots entwickelt Canetti verschiedene Konstellationen, welche den Entwurf von Individualität an Phantasien der Doppelung und Spaltung und damit wesentlich an die Erfahrung der Diskontinuität knüpfen. In diesem Sinne begreife ich die *Komödie der Eitelkeit* als ein dramatisches Experiment, das im Motiv des Spiegels die abendländische Vorstellung der Subjekt-Konstitution zur Disposition stellt und am Ende ad absurdum führt.

Meine Überlegungen knüpfen an die Untersuchungen Dagmar Barnouws an, welche die Spiegelthematik in einem psychologischen Kontext betrachtet hat.[2] Sie stützt sich dabei auf die strukturale Psychoanalyse Jacques Lacans und dessen Konzept des Spiegelstadiums als Bildner der Ich-Funktion. Im Zentrum ihrer Ausführungen steht die These, daß sich die schon im ersten Teil der *Komödie der Eitelkeit* abzeichnende Asozialität der Figuren durch den Wegfall des Spiegels noch verschärfe, da „mit dem mangelnden Selbst-Gefühl auch das Gefühl für den anderen unterentwickelt"[3] bleibe.

Nun läßt sich in der Tat eine zunehmende Störung der sozialen Beziehungen ausmachen. Anders als Dagmar Barnouw führe ich das jedoch weniger auf den Wegfall des Spiegels als vielmehr auf seine fortwährende Dominanz im Denken und Handeln der Figuren zurück. Oder anders formuliert: Die psychischen und sozialen Deformationen im Stück haben ihre Ursache vor allem darin, daß – trotz Spiegelverbot – alle Figuren einer Spiegelkonstellation verhaftet bleiben, die sie nicht aus der Quadratur der Ich-Bestätigungen entläßt.

Um meine These transparenter zu machen, greife ich kurz (das sei mir hier, gewissermaßen im „Vatikan" der Psychoanalyse, gestattet) auf Lacan zurück. Zwar ist, so Lacan, das Spiegelstadium, in dem sich das Kind erstmals als einheitliche Gestalt wahrnimmt, aus der ontogenetischen Entwicklung des Menschen nicht wegzudenken. Die dyadische Phase der imaginären Spiegelidentifikation muß jedoch von einer anderen Konstellation abgelöst werden, da sonst das Ich – wie Ovids Narziß – im unerschöpflichen Wechselspiel von Sich-Erkennen und Verkennen, von spiegelverhafteter Faszination und Aggression gefangen bliebe.[4]

Erst durch die Überwindung der Selbstbespiegelung als früher Form der Selbsterkenntnis ist, so Lacan weiter, der Aufbau eines sozialen Ich möglich. Dies geschieht durch den Eintritt des Ich (Lacan nennt das Ich der Spiegelkonstellation le moi bzw. je spéculaire) in die symbolische Ordnung der Sprache.[5] Zur Debatte steht dabei ein Prozeß, der in der Theorie Freuds als Übergang von der narzißtischen zur ödipalen Beziehungskonstellation als Grundlage der Subjektbildung beschrieben wird.

Lacan nennt das Ich, das durch das soziale Gebot gesetzt wird, welches die Sprache repräsentiert, le je bzw. je social. Entscheidend hierbei ist, daß die symbolische Ordnung der Sprache das Imaginäre des Spiegelstadiums weder ablöst noch ausschaltet. Lacan begreift die Sprache vielmehr in einem doppelten Sinne: sie ist ihm Ort einer Wunschbefriedigung und zugleich Grund für die Dezentrierung des Subjekts. „Als Ort des Wunsches verweist sie zurück auf le moi und dessen Identitätsstreben, als Ort der Versagung repräsentiert sie le je und die Gesetze, denen dieses unterworfen ist."[6]

Betrachtet man Canettis *Komödie der Eitelkeit* im Kontext dieser theoretischen Zusammenhänge, wird deutlich, daß die Problematik des Spiegelstadiums dahingehend andauert, daß alle Figuren nicht in der Lage sind, sich aus der dyadischen Konstellation als Matrix des identifikatorischen Prozesses zu befreien. Meine Überlegungen zielen deshalb auf die Frage ab, ob der verordnete Spiegelentzug im Stück für die Figuren nicht die Chance darstellen könnte, ihre Fixierung auf das Spiegelbild zu überwinden und sich dadurch auch dem Anderssein des anderen zu öffnen. Ich nenne folgende Thesen:

These 1: Das Spiegelverbot baut Selbst- und Spiegelbilder nicht ab. Die Figuren bleiben im Bann imaginärer Selbstfindung.

Das Wir-Bewußtsein, das Wondrak zu Beginn des Dramas in einer Art „Jahrmarktspiel" proklamiert, geht auf den Erlaß einer Regierung zurück, welche den Besitz von Spiegeln, Photographien und Bildern verbietet. Mag sein, daß damit die Figuren in ihrem Recht auf Individualität beschnitten werden sollen. Dem Geschehen innerhalb des Dramas aber entspricht das nur bedingt. Zumindest sollte man vorsichtig sein, Canettis Komödie ausschließlich als Parabel über den Totalitarismus zu interpretieren, in deren Zentrum sich die Aufhebung des Ich-Bewußtseins durch ein Massenbewußtsein bzw. ein Führerideal vollzieht.[7]

Nehmen wir beispielsweise den Packer Barloch, der in der sozialen Hierarchie ziemlich weit unten steht. Obwohl Erfüllungsgehilfe des Spiegelverbots, überläßt er sich zügellosen Allmachtsphantasien: „Jetzt wann i will, hau i die ganze Stadt zsamm. Des ghört si für mi; die ganze Stadt!"[8] Das Verbot bewirkt bei Barloch offensichtlich nicht den Abbau der Ich-Instanz, es hilft ihm vielmehr, diese zu einem „grandiosen Selbst" auszubauen.[9]

Es ließen sich noch viele weitere Passagen finden, die belegen, daß die großangelegte Zerstörungsaktion der Spiegel und Bilder etwas auf den Plan ruft, was sie eigentlich negieren soll. Der junge Fant zum Beispiel inszeniert - ähnlich wie Lya Kaldaun - sein Scherbengericht als ein theatrales Ereignis, welches die Zuschauer zum neuen Spiegelungsmedium instrumentalisiert (vgl. KdE, 102 f.). Auch die drei Freundinnen denken gar nicht daran, die Männerträume, aus denen sie ihren Selbstwert beziehen, einer realistischen Sichtweise anzupassen. Im Gegenteil: der Blick auf den Mann bleibt vom Erinnerungsbild bestimmt und läßt die Selbsterniedrigung zum Objekt nicht ins Bewußtsein treten.

Die lodernden Flammen des Feuers, die eine enorme Sogwirkung entfalten, vermögen also nicht zu verhindern, daß die Figuren im Banne des Imaginären bleiben, d. h. ihre phantasmatischen Vorstellungen aufrechterhalten bzw. neue ausbilden. Die alle Unterschiede einebnende Kraft des Feuers erzeugt damit weder ein Wir-Bewußtsein noch jene „völlige Bewußtlosigkeit", von der Gerald Stieg gesprochen hat.[10] Das zeigt auf groteske Art und Weise auch der Amoklauf von Therese Kreis, welche die Prediger-Metapher von der Sau wörtlich nimmt und als neues Selbst-Bild mit all seinen fatalen Folgen verinnerlicht.

These 2: Selbstbespiegelung ist auch in der spiegellosen Zeit kein Allheilmittel gegen Identitäts-Verlust, weil ihr das Moment der Verkennung innewohnt, das dialektisch nicht mehr versöhnt werden kann.

Trotz der Tatsache, daß Spiegel und Bilder zahlreiche Stellvertreter finden, können nicht alle Figuren ein intaktes Selbstbild bewahren. Besonders einsichtig wird das in der Marie-Szene entfaltet. Gegenüber dem Prediger Brosam lamentiert sie über ihr gebrochenes Selbstwertgefühl: „Spiegel brauch ich! Jetzt bin ich die Unordnung! Zehn Jahr bin ich die Unordnung! Ein Mann, was mich so nimmt, will ich nicht! (...) Ganz was anders brauch ich: Spiegel! Spiegel! Spiegel!"[11]

Ohne Zweifel deutet das Bild der Unordnung auf eine fortgeschrittene Fragmentarisierung der eigenen Selbstwahrnehmung hin. Entsprechend groß ist Maries Erwartungshaltung, die sie an den Spiegel knüpft. Denn es dürfte klar sein, daß ihr das Spiegelbild als Garant jener Einheit und Dauerhaftigkeit dienen soll, welche die rein körperliche Existenz nicht verleihen kann. Damit wäre Identität jedoch nur antizipiert, nicht aber manifest. Oder anders formuliert: Das Ich, das der Spiegel erst hervorbringt, kann nicht mehr als eine dem Spiegelgeschehen vorgängige Entität begriffen werden. In diesem Sinne gestaltet die *Komödie der Eitelkeit* eine Konstellation, welche die idealistische Vorstellung von Identität als reflexive Wiedergewinnung dessen, was virtuell schon immer bei sich gewesen ist, erschüttert.

Gleichzeitig jedoch beharrt Marie auf der traditionellen Vorstellung vom Spiegel als Medium der Repräsentation. Das bedeutet, daß der Spiegel genau das abzubilden hat, was dem Akt des Spiegelns vorgängig, also bereits existent und ihr durchaus bewußt ist: ihre Schönheit, die früher Männer zum Fenster aufschauen ließ. Offensichtlich aber hält das Spiegelgeschehen nicht, was sie sich davon verspricht. Wie sonst wäre ihr Wutausbruch zu verstehen, mit dem sie den Blick in den Spiegel kommentiert: „A was, falsch ist er! Falsch!"[12]

Zieht man ein kurzes Fazit, wird deutlich, daß das Spiegelmotiv einerseits vom Gedanken der Harmonie geprägt ist, andererseits jedoch klare Sinnbezüge in einem Spiel von Festlegung und Variation auflöst, was zur Erfahrung führt: „Ich ist ein anderer". Das Spiegelbild stiftet, mit anderen Worten, keine stabile Ich-Identität, sondern Unsicherheiten, in deren Folge die Bewegung der Entzweiung und Einheit von Selbstsein und Anderssein scheitert. Damit steht ein philosophisches Denkmuster zur Disposition, das auf der Selbstbestimmung des Subjekts bzw. auf der „theorie-konstitutiven Rolle von Subjektivität als Instanz der Sinnbildung, Sinndeutung und Sinnveränderung" gründet.[13]

These 3: Der Zwang zur Selbstbespiegelung verhindert die soziale Kommunikation und führt die Figuren in den endlosen Zirkel der Ich-Bestätigungen hinein.

Not macht erfinderisch. Der Mittelteil der *Komödie der Eitelkeit* zeugt jedenfalls von einem enormen Einfallsreichtum der Figuren, wenn es darum geht, Spiegel durch Surrogate zu ersetzen. Signifikant ist in diesem Zusammenhang die Kußszene zwischen Francois Fant und Puppi, die keine Gemeinschaft stiftet, sondern das Moment gegenseitiger Abgrenzung markiert. Das Auge des anderen wird also nicht zum Medium der liebenden Vereinigung, sondern wiederum nur zum Spiegel, in dem Ich-Grenzen gesucht werden. Die Szene mit den sechs jungen Mädchen macht hierbei deutlich, daß der Vorgang der Ich-Vergewisserung einem Prozeß fortwährender Wiederholung unterworfen ist, da der Identifizierung mit dem Spiegelbild ein Wechselspiel von Erkennen und Verkennen innewohnt, nicht alle Augen das gewünschte Selbstbild produzieren: „Hansi: (...) Glaubst, ich seh was bei dir? Einen Schmarrn seh ich bei dir!"[14]

Daß der pausenlose Hang zur Selbstbespiegelung den Aufbau intersubjektiver Beziehungen verhindert, belegt auch jene Szene, in der Garaus - obwohl er über einen Spiegel verfügt - den Packer Barloch mit seinen Kleidungsstücken ausstaffiert, um ihn zur Folie seines eigenen Spiegelbildes herabzuwürdigen. Seine immer wiederkehrende Redewendung: „Ich finde" markiert in diesem Zusammenhang das unstillbare Bedürfnis, in allem sich selbst zu finden und damit das Anderssein des anderen in der Struktur des Identischen aufzuheben.

Die Transformation der Wirklichkeit in Bilder, die ausschließlich der Selbstidentifikation dienen, gipfelt schließlich in der zynischen Erkenntnis: „Denn was ist das heutzutage, ein Mensch? Ein Mensch ist sein Ebenbild. (...) Ja, und ein Mensch ohne Ebenbild bringts zu nichts."[15] Im biblischen Kontext steht das Wort vom Ebenbild für eine Tradition, aus der sich, wie Gerald Stieg hervorgehoben hat, der Respekt vor der Würde des Menschen ableiten läßt: „Da Gott über sich selbst ein strenges Bilderverbot verhängte, verwies er als Spiegel auf den Menschen, den ‚Bruder'." Garaus hingegen spielt selbst Gott, wobei er dem Pronomen „sein" „die Signatur des totalen Egozentrismus und Narzißmus" einschreibt.[16]

Mit der Denkfigur des Sich-Erkennens im anderen (was auf dessen Negation hinausläuft) legt Canetti ohne Zweifel jenes Moment der Gewalt frei, das im dialektischen Modell des Selbstbewußtseins implizit beschlossen liegt. Die Szene mit dem Packer Barloch straft jedoch die selbstherrlichen Gedanken des Direktors Lügen. Denn auf die Illusion des Eins-Sein-Wollens mit sich selbst als einem anderen fällt der Schatten einer unauflöslichen Differenz, als Garaus die Schuhe des Packers erblickt: „Ich hab mich in Ihnen getäuscht. Das ist bitter. Ein großer Schmerz. Ich weiß gar nicht, ob ich das überleben tu."[17] Die Erfahrung, daß sein Ich durch eine radikale Selbstfremdheit gekennzeichnet ist, evoziert bei Garaus Phantasien des sich auflösenden Körpers: „Da hat sich einer aufgeschnitten, und dort ist einer verblutet."[18]

Logisch, daß ein so schwerwiegender Identitätsverlust nur durch „Luxus mit Seele"[19] behoben werden kann. Gemeint ist damit eine therapeutische Sitzung, die eindeutig Züge der psychoanalytischen Behandlungsmethode Freuds aufweist.

These 4: Canetti beruft in der Therapie-Szene und in der Rasier-Szene eine Konstellation, welche die Funktion der Sprache im Identitätsfindungsprozeß ins Zentrum stellt.

Die Therapie-Szene wird von der Forschung gerne als Parodie Canettis auf die Psychoanalyse interpretiert. Obwohl diese Szene durchaus parodistische Elemente aufweist, greift jedoch ein Ansatz zu kurz, der Canettis aufreizendes Spiel mit psychoanalytischen Kategorien, das weite Passagen des Stücks beherrscht, ausschließlich als Form der Kritik und Ablehnung der Theoreme Freuds begreift. Denn gerade der im Munde von Leda Föhn-Frisch bis zur Lächerlichkeit entstellte Ödipus-Komplex birgt in sich ein strukturales Muster, das als Gesetz gelingender Subjektwerdung begriffen werden kann.

Natürlich bedürfte es da einer etwas kompetenteren Therapeutin. Leda Föhn-Frisch jedenfalls verstößt gleich zu Beginn der Sitzung mit Garaus gegen die für die psychoanalytische Behandlungssituation konstitutive Methode der freien Assoziation. Bevor der Direktor auch nur ein Wort sagen kann, hat die flinke Therapeutin einen lupenreinen Ödipus-Komplex diagnostiziert. „Leda: Ich werde Ihnen helfen. Dazu bin ich ja da. Erinnern Sie sich, einmal, da waren Sie schon ein großer Bub, und da hatten Sie was angestellt, etwas Schreckliches, etwas ganz Schreckliches, vor dem Papa hatten Sie Angst, überhaupt gegen den Papa hatten Sie manchmal einen solchen Haß, da kamen Sie zur Mutter und legten den Kopf auf ihren Schoß und beichteten."[20]

Es ist keine Frage, daß Ledas Spontan-Analyse nicht auf eine Aufarbeitung der ödipalen Struktur abzielt. Im Gegenteil: Ihre salbungsvollen Worte verfolgen keinen anderen Zweck, als Garaus die symbiotische Freude am Spiegel zurückzugeben. Unberücksichtigt bleibt demnach die Einsicht in die entwicklungspsychologische Notwendigkeit, die realitätserschließende Funktion des Dritten anzuerkennen, der den Bereich des Symbolischen kennzeichnet.

Was Leda nicht leistet, aber zu leisten hätte, macht das Drama jedoch auf andere Weise sichtbar. Denn es besteht kein Zweifel daran, daß die donnernde Stimme Föhns, die das Geschehen zwischen Therapeutin und Analysand empfindlich stört, eine Situation herstellt, in der eine duale Beziehung durch einen Dritten aufgebrochen wird. „Leda: Lassen Sie sich nicht stören. Das ist nur mein Mann. Garaus: Was will der Kerl schon wieder?"[21]

Die Litaneien Föhns, die aufgrund eines technischen Defekts die therapeutische Luxuskabine erfüllen, sorgen nicht nur für den Umstand, daß Garaus „sein eigenes Wort" nicht mehr versteht.[22] Sie tragen darüber hinaus dazu bei, daß ihm dieses auch streitig gemacht wird. „Donnernde Stimme: Kolossale Summen, ungeheure Gelder werden fortwährend und unaufhörlich verschwendet und vertan. Das Volk aber darbt und hungert. Garaus: Der soll sich lieber die Windeln waschen, das grüne Bürscherl. Was versteht der von der Wirtschaft!"[23]

Schon in der Rasier-Szene mit Fritz Held hatte Garaus erfahren müssen, daß seine in endlosen Monologen geäußerten Ansichten und Vorstellungen von der Rede des anderen in Frage gestellt werden können. Deutlich wird das, wenn Held die Redewendung von Garaus übernimmt und für sich beansprucht. „Held: Ein kleines Techtel, ein kleines Mechtel, und alles wird wieder gut, ich finde. Garaus: Jetzt werden S' net unverschämt! Das machen Sie mit wem andern! (...) Sie haben gar nichts zu finden. Ich finde. Und überhaupt, was weiß ein ordinärer Angestellter wie Sie von Sorgen?"[24]

Faßt man die beiden Szenen zusammen, wird ersichtlich, daß Canetti im Ansatz ein Modell entfaltet, das die dyadische Konstellation als Matrix des identifikatorischen Prozesses aufbricht. Dieses Modell weist die Sprache als eine Ordnung aus, in der das Wort des einen auch und zugleich das Wort des anderen sein kann. Die symbolische Ordnung der Sprache erscheint somit als das vermittelnde Moment, „das den besonderen Wunsch des einzelnen, der auf den besonderen Wunsch des anderen stößt, in den Bezug eines Allgemeinen stellt und so einer Regelung unterzieht, die für beide anerkennenswert ist"[25].

Dieser „Universalität von Gemeinsamkeit"[26] sich zu überantworten, hieße, sich in die Offenheit des Diskurses einzuschreiben und das Spiel der Bedeutungszuweisungen und Bedeutungsveränderungen auszuhalten. Das Drama aber sieht eine solche Sprache wechselnder Ansichten und Meinungen nicht vor. Garaus begreift sie analog zum Sinologen Kien als ein Medium, das alles Heterogene ausschließt und dem Verfügungsanspruch des Menschen über die Wirklichkeit zuarbeitet. Föhn, der sich in der Pose des Sonnengottes gefällt, schwelgt in endlosen Vorträgen, in denen Sprache zum kruden Sammelsurium aus Zitaten, Bibelstellen und sprichwörtlichen Allgemeinplätzen erstarrt. Auch die widerwärtige Diskussion um das Für und Wider der *Blendung* durch Augenausstechen trägt nicht gerade dazu bei, im Bewußtsein der Figuren Sprache als Mittel der Kommunikation zu installieren. Bleibt noch der alte Dienstmann. Aber auch seine Schmeicheleien sind nicht mehr als die geheuchelte Behauptung von Zuneigung. So wird ein Klima geschaffen, in dem Bespitzelung und gegenseitige Denunziation auf der Tagesordnung stehen.

Am Ende werden dann beinahe alle Figuren im großen Saal des Spiegelbordells vorgeführt, wie sie, stumm und den Blick starr auf ihr eigenes Spiegelbild gerichtet, keinerlei Notiz vom anderen nehmen. Weshalb sie (ironischer Wink am Rande) auch nicht merken, daß alle Spiegel gleich sind, sie aber für die käufliche Selbst-Befriedigung unterschiedlich zur Kasse gebeten werden. Was aber passiert, wenn – analog zur Rasier- und Therapieszene – Föhns gesammelte Platitüden das dyadische Szenario aufbrechen? Ein genauer Blick auf die Szene zeigt, daß Föhns Wortschwall, an dem er sich durch eine Klatschmaschine selbst berauscht, die Ich-Bezogenheit der Figuren nun auch sprachlich verankert, indem jene phantasmatischen Bilder und Selbstbilder recodiert werden, welche die Figuren im Grunde niemals verlassen haben. Der Massenagitator Föhn trifft mit seinen Sprachformeln also auf keine zuvor erzeugte Leere, die nun mit einem „neuen, radikal falschen Ich-Bewußtsein" erfüllt wird.[27]

Obwohl die Subjekt-Werdung als Sprach-Werdung, die von Canetti hier entfaltet wird, das Moment der Fremdbestimmung aufweist, können die Figuren problemlos damit umgehen. Das liegt nicht zuletzt daran, daß sie den Diskursfetzen, welche ihre Vorstellungen eigentlich erst konstituieren, eine identifikatorische Lesart abgewinnen können, die von niemand anderem bestritten wird. Sprache erscheint somit ausschließlich als

Ort narzißtischer Wunschbefriedigung, nicht aber als Ort der Versagung bzw. der Vermittlung. Von einer realistischen Selbst- bzw. Fremderkenntnis kann also keine Rede sein.

Am Ende wird Sprache auch noch ihrer imaginären Relation beraubt. Denn wer nur noch „Ich" sagen kann, dem ist auch die Fähigkeit abhanden gekommen, seine Lebensprojektionen sprachlich zu formulieren. Das tosende Ich-Geschrei der Masse, die aus lauter Monaden besteht, muß folglich als Verstummen gewertet werden, dem keine Rede mehr entbunden werden kann, die dramatisch gestaltbar wäre. Das führt zu der Feststellung zurück, daß Canetti die Gattung der Komödie aufgreift, um sie zu demontieren. Dabei wird der destruktive Gestus, der sich in der ambivalenten Hypostasierung von Ich und Spiegel manifestiert, auf der Ebene der Darstellung als Sinnentleerung und Zertrümmerung der Sprache nachgestellt.

These 5: Spiegelscherbe und Lieder markieren den Wunsch des Subjekts nach Ganzheit als ein sozial vermitteltes und intersubjektiv gebrochenes Begehren.

Der Triumph des Spiegels am Ende, der den abendländischen Subjekt-Begriff pervertiert und zugleich ad absurdum führt, läßt die in Ansätzen erkennbare Möglichkeit einer Konfliktlösung vollkommen in den Hintergrund treten. Dies überrascht, weil das Drama im zweiten Teil eine Struktur entfaltet, die in ihren Grundzügen bereits jene Konstellation vorwegnimmt, die später in der Therapie-Szene implizit als Voraussetzung für Intersubjektivität erkannt wird.

Richten wir den Blick zuerst auf die Lieder, denen im Stück eine Ventil-Funktion zukommt. Indem die Figuren das ihnen von der Regierung zugestandene Lied annehmen, unterwerfen sie sich dem Gesetz. Zugleich jedoch interpretieren sie die Lieder, die aus Schlagerindustrie und Operettenwelt stammen, als Medium ihrer individuellen Wünsche und Sehnsüchte.

„Du, du, nur du allein!"[28] Franzi sieht in diesen Worten die Liebe zu ihrem Bruder symbolisiert. Deshalb behauptet sie auch, sich das Lied ganz alleine ausgedacht zu haben. In einer anderen Szene ist es der galante Fritz Held, der sich desselben Liedes bedient, um Lya Kaldaun in ihrer Identität als begehrenswerte Frau zu bestätigen. Dadurch, daß das Lied des einen auch und zugleich das Lied des anderen sein und mit unterschiedlichen Sinnzuschreibungen versehen werden kann, steht es ohne Zweifel nicht in der Position des Signifikats, sondern in der des Signifikanten. Während Franzi ihrem Lied also das Gesetz der Repräsentation einschreibt, wird es von Fritz Held als ein Zeichen verstanden, das nicht sinngebunden ist, sondern einem Spiel von Bedeutungszuweisungen und Bedeutungsveränderungen unterliegt. In diesem Sinne müßte das Absingen der Lieder nicht in jenes Selbstbehauptungsgeschrei ausarten, wie es in der Kakophonie zu Beginn des zweiten Aktes zum Ausdruck kommt. Den Liedern könnte vielmehr auch eine Ordnung entbunden werden, die den Narzißmus des einzelnen in einem unendlichen Progreß der Artikulation und Transformation verankert. Nur eine Utopie. Die Utopie des Interpreten?

Eine ähnliche Struktur liegt auch dem Motiv der im zweiten Teil der *Komödie der Eitelkeit* kursierenden Spiegelscherbe zugrunde. Das Drama bestimmt sie als einen Gegenstand, auf den sich das Begehren aller richtet, der sich dem einzelnen aber immer wieder entzieht. Damit erhält die Scherbe, dem Lied vergleichbar, den Status eines Signifikanten. Oder anders formuliert: Dem gesetzlich verordneten Spiegel- und Bilderverbot erwächst mehr oder weniger durch Zufall eine Dynamik, die das Bedürfnis nach Identität im Kontext einer fortwährenden Verschiebung verankert.

Wie in der *Hochzeit* der Diskurs über Haus und Sexualität, so eröffnet hier das Flottieren der Spiegelscherbe wechselnde Konstellationen der Macht. Sogar Franzi fällt eine Position der Stärke zu, wenn sie, in Besitz der Scherbe, Schakerl von seiner Erstarrung befreit. Am Ende landet das Verbotene, Ironie des Schicksals, bei eben jener Figur, die sich als Hüter des Verbots wähnt: bei Schakerl. Sein Versuch jedoch, die Scherbe endgültig aus dem Verkehr zu ziehen, scheitert, da sie sich einen Stellvertreter schafft, die Pfütze nämlich, die sich genau an der Stelle bildet, „wo der Spiegel vergraben liegt"[29]. Die Pfütze wird damit - anders als ihr Pendant, das Feuer - zum Ort, auf den am Ende des zweiten Teils alle Figuren in unterschiedlicher Weise ihre Vorstellungen richten, an dem sie aber zugleich einen Mangel erfahren, da er einem sozialen Tabu untersteht. Im übertragenen Sinne ließe sich diese Szene auch als Metapher deuten, welche die Auseinandersetzung des Ich mit seinen Wünschen und den Gesellschaftsregeln versinnbildlicht.

Canetti baut dieses Bild jedoch nicht zu einem versöhnlichen Ende aus. Im Gegenteil: Die Revolution, die in der Schlußszene alle Repressionen hinwegfegt, macht auch vor dem Subjekt nicht halt. Denn das „Ich", das alle schreien, tönt bereits aus einem Raum, in dem keine Selbstbilder und Spiegelbilder mehr existieren, da die Trennung von Ich und Welt aufgehoben ist. Über dieses Szenario erhebt sich das Denkmal Föhns, dessen zu Stein gewordene Gestalt gewissermaßen den Gegenpol zur Entgrenzung der Figuren darstellt.

In den Bildern der Ich-Erstarrung und Ich-Auflösung nimmt das Schlußtableau der *Komödie der Eitelkeit* die Grundopposition der *Blendung* wieder auf. Eine Vermittlung zwischen den beiden Polen der Ich-Problematik scheint es nicht zu geben. Zumindest wird die Chance, welche der Entzug bzw. die Transformation des Spiegels in eine intersubjektive Ordnung beinhalten könnte, nur angedeutet, nicht aber einer Komödie entsprechend umgesetzt.

Damit scheinen für Canetti Roman und Drama als Medien der Sinnstiftung gleichermaßen obsolet zu sein. Diese Sichtweise wird gestützt durch zahlreiche Äußerungen, in denen er den dramatischen Diskurs als eine Partitur von Stimmen ausweist, die vom Bezeichneten wegführen hin zu Rhythmus, Tonfall, d. h. dem Physischen der Sprache. Im *Augenspiel* hat sich Canetti mehrfach als Leser seiner eigenen Dramen entworfen. Dabei wird deutlich, daß die Erfahrung der Dezentrierung des Ich beim Schreiben, die er im Zusammenhang mit der Entstehungsgeschichte der *Blendung* hervorgehoben hat, nun dahingehend ihre Parallele findet, daß sich der lesende Autor rauschhaft in einer Polyphonie von Lauten verliert. Nicht zum Gefallen aller. So nahm Franz Werfel, folgt man dem *Augenspiel*, die Absage an die Ordnung der sprachlichen Repräsentation zum Anlaß, Canetti als einen „Tierstimmenimitator" zu beschimpfen.[30]

Die Preisgabe des mimetischen Verfahrens, auf die Canetti wiederholt anspielt, steht allerdings in einem unauflöslichen Gegensatz zu seinem dramaturgischen Theorem des Grundeinfalls, das ohne Zweifel auf dem Primat des bedeutungstragenden Textes basiert. Und mehr noch: Sie stellt auch das von Karl Kraus erlernte Konzept der akustischen Maske in Frage, das in seiner satirischen Stoßkraft an die Hermeneutik des Sinns geknüpft ist. Bleibt also zu überlegen, ob der Rekurs auf das Heraustreten aus der symbolischen Ordnung der Sprache auf Canettis jahrelanges Verstummen hindeutet, das schließlich nach Veröffentlichung der *Befristeten* zur vollständigen Abkehr vom Entwurf rein fiktionaler Texte führte.

Die im Kontext der *Komödie der Eitelkeit* dargelegte Doppelung der Sprache - als Medium der Herrschaft und zugleich als Grund für die Dezentrierung des Subjekts - wird Canetti im autobiographischen Kontext zur Voraussetzung, Schreiben als einen Prozeß der Transformation auszuweisen, in dem Ich-Grenzen gesucht und überschritten werden. Der durchweg paradoxale Entwurf des Ich durch das Prinzip der Identität und zugleich der Nicht-Identität korrespondiert hierbei mit einem ebenso ambivalenten Textbegriff, der den Werkgedanken mit der Vorstellung vom literarischen Text als einem offenen Bedeutungsprozeß verknüpft.

Mit der Rücknahme des traditionellen Werk- und Autorbegriffs schreiben die späten Texte Canettis also einen Gestus fort, der bereits für das Frühwerk als konstitutiv erachtet werden kann. Während im Frühwerk allerdings das Gleiten der Bedeutungen in letzter Konsequenz auf eine Selbstzerstörung der Literatur hinauslief, gelingt Canetti in seiner späteren Schaffensphase eine Form der Intertextualität, die sich der Hermeneutik des Sinns verpflichtet fühlt, durchaus aber spielerisch mit ihr zu verfahren weiß.[31]

Anmerkungen

1) Elias Canetti, *Die Fackel im Ohr. Lebensgeschichte 1921-1931*, Frankfurt am Main 1986, S. 294

2) Vgl. hierzu Dagmar Barnouw, *Elias Canetti*, Stuttgart 1979, und „Noch ist das Lachen erlaubt. Dystopische Komik im Drama der Eitelkeit“, in: *Sprache im technischen Zeitalter. Elias Canetti zu Ehren*, 1985, hg. v. Walter Hollerer u. Norbert Miller, S. 200-206

3) Dagmar Barnouw: „Noch ist das Lachen erlaubt“, a.a.O., S. 205

4) Vgl. hierzu Jacques Lacan, *Das Spiegelstadium als Bildner der Ich-Funktion, wie sie uns in der psychoanalytischen Erfahrung erscheint*, in: *Schriften I*, Frankfurt am Main 1973, S. 61-70

5) Vgl. hierzu Lacans Aufsatz *Funktion und Feld des Sprechens und der Sprache in der Psychoanalyse*, in: *Schriften I*, S. 71-169

6) Rolf Günter Renner, *Die postmoderne Konstellation. Theorie, Text und Kunst im Ausgang der Moderne*, Freiburg 1988, S. 256

7) Vgl. hierzu v. a. Hans Feth, *Elias Canettis Dramen*, Frankfurt am Main 1980, v. a. S. 132 ff.

8) Elias Canetti, *Komödie der Eitelkeit*, in: *Dramen*, Frankfurt am Main 1986, S. 81. Im weiteren zitiert unter KdE mit Seitenangabe.

9) Zur Begrifflichkeit vgl. Heinz Henseler, „Die Theorie des Narzißmus“, in: *Freud und die Folgen*, hg. v. D. Eicke, Bd. 1, Zürich 1976, S. 459-477

10) Vgl. Gerald Stieg, „Die Masse als dramatische Person. Überlegungen zu Elias Canettis Drama *Komödie der Eitelkeit*“, in: *Die Lesbarkeit der Welt. Elias Canettis Anthropologie und Poetik*, hg. v. Stefan H. Kaszynski, Poznan 1984, S. 98

11) KdE, S. 145

12) KdE, S. 148

13) Manfred Frank, *Was ist Neostrukturalismus?*, Frankfurt am Main 1984, S. 12

14) KdE, S. 125

15) KdE, S. 162

16) Gerald Stieg, a.a.O., S. 104

17) KdE, S. 153
18) KdE, S. 162
19) KdE, S. 175
20) KdE, S. 178
21) KdE, S. 181
22) KdE, S. 181
23) KdE, S. 181
24) KdE, S. 173
25) Gerda Pagel, *Lacan zur Einführung*, Hamburg 1989, S. 104
26) Ebd., S. 53
27) Vgl. zu dieser Argumentation Gerald Stieg, a.a.O., S. 98
28) KdE, S. 149
29) KdE, S. 165
30) Vgl. Elias Canetti, *Das Augenspiel. Lebensgeschichte 1931-1937*, Frankfurt am Main 1988, S. 121
31) Vgl. hierzu Axel Gunther Steussloff, *Autorschaft und Werk Elias Canettis. Subjekt - Sprache - Identität*, Würzburg 1994

UTOPIE UND LEBENSZEIT: *DIE BEFRISTETEN*

Dagmar Barnouw

1. Aldous Huxley stellt seinem Roman *Brave New World* (1932) ein Motto voraus, das den Leser sogleich auf die Botschaft dieser Fiktion einer perfekt funktionierenden Gesellschaft aufmerksam macht: in der Moderne ist die Utopie realisierbar, fürchtet euch! Die technologisch ständig zunehmende Machbarkeit, die technokratische Konkretisierung von Möglichkeit enthält eher dystopische Drohungen als utopische Versprechen. Spätestens seit Zamyatins Kritik der postrevolutionären Plangesellschaft in dem Roman *Wir*, kopiert von Huxley und Orwell und auf gewisse Weise auch von Canetti, ist die soziale Imagination eher von dystopischen als utopischen Energien angetrieben. Es scheint keinen Ort und keine Zeit mehr zu geben, wo eine imaginäre, gut (oder zumindest besser) geregelte Gesellschaft anzusiedeln wäre, gerade weil wir uns mit der konkreten Möglichkeit dieser Ansiedelung auseinandersetzen müssen.[1] Nicht zufällig waren um die Mitte des 19. und des 20. Jahrhunderts in den Vereinigten Staaten die so häufigen utopischen Gemeinschaften fast alle der vom utopischen Denken schon immer zu Recht gefürchteten „corruptio pessima optimi"[2] erlegen – einer Selbstzerstörung, die aufs engste verbunden ist mit der scharfen Selbst-Absonderung dieser Gemeinschaften von ihrer Umwelt, mit ihrer räumlich-zeitlich-ideologischen Ummauerung und Abgeschlossenheit, ihrer gesprächigen „Einstimmigkeit", ihrem verschwiegenen Widerspruch.

Utopische Fiktionen, genährt von der Sehnsucht nach paradiesischen Urzuständen, waren das Vorbild für diese Selbst-Abgrenzung und Begrenzung. Ihr radikaler Ausschluß historischer Zeit, d.h. sich verändernder Lebenswelten und Lebenszeiten, kam aus der Hoffnung auf die wieder zu gewinnende Ganzheit und Sicherheit. Ganzheit als Gemeinwesen und Sicherheit vor den zerstörerischen Wirkungen der unaufhaltsam vergehenden Zeit und damit implizite vor der Bedrohung durch den Tod. Seit Thomas Mores *Utopia*, der so überaus ordentlich konstruierten Gesellschaft auf der künstlichen Insel „Kein-Ort", war die Utopie dem Besucher/Betrachter interessant und attraktiv gerade in ihrer radikalen Künstlichkeit. Mores Fiktion war gemeint als Gegenentwurf zum sozialökonomischen Chaos im England des frühen 16. Jahrhunderts. Und so präsentierte sich das utopische Gemeinwesen nicht als ein dem zeitlichen Wandel unterlegener sozialer Organismus, sondern als ein bestmögliches und deshalb ein für allemal so und nicht anders geplantes und (fiktional) realisiertes Konstrukt. Gerade dieser offensichtliche Widerspruch im Kern der Utopie war der Grund ihrer faszinierenden Andersartigkeit und der Anreiz zur Repräsentation. Thomas Mores utopischer Reisender Hythloday war den wirklichen Reisenden des 16. Jahrhunderts nachgebildet: die Vorfälle, die More für seinen Bericht benutzte, ereigneten sich auf Vespuccis vierter Reise (1503-04). Nach einem Schiffbruch landeten zwei Schiffe an der südamerikanischen Küste – daher die Lage von *Utopia* „zwischen Brasilien und Indien" –, und die Europäer drangen ins Landesinnere vor, wo sie „freundliche", d.h. im Tausch und Handel sozialisierte Eingeborene fanden. Aber das Konstrukt des utopischen Gemeinwesens selbst war nicht Nach-, sondern Gegen- und Vorbild; das Produkt seines Autors, von ihm allein autorisiert.

Auf instruktive Weise machte More den Leser gleich zu Beginn des Berichts über *Utopia* darauf aufmerksam, daß Reisende, wohin sie auch immer vordrangen, eher darauf hoffen könnten, „greate and uncredyble monsters“ zu finden als vernünftig geregelte Gemeinwesen: „... but to find cytyzens ruled by good and holsome lawes, that ys an excedynge rare and harde thynge.“[3] Utopia als in sich stimmiges, künstliches Gebilde war für den Reisenden Hythloday ein phantastischer Fund. Sein Verlangen, in das für ihn immer wieder überraschende, weil sich selbst immer treu, sich gleich bleibende *Utopia* zurückzukehren, wurde auch deshalb von der Erzähler-Persona More nachdrücklich hervorgehoben. (Hier ist anzumerken, daß Intellektuelle des 16. Jahrhunderts, von Erasmus zu Philip Sidney, von der Fiktion *Utopia* mehr angetan waren als von dem Plan, d.h. dem Modell-Status des hier vorgestellten, besser geordneten Gemeinwesens, für das der – wie alle Menschen – unvollkommene Thomas More stand, dessen vollkommene Autorität als Erzähler sie dagegen akzeptierten. Diese Intellektuellen reagierten also schon auf die Problematik einer „besten“ Gesellschaft.)

Die Dystopie dagegen, als Produkt utopischer Machbarkeit, ist folgerichtig beunruhigend und abstoßend gerade in ihrer bewußt andersartigen, radikalen Konstruiertheit. Für den utopischen Dissidenten ist sie die explizite Herausforderung, aus dem ahistorischen, sozial „logischen“ Konstrukt auszubrechen: aus Zamyatins mathematisch konstruierter Glas-Stadt, Huxleys „brave new world“ des „social engineering“ auf biochemischer Basis. Sie bedingt die Einsicht in die Notwendigkeit, zurückzukehren in die Widersprüchlichkeiten, unlösbaren Konflikte und in die Zufallsbedingtheit historischer, sich in der Zeit verändernder sozialer Existenz. In Dystopia gibt es keine Reisenden, die sich das Unvertraute, Überraschende ansehen und anhören und mit Bewunderung davon berichten. Vielmehr wird den Einwohnern Utopias selbst ihr Gemeinwesen zur Dystopie, indem einer von ihnen die vertrauten gesellschaftlichen Einrichtungen als erschrekkend und damit unheimlich anzusehen beginnt und so andere aus dem ideologischen Schlummer aufweckt. Wo der utopische Reisende das dargebotene Phänomen anschaute und die Logik des Konstrukts als Ganzes zu verstehen suchte, um es in seinem Bericht zu repräsentieren, durchschaut es der widersprechende Einwohner von Dystopia, zersetzt es und entzieht es damit der Repräsentation.

Canettis Gesellschaft der *Befristeten*[4] stellt die reinste Form der Dystopie dar, weil das Konstrukt, die neue Ordnung, nicht nur als schädliche, zerstörerische Illusion enthüllt wird, sondern als ein von vornherein gemeinter Betrug. Nun ist das in gewissem Sinne jede ideologische Kontrolle, jede planmäßige Einfügung anderer in ein System von nicht zu verändernden, nicht hinterfragbaren Gesetzen. Und die Entlarvung ideologisch fundierter und konstruierter Herrschaft ist eine der Voraussetzungen dafür, zur Einsicht in die dystopische Natur eines Gemeinwesens zu kommen. Aber in dieser im Nirgendwo angesiedelten dystopischen Gesellschaft, die durch die von vornherein festgelegte Lebenszeit ihrer Mitglieder deren zeitlichen Transformationen unnötig und damit unmöglich macht, ist die dystopische Symbiosis zwischen ideologischer Kontrolle und Betrug am intimsten und machtvollsten. Denn es ist die betrügerische Organisierung der Lebenszeit selbst, aus der die Grundstrukturen sozialen Verhaltens hervorgehen und aus der sie sich nähren.

Das gesellschaftliche Ordnungsprinzip der *Befristeten* beruht auf dem für zeitliche

Wesen ungerechtesten, „ungleichsten“ Aspekt ihrer Existenz, der Verteilung der Lebenszeit: bei der Geburt wird jedem mit seinem Namen auch die Zahl der ihm gewährten Lebensjahre mitgeteilt. Die Kenntnis des Datums seines Todes bedeutet für jeden *Befristeten* offiziell die schon immer ersehnte und nun realisierte Sicherung seines Lebens: von der Zufälligkeit des Todes befreit, kann er sich sein Leben besser einrichten. Diese illusionäre Freizügigkeit, als utopische Freiheit deklariert, ist die Machtbasis des totalitären dystopischen Regimes, unter dessen Herrschaft - der Herrschaft des Todes - zwischenmenschliche Beziehungen fast völlig zerstört sind. Im Prolog des dramatischen Essays wird dem Leser/Zuschauer, der hier an die Stelle des utopischen Reisenden getreten ist, die neue Ordnung erklärt: vor und außerhalb dieses Utopias lebten die Menschen ohne Wissen vom „Augenblick“ ihres Todes in untermenschlich, „barbarisch“ unbefristeter Unsicherheit; waren sie Tieren ähnlicher als Menschen. Die „Bekanntwerdung des *Augenblicks*“ wird angepriesen als „der größte Fortschritt in der Geschichte der Menschheit“. Aber wie der Dissident *Fünfzig* im Verlauf des Dramas immer klarer sieht, sind es die *Befristeten*, die Untertanen des Todes, die in der Sicherheit der Kenntnis ihres „Augenblicks“ den in Unkenntnis lebenden, fraglos der Naturgesetzlichkeit unterworfenen Tieren gleichen. Wogegen die prä-zivilisierten Menschen, die prä-utopischen Barbaren, gerade in der Unsicherheit ihrer Todes-Kenntnis sich der Herrschaft des Todes doch wenigstens temporär entziehen konnten. Zusammen mit *Fünfzig*, dem Protagonisten des dramatischen Arguments, entdecken wir, daß in dieser Gesellschaft jeder Befehl ein Todesurteil und jeder Tod dessen Vollstreckung ist. Die Staatsideologie dagegen, die den utopischen Status der *Befristeten* als den der *Ungleichen* zelebriert, manipuliert die angeblich von Todesfurcht und damit vom Stachel des Todes Befreiten durch eine angebliche Vermittlung von Naturgesetzlichkeit und Individualität. Indem sie jedem seinen zugleich völlig anonymen und „eigenen“ Tod zuteilt, verdeckt sie die ursprüngliche Bedeutung des Befehls, die Todesandrohung. Systematisch verbirgt sie die Möglichkeit von Todesurteilen und die notwendigerweise folgende Vollstreckung.

Es ist nicht weit von der Utopie dieser Befristung zu unserem Verhalten gegenüber der Realität unserer begrenzten Lebenszeit. Unser privates Tabu des Todes ist das öffentliche Tabu der Befristeten. Es ist die Tabuisierung selbst, die eine wirkliche Einsicht in zwischenmenschliche Beziehungen verhindert: „Wer wirklich wüßte, was die Menschen miteinander verbindet, wäre imstande, sie vor dem Tode zu retten. Das Rätsel des Lebens ist ein soziales Rätsel. Niemand ist ihm auf der Spur“, notierte Canetti 1960.[5] Die Menschen wären vor dem Tode, vor seinem zu großen Einfluß auf das Leben, zu retten, wenn man genauere Einsicht in die Mechanismen dieses Einflusses hätte. Für Canetti ist das Problem des Todes insofern ein soziales, als die durch seine „Naturgesetzlichkeit“ geschaffene Verläßlichkeit gesellschaftlicher Verhältnisse Menschen verfügbarer macht. Faktum und Dauer der Anwesenheit und Abwesenheit, Determinierung durch Altersgruppen, ein stetiges Schwinden der Lebensansprüche und Kräfte, des „Marktwertes“ des Individuums, nehmen wir als „gegeben“ hin und haben uns darauf eingerichtet. Die Degradierung und allmähliche Zerstörung durch den herannahenden Tod sind zwar in westlichen Gesellschaften durchaus erkannte, sozial-psychologische Probleme, aus denen aber kaum Konsequenzen gezogen werden.

Die Konsequenzen, die die Staatsideologie der *Befristeten* daraus gezogen hat, sollten es uns nicht so leicht machen, sie als dystopisch abzuwehren, uns davon zu distanzieren. Wo bei uns von einem gewissen Alter an der Geburtstag, die Zahl der gelebten Jahre, der anzunehmende Rest der Lebenszeit durch ein privates Tabu „geschützt" sind, liegt in der Gesellschaft der *Befristeten* darauf ein öffentliches Tabu. Ein Priester, der *Kapselan*, hängt jedem Neugeborenen eine vom Individuum nicht anzurührende Kapsel um, in der das Geburts- und, da die Zahl der Lebensjahre im Namen enthalten ist, somit auch das Todesdatum zu finden ist. Er allein darf die Kapsel beim Tode öffnen und den richtig eingetretenen Tod bestätigen. Da der nahe Tod – bei der von vornherein und sehr verschieden festgesetzten Lebenszeit – in jedem beliebigen Alter als Zeichen einer sozial schwächeren Position gesehen werden kann, ist das öffentliche Tabu des Geburtstages durchaus willkommen und wird internalisiert. *Fünfzig*, dessen Zeit bald abgelaufen sein wird, versucht, andere *Befristete* zur Einsicht in die Bedeutung ihrer Riten zu bringen. Es geht darum, ihnen ihre Freiheit als Illusion und ihre Ungleichheit, deren Basis das starre Besitzverhältnis numerischer Zeit ist, als absolute soziale Ungerechtigkeit klarzumachen. Wie Canetti, für den er argumentiert, erscheint auch ihm die Vorstellung „ungeheuerlich", daß uns das Leben „geschenkt" ist.[6] Seine subversive Unruhe und Ungläubigkeit drängen auf Entlarvung des „Naturgesetzes" Tod: der heilige „Augenblick" des dann utopisch bedeutsamen Todes ist in der außerutopischen Wirklichkeit nichts als eine durch die Vorschriften des staatsbeamteten Priesters geschützte und so verdeckte Exekution.

Fünfzig hat aber große Schwierigkeiten, ein außerutopisches Realitätsprinzip anzurufen. Die illusionäre Wahlfreiheit innerhalb der utopischen Befristung beschäftigt die asoziale Imagination der meisten *Befristeten* und wirkt so als überaus verläßliche Stütze des Herrschaftssystems. Sorgfältig kontrollierte „Indiskretionen" über das Quantum von Lebenserwartung, über das man zu verfügen hat, werden ausgestreut wie Börsengerüchte und treiben die *Befristeten* noch mehr in die Vereinzelung. Die wenigen, die das erkennen, sind zutiefst resigniert und glauben nicht, daß *Fünfzig* auch nur das Geringste gegen diese so fest verwurzelte Herrschaft des Todes erreichen könnte. Durch die ungleiche Befristung, die willkürlich gewährte, „geschenkte" Zuteilung von Lebenszeit, ist eine Hierarchie entstanden, die mit der Zuverlässigkeit, mit der nicht mehr zu durchbrechenden Starrheit einer Maschine operiert. Der den ersten Teil des Dramas abschließende „Chor der Ungleichen" zeigt das im liturgischen Wechselgesang mit dem *Kapselan*: „Seid ihr gern beisammen? Nein, wir sind nicht gern beisammen. Warum seid ihr beisammen, wenn ihr nicht gern beisammen seid? Wir sind es nur zum Schein, wir werden uns trennen. Worauf wartet ihr? Wir warten auf den Augenblick, da wir uns trennen werden." Der Todesfurcht, dieser menschlichsten aller Reaktionen beraubt, sind sie der Gleichheit und Verbundenheit im Angesicht des Todes beraubt, ihres gefährlichsten Gegners. Sie sind bereits im Leben so getrennt, wie nur der Tod trennen kann. Konsequenterweise werden sie erst dann zur Masse von Gleichen, Verbundenen, wenn sie *Fünfzig* bedrängen, von seinem häretischen Zweifel an der Naturgesetzlichkeit des Todes abzulassen.

Fünfzig ist einer von uns. Mit seinem bisherigen Hinnehmen des *Status quo* ist er zwar mitschuldig am Fortbestand des Todes-Regimes. Er ist aber freier als die meisten anderen Ungleichen, weil er seinen Geburtstag vergessen hat. Zu sehr mit dem Leben beschäftigt, weiß er „wirklich" nicht, wann genau er zu sterben hat. Vor allem, natürlich, will er nicht sterben, will er nicht, daß weiter mit der gewohnten Kooperation gestorben wird. Argument um Argument enthüllt er zunächst seinen, dann jeden Tod als ein a priori verhängtes Todesurteil und damit die theokratische Form des allmächtigen Todes-Regimes. Ohne zu lügen, kann er dem *Kapselan* gegenüber die fünfzigste Wiederkehr seines Geburtstages sowohl zugeben als auch leugnen. Am wichtigsten aber ist die Tatsache, daß er mit ihm als Vertreter von Machtansprüchen wirklich verhandelt. Seine zeitweilige Rettung liegt in dem Nachweis, daß der tabu-geschützte „Augenblick" des Todes nicht durch ein religiös verbrämtes „Naturgesetz" bestimmt ist, sondern vielmehr durch die höchst weltlichen Bedürfnisse eines theokratischen Herrschaftssystems. Er durchschaut die utopische Kontrolle durch religio-politische Machtbegriffe wie Reue, Widerruf, Gnade und entlarvt sie damit als dystopisch. In der Folge kann er sie dann selbst strategisch nutzen, statt sie zu internalisieren: das eigentlich Revolutionäre seines Aktes ist die konsequente Säkularität seines Denkens. Aber wie alle revolutionären Akte ist auch dieser in seinen sozialen Folgen problematisch. Canetti weist eigens darauf hin in einer Aufzeichnung von 1960,[7] wo er *Fünfzig* mit Galileo vergleicht, der mit der Entfernung der Erde aus dem Mittelpunkt des Universums nicht nur das wissenschaftliche, sondern auch das sozial-psychologische Selbstverständnis seiner Zeitgenossen verunsicherte. Die aus revolutionären Akten folgende Auflösung der gewohnten Ordnung, wie fragwürdig diese auch gewesen sein mag, bringt Ungewißheiten und damit eine größere Anfälligkeit für neue ideologische Systeme und utopische Konstrukte mit sich, die den Keim der Dystopie immer schon in sich tragen.

Fünfzig hat sich von „seinem", d.h. ihm in seinem Namen zugeteilten, aufgezwungenen Tod befreit. Irgendwann wird er sterben; aber zunächst hat er menschliche Zeit, Lebenszeit gewonnen – wie alles Menschliche ein relativer Gewinn und gerade deshalb nicht zu verachten. Jedoch ist diese Einsicht den meisten *Befristeten* nicht mehr möglich. Durch ihre Sozialisierung sind sie so isoliert, daß sie mit dieser Art von Befreiung nichts anfangen können. Sie können die Entwicklung ihres eigenen Potentials, das durch die Befristung so ungerecht begrenzt wurde, nicht mehr abhängig sehen von der Wechselbeziehung zum Potential des anderen. Der Tod, schrieb Canetti 1951 während der Arbeit an den *Befristeten*, „wäre nicht so ungerecht, wenn er nicht *im voraus* verhängt wäre. Es bleibt für jeden von uns, auch den schlechtesten, die Entschuldigung, daß nichts, was einer tut, der Schlechtigkeit dieses vorausverhängten Urteils nahekommt. Wir müssen böse sein, weil wir wissen, daß wir sterben werden. Wir wären noch böser, wenn wir von Anfang an wüßten, wann."[8] Die Todes-Angst der *Befristeten* ist durch die religiöse Form und die Rituale der Todes-Herrschaft gedämpft. Ihre Bosheit zeigt sich in der unmenschlichen Gelassenheit, mit der sie das Unnatürlichste, die Todes-Determiniertheit des eigenen und anderen Lebens, einfach als naturgesetzlich hinnehmen. *Fünfzigs* wichtigster Gegner ist denn auch nicht der *Kapselan*, sondern sein bester, mitfühlendster Dialogpartner *Freund* – und er hat das letzte Wort.

Freund war für *Fünfzigs* Argumente offen, weil er nie aufgehört hatte, seine geliebte Schwester *Zwölf* zu betrauern. Diese Trauer war deutlich subversives Verhalten, wie aus einer Unterhaltung zwischen *Fünfzig* und einer jungen Frau hervorgeht, die gerade ihr Kind *Sieben* begraben hat. Wo *Fünfzig* argumentiert, daß man zumindest versuchen sollte, sich dem „Augenblick" zu widersetzen, dem Kind mehr Zeit zu verschaffen, verschanzt sich die junge Frau hinter der vorgeschriebenen, von ihr genau befolgten Mutterliebe. Jenseits seines „Augenblicks" ist das Kind nichts als ein Schatten, für sie nicht mehr wirklich. Wenn es weiterlebte, wäre es nicht mehr ihr Kind, sondern ein gespenstischer Zeuge ihrer Schuld einer Gesellschaft gegenüber, die das häretische Nicht-Hinnehmen des Todes mit der Todesstrafe belegt. Schon die emotionale Reaktion des Trauerns ist in dieser Gesellschaft ein strafbarer Akt des Dissenses, dessen mögliche Folgen *Freund* couragiert auf sich genommen hat. Aber nach *Fünfzigs* prekärem Sieg - er hat das Tabu wirklich gebrochen und ist noch einmal davongekommen - beschwört er ihn, nun nicht weiter gegen die Naturgesetzlichkeit des Todes anzurennen. Jedoch ist Canettis Alter ego *Fünfzig* von Natur aus ein Kulturwesen und kann nur innerhalb sozialer Kategorien denken und handeln. Instinktiv bezieht er die Folgen seiner Revolte auf den anderen, und logischerweise betrifft das den Tod so gut wie das Leben. Die Voraussetzung dafür, daß nicht mehr mit solcher Selbstverständlichkeit gestorben wird, ist, daß jeder dem anderen das Recht auf sein eigenes Leben einräumt - statt auf den eigenen Tod. Dazu aber ist *Freund* nicht mehr fähig. Sofort nach *Fünfzigs* Aufdeckung des Betrugs mit dem „Augenblick" macht er sich auf die Suche nach *Zwölf*, die ja nun vielleicht noch am Leben und zu einer jungen Frau herangewachsen sein könnte. *Fünfzig* versucht vergeblich, ihn davon abzuhalten. Umsonst argumentiert er, daß *Freund* der Schwester ihr eigenes Leben lassen, sie nicht besitzen sollte, wie er sie in seiner Trauer über ihren Tod besessen hatte. Am Ende des Dramas ist *Freund* unbeirrbar entschlossen, *seine* Schwester zu suchen und zu finden. Genau dieser in vielem verständliche menschliche Besitztrieb, den auch *Freunds* Art des Trauerns reflektiert - mehr um *seinen* Verlust als um *ihre* viel zu kurze Lebenszeit -, war einer der Gründe für das utopische Konstrukt der *Befristeten*. Mit der Abschaffung der Unsicherheit in bezug auf den Eintritt des Todes und der damit erreichten Betäubung der eigenen Todesfurcht kam auch die Betäubung des Schmerzes um den Verlust des anderen. In der utopischen Vereinzelung ist dieser Schmerz aufgehoben, und *Fünfzigs* Entlarvung der Utopie als Dystopie betrifft auch diese Aufhebung. Soweit konnte *Freund* ihm folgen; aber *Fünfzigs* Auflehnung geht sehr viel tiefer. Sie mußte tiefer gehen, um Erfolg zu haben, d.h., um die Machbarkeit dieser spezifischen Utopie der Befristung zu unterminieren. Mit Hilfe seines Autors nimmt *Fünfzig* das Potential des Begriffs „sozial" wirklich ernst, nämlich wörtlich. Gerade seine Freiheit, den anderen im Leben nicht besitzen, keine Macht über ihn haben zu wollen, läßt ihn die Illusion der Freizügigkeit des „eigenen" Todes durchschauen und ermöglicht ihm damit die Auflehnung, die ihn und andere im menschlichen Maße, d.h. auf Zeit, von der Herrschaft des Todes befreit.

2. So einleuchtend die Notwendigkeit dieser Freiheit ist - und dieser Aspekt des unmittelbar Einleuchtenden ist das vielleicht bemerkenswerteste an Canettis Kulturkritik -, so schwer ist sie zu realisieren; sonst hätten sich Utopien und Dystopien ja auch erübrigt. Macht über den anderen zu gewinnen, in Liebe und in Haß, ist ein primärer Antrieb menschlichen Verhaltens, und Canetti war sich dessen sehr klar bewußt, da er ihn am eigenen Leibe erfahren hatte. Die Macht sei ihm nun „dreifach vertraut", notierte er: „... ich habe sie beobachtet, ich habe sie ausgeübt, ich habe sie erlitten."[9] Die Machtlosesten sind die Toten; jeder Überlebende hat Macht über sie: „In jedem Leben lassen sich die

Toten finden, von denen einer gezehrt hat. Bei zarten, guten, rohen, schlechten Menschen, – überall sind die mißbrauchten Toten da. Wie soll einer das Leben ertragen, der das von sich weiß? Indem er seinen Toten sein eigenes Leben leiht, es nie verliert und sie verewigt."[10] Diese (zeitweilige) „Verewigung" der Toten ist nur zu erreichen durch ihre Teilhabe an der für die Lebenden lebensnotwendigen Verwandlung. Nach dem großen Morden der Weltkriege zutiefst beeindruckt vom Problem der Lebenszeit, hat Canetti das Phänomen der Verwandlung zum Zentrum seiner Kulturkritik gemacht. Sein säkulares Verständnis der Massenvernichtungen und Massenverfolgungen unseres Jahrhunderts gründet sich auf eine eigentümliche, vielleicht fast einzigartige Wörtlichkeit der Einsicht in die realen Darstellungsformen der Macht. Ob es sich um die Todesdrohung hinter dem Befehl handelt oder um den gewalttätigen Griff nach der Beute, um die Erstarrung des Erbeuteten als Folge eines Verbots oder einer Verhinderung der Verwandlung: alles, was Menschen daran hindert, anders, ein anderer zu werden, trägt in sich den Keim der Totenstarre. In Canettis Blick operiert Machthabe immer mit dem Ideal der Kontrolle, der Stillegung der Verwandlung, der Einebnung und so mit dem Ideal einer Zukunft, die nichts als Gleiches enthält: die Ungleichen in der Gesellschaft der *Befristeten* werden ungleich bleiben. Im Rückblick aus dieser Zukunft, in der alle Feinde der Verwandlung ausgerottet sind, erscheinen auch Vergangenheit und Gegenwart beruhigend stillgelegt und eingeebnet. Für immer sind sie der belebenden Heftigkeit neuer Einsicht, der Überraschung einer möglichen Alterität beraubt.

Gerade diese Konzentration auf die generelle Notwendigkeit von Verwandlung für die Realisierung menschlicher Möglichkeit hat Canetti davon abgehalten, für einige ein Sonderverhältnis zum Tod zu behaupten, Hierarchien des Leidens zu etablieren, die ahistorische Einzigartigkeit von Auschwitz zu deklarieren und sie ins Zentrum der Moderne zu stellen.[11] Seine Reaktion auf die Katastrophen des 20. Jahrhunderts war das dialogische Argument einer besseren Lebenszeit für alle statt der rituellen Erinnerung des schrecklicheren Todes einer bestimmten Gruppe. Wo für Saul Friedlander die Katastrophe eine die menschliche Zeit ein für allemal unterbrechende Wendung ist, wodurch Heilung a priori unmöglich wird, ist für Canetti Heilung gerade deshalb möglich, weil sie in der Provinz des Menschen immer nur zeitweilig, vorläufig sein kann. Im menschlichen Bereich realer zeitlicher Begrenzung ist Katastrophendenken nach der Katastrophe ein ideologischer, ein dystopischer Kurzschluß. Canettis Position ist – wie die weniger anderer Intellektueller des 20. Jahrhunderts – im Kern aufklärerisch in ihrem Verständnis der Temporalität und Relativität menschlicher Existenz – eine Tatsache, über die sein sich oft absolut gebender Eifer und sprachlicher Gestus der Todesbekämpfung nicht hinwegtäuschen sollten. Der Wert der Lebenszeit als kulturelles Phänomen ist eine Einsicht des 18. Jahrhunderts.[12] Jedoch haben in der Spätmoderne unseres Jahrhunderts wenige das Faktum der Lebenszeit so ernst genommen wie Canetti. Seine Position gegen die Herrschaft des Todes wäre nicht möglich ohne seine Einsicht, daß es kein Zurück zu den Ursprüngen gibt, keine Bleibe, keine ein für allemal gültigen, guten (oder schlechten) sozialen Einrichtungen und Gesetze. *Fünfzigs* „Sieg" ist temporär und gerade deshalb nicht „utopisch" im Sinne von „nicht wirklich". Die prä-moderne Utopie ist Festlegung – Dystopie ist die endgültige Form der Festlegung, die dann den Widerspruch hervorrufen muß: Utopie ist nicht mit Widerspruch möglich; Dystopie nicht ohne ihn. Der

Widerstand gegen den Tod ist nur die Urform des Widerstands gegen unbefragte Herrschaftssysteme, da die Urform des Befehls die Todesandrohung ist - die kein Mensch, auch nicht der schlechteste, verdient hat.

Es geht Canetti nicht um ein ewiges Leben, sondern um ein klareres Verständnis der Bedeutungen einer begrenzten Lebenszeit, d.h. der sozialen Signifikanz der vergehenden Zeit. In der Moderne sind Utopien nur möglich als zeitweiliger, immer wieder zu ändernder, kritisch zu befragender Gegenentwurf zum status quo - ein sehr nützliches, zu Unrecht weithin vergessenes Beispiel ist H.G. Wells' *A Modern Utopia* von 1905. Am Ende unseres schwierigen Jahrhunderts ist Wells' Argument sehr viel moderner, zeitgenössischer als das im selben Jahr erschienene *Traumbuch* Freuds. Denn sein neo-romantisches Utopia des Unterbewußten als des von der Negation befreiten Ursprungs duldet keinen Widerspruch: hier ist alles möglich, nämlich der Zeitlichkeit und Geschichtlichkeit enthoben. Aber wie der moderne Begriff der Lebenszeit ist die moderne Utopie begrenzt und kann nur dann nützlich sein, wenn die Bedeutungen solcher Begrenzung eingesehen werden: was denkbar ist, muß gedacht werden können; es darf unter Umständen nicht gemacht werden. Denn Umstände sind konkret und sozial; sie betreffen die Lebenswelten und Lebenszeiten anderer, deren Autorität ernst genommen werden muß, gerade weil sie zeitlich begrenzt und relativ ist.

Canettis Beharren auf der kulturell zentralen, wichtigen Möglichkeit zur Verwandlung kommt aus seiner Erfahrung der in Kriegszeiten so allegorisch deutlichen paradoxen Symbiose von Lebenszeit und Todeserlebnis. Die Erfahrung des totalen Mordens im totalen Krieg hat bei ihm nicht zu einer kulturell autorisierten, existentiellen Angst geführt, dem korrekten Lebenszweifel westlicher Intellektueller, sondern zu einer in ihrer Unnachsichtigkeit unzeitgemäßen Bejahung des Lebens über den Tod. In diesem Jahrhundert immer raffinierterer Technokratien und immer einfacherer politischer und intellektueller Ideologien hat sich Canetti der Komplexität der westlichen Moderne gestellt, die im Kern zeitlich ist, sich aus Verwandlungen nährt. Wir haben nicht die Option, uns ins Prähistorische zu entfernen. Die Historizität aller sozialen Phänomene ist die Herausforderung ihrer Präsenz: was es noch zu sehen und zu hören gibt, wenn man es nicht vorzeitig begrifflich konstruiert und damit vorschnell vereinnahmt. Als „Hüter der Verwandlung" sieht Canetti nicht so sehr das „ganz andere", sondern er sieht, was es zu sehen gibt, anders; er zeigt die Möglichkeiten des Gesehenen, mit der Zeit, in der Zeit auch anders zu erscheinen. Wenn es für ihn der „Beruf des Dichters" war, sich gegen die Herrschaft des Todes aufzulehnen, so hieß das, andere Menschen „lebend", d.h. in ihren Verwandlungen, in sich aufzunehmen. Genau das hat Canetti als seinen besonderen und sehr wichtigen Rettungsversuch der Spätmoderne verstanden.[13] Und wie immer man diese keineswegs bescheidene Selbsteinschätzung beurteilen mag: in seinem Beharren auf der kulturellen Einlösung des menschlichen Verwandlungs-Potentials angesichts der natürlichen Begrenzung der Lebenszeit vertritt Canetti eine am Ende des 20. Jahrhunderts sehr nützliche, vielleicht allein mögliche utopische Position.

Anmerkungen

1) Siehe das dem ersten Buch von *Utopia* vorangestellte Gedicht, geschrieben von einem Verwandten des fiktionalen Reisenden Hythloday, das mit der Zeile endet: „Eutopia merito sum vocanda nomine“ (Ich verdiene es, Eutopia, der gute Ort, genannt zu werden.)

2) Siehe hier Dagmar Barnouw, *Die versuchte Realität oder von der Möglichkeit, glücklichere Welten zu denken*, Meitingen 1985, Kapitel 1 „Die Möglichkeit von Utopie: Wie betritt man eine andere Welt?“ und 2 „Die Realität von Utopia: Wie verhält man sich in einer anderen Welt?“

3) *The Utopia of Sir Thomas More.* In Latin from the Edition of March 1518 and in English from the First Edition of Ralph Robynson's Translation in 1551, Oxford 1895, S.33

4) Elias Canetti, *Die Befristeten*, in: *Dramen*, München 1978, S. 185-252

5) Elias Canetti, *Die Provinz des Menschen. Aufzeichnungen 1942-1972*, München 1973, S. 224. Im weiteren zitiert unter PdM mit Seitenangabe.

6) PdM, S. 309

7) PdM, S. 242

8) PdM, S. 166

9) PdM, S. 112

10) PdM, S. 244

11) Saul Friedlander, „The Shoah in Present Historical Consciousness“, in: *Memory, History, and the Extermination of the Jews of Europe*, Bloomington 1993, 42-63, S. 51

12) Siehe hierzu Hans Blumenberg, *Lebenszeit und Weltzeit*, Frankfurt am Main 1986

13) Elias Canetti, „Der Beruf des Dichters“, in: *Das Gewissen der Worte*, München 1976, S. 265

ELIAS CANETTIS MIKROSKOPIE DER ANGST

Der Ohrenzeuge. Fünfzig Charaktere

Edgar Piel

Als ich vor mehr als zehn Jahren ein kleines Autoren-Büchlein zu dem bis damals vorliegenden Werk von Elias Canetti schrieb, habe ich in dem Gesamtaufriß dieses Werks eine Leerstelle gelassen. Die Veranstalter dieses Symposiums haben das offensichtlich bemerkt und wußten, daß ich - wenn man so will - noch eine Bringschuld auf meinem Konto habe. Ich spreche von Canettis fünfzig Charakteren, denen der Autor den Titel: *Der Ohrenzeuge* gegeben hat. Das Buch ist 1974 herausgekommen und hätte deshalb eigentlich in meiner 1984 veröffentlichten Arbeit nicht nur mit einem Hinweis im Werkverzeichnis, sondern auch interpretatorisch berücksichtigt werden müssen.

Die Erklärung für dieses Versäumnis ist ganz einfach: Mir ist dazu nichts eingefallen, jedenfalls nichts, das sich nicht besser und intensiver im Blick auf die anderen Werke von Canetti hätte entwickeln lassen. Bei Friedrich Schlegel gibt es den Begriff des Annihilierens. Die eigentliche Aufgabe der Kritik besteht für Schlegel nicht darin, Lobeshymnen oder Verrisse zu schreiben, sondern den Wahrheitsgehalt einer Dichtung oder eines Werkes herauszufiltern. Wahre Kritik, so heißt es, könne deshalb „gar keine Notiz nehmen von Werken, die nichts beitragen zur Entwicklung der Kunst und der Wissenschaft“[1]. Gar keine Notiz nehmen - in diesem Sinn habe ich den *Ohrenzeugen* annihiliert, weil ich überzeugt war, daß das Buch zu dem Canettischen Gedankengang, den ich damals im Durchgang durch das Werk nachzuvollziehen und in seinem Reichtum zu entfalten versuchte, nichts Zusätzliches beitragen konnte.

Insgesamt stand ich mit meiner Skepsis gegenüber dem *Ohrenzeugen* nicht allein. „Verglichen mit den Aufzeichnungen, mit dem Roman *Die Blendung* und mit *Masse und Macht*, ist *Der Ohrenzeuge* lediglich ein (wenn auch in Teilen reizvolles) Nebenwerk Canettis“, hieß es in einer Rezension von Jürgen P. Wallmann.[2] Den Charakteren fehle es an sozialem Umraum, „sie sind psychologisch und sozial oft wenig aufschlußreich. Das in ihnen satirisch Gemeinte ist manchmal allzu bekannt“, schrieb der Literaturwissenschaftler Uwe Pörksen.[3] Man kann die Serie von skeptischen bis ablehnenden Stimmen noch verlängern, wobei ich sagen muß: mir selbst machten manche positiven Reaktionen und unkritischen Platitüden, die nichts zur Klärung der Sache beitrugen, die größeren Magenschmerzen.

Ich selbst habe seitdem weder gut noch schlecht über den *Ohrenzeugen* gesprochen, sondern gar nicht: Damals, 1984 nicht, weil ich nichts dazu zu sagen hatte, und später nicht, weil ich mit anderem beschäftigt war und niemand mich nach meiner Meinung zu diesem Buch gefragt hat. Ich hatte also Zeit, mir Gedanken zu machen und - das ist natürlich für die Auseinandersetzung mit Literatur auch manchmal wichtig - älter zu werden, um die Sache anders zu sehen.

Nun denn: *Der Ohrenzeuge. Fünfzig Charaktere*. Manchmal ist es ganz sinnvoll, sich erst einmal vor einem Kunstwerk ganz naiv zu stellen. Für Wissenschaftler, vor allem für Geisteswissenschaftler, ist das - zugegeben - schwer bis schier unmöglich. Helfen wir uns mit einer Imagination: Wir betreten einen Raum mit Bildern, Porträts von Menschen, die wir nicht kennen. Was wir in dieser Galerie zu sehen bekommen, sind merkwürdig hoheitsvoll sich reckende, protzende, strotzende, kriechende, sich verkriechende, schleichende, schleimende, hastende, huschende und manchmal auch verhuschte, fast immer nach außen oder nach innen in sich verbogene Gestalten. Wir gehen näher an die Bilder heran, die allesamt auf uns einen etwas skurrilen, karikaturhaften Eindruck machen, und lesen die Titelhinweise. Also dieses hier ist die „Königskünderin“: „Die Königskünderin hat etwas Hoheitsvolles, sie weiß, was sie ihrem Auftrag schuldig ist und ist bekannt dafür, wie gut sie ihre Gäste bewirtet. Aber mit der Bewirtung allein ist es nicht getan, und alle ahnen, daß etwas Besonderes bevorsteht. Sie sagt nicht gleich, was es diesmal ist, das erhöht die Spannung. Unter einem König kann es nicht sein, weniger verkündet sie nicht.“[4] Wir fragen uns: Kenne ich die? Und wenn ja: Woher?

Gleich daneben hängt ein Bild, das den Titel trägt: „Der Namenlecker“: „Der Namenlecker weiß, was gut ist, er riecht es auf tausend Kilometer und scheut keine Mühe, in die Nähe des Namens zu gelangen, den er zu lecken gedenkt.“ Wer einen Namen hat, ist auf den Namenlecker scharf, denn „es schmeichelt Namen, daß man aus Lust nach ihnen verdursten könnte, die ganze große Welt eine Wüste und sie der einzige Brunnen. (...) Sie legen sich ihre besten Partien für ihn zurecht, waschen sie, aber nur sie gründlich und polieren sie auf Glanz. Der Namenlecker erscheint und ist geblendet. (...) ‚Mit dieser eigenen Zunge‘, verkündet er später, streckt sie heraus und nimmt eine Ehrfurcht entgegen, wie sie noch keinem Namen je zuteil wurde.“ Dieses Bild des Namenleckers ist plastisch genug, so daß auch hier wieder in uns die Frage auftaucht: Woher kennen wir den? Den haben wir doch irgendwo schon gesehen oder erlebt.

Wir gehen weiter: „Der Unterbreiter“, „Die Selbstschenkerin“, „Der Hinterbringer“, „Die Geruchschmale“, „Der Leichenschleicher“ usw. - wie gesagt: eine ganze Galerie, in der wir nicht bei jedem einzelnen Bild stehenbleiben können. Vielleicht noch diesen hier: „Der Ohrenzeuge“, der diesem Figurenkabinett den Obertitel gegeben hat: „Der Ohrenzeuge bemüht sich nicht hinzusehen, dafür hört er um so besser. Er kommt, bleibt stehen, drückt sich unbemerkt in eine Ecke, schaut in ein Buch oder in eine Auslage, hört, was es zu hören gibt und entfernt sich unberührt und abwesend. (...) Er weiß alle Orte, wo es etwas zu hören gibt, steckt es gut ein und vergißt es nicht. Nichts vergißt er, man muß den Ohrenzeugen sehen, wenn die Zeit gekommen ist, damit herauszurücken. Da ist er ein anderer, da ist er doppelt so dick und um zehn Zentimeter größer. (...) Er tut nichts dazu, er sagt es ganz genau, manch einer wünscht sich, er hätte damals geschwiegen. (...) Sein Ohr ist besser und treuer als jeder Apparat, da wird nichts gelöscht, da wird auch nichts verdrängt, es kann so schlimm sein wie es will, Lügen, Kraftworte, Flüche, Unanständigkeiten jeder Art, Schimpfworte aus abgelegenen und wenig bekannten Sprachen, selbst was er nicht versteht, merkt er sich genau und liefert es unverändert aus, wenn es gewünscht wird.“[5]

Und wieder dieses merkwürdige Déjà-vu-Gefühl. Das gleiche beim „Gottprotz“: „Der Gottprotz muß sich nie fragen, was richtig ist, er schlägt es nach im Buch der Bücher. Da findet er alles, was er braucht. Da hat er eine Rückenstütze. (...) Der Gottprotz traut der Vergangenheit und holt sie zu Hilfe, die Finessen der Neuzeit sind überflüssig, man kommt viel besser ohne sie aus, sie machen nur alles komplizierter. Der Mensch will eine klare Antwort wissen, und eine, die sich gleichbleibt. (...) Für verschiedene Fragen gibt es verschiedene Sätze. Es soll ihm einer eine Frage sagen, auf die er keine passende Antwort fände. (...) Der Gottprotz ist ein schöner Mann, mit Stimme und Mähne."[6]

Daß wir bei vielen dieser Figuren - natürlich nicht jeder bei jeder - immer wieder ein Déjà-vu verspüren, macht uns schon klar, daß uns das, was wir uns vorgenommen hatten, schon wieder nicht gelungen ist: Es ist uns offenbar von Anfang an nicht gelungen, vor diesen Bildern naiv zu bleiben. Lange, bevor wir die Galerie betraten, sind wir Tausenden von Menschen begegnet, haben wir tausendmal in den Spiegel geschaut oder auch lange genug - Canetti gelesen.

Woran erinnern uns diese Figuren, die hier in diesem Buch *Der Ohrenzeuge* versammelt sind? An wen erinnert uns z.B. „Der Blinde"? „Er ist", so heißt es bei Canetti, „nicht von Hause aus blind, doch ist er's mit leichter Mühe geworden. Er hat eine Kamera ... es geht wie im Schlaf, er hat noch gar nichts gesehen und schon nimmt er's auf, denn dann, wenn es alles nebeneinanderliegt, gleich klein, gleich groß, immer viereckig, ordentlich, abgeschnitten, benannt, nummeriert, bewiesen und vorgezeigt, dann sieht man's auf alle Fälle besser."[7] Mich erinnert „der Blinde" an Prof. T. aus Tokio, den ich spätabends auf unserem Kleinstadtbahnhof abholen wollte. Der Zug war länger als der beleuchtete Teil des Bahnsteigs, so daß ich den erwarteten Gast in der Finsternis, in der er ausgestiegen war, nicht sehen konnte. Wohl aber sah ich das Blitzlicht, mit dem dieser sich für später daheim die fremde Welt eines Kleinstadtbahnhofs mitten in Mitteleuropa erschloß.

Aber indem ich damit der Versuchung nachgegeben habe, für die *Ohrenzeugen*-Charaktere nach einem leibhaftigen Double im wirklichen Leben zu suchen, bin ich mit meiner Bahnhofsanekdote automatisch auf ein falsches interpretatorisches Gleis geraten. Denn genau so verhält es sich mit den Figuren, die Canetti uns mit kräftigem Strich zu Papier gebracht hat, eben nicht. Es geht nicht um eine Korrespondenz der beschriebenen Gestalten 1:1 mit irgendwelchen Individuen, die draußen außerhalb des Buches frei herumlaufen. Wir können Canettis Buch nicht als Anleitung zur Charaktertypenbestimmung mitnehmen auf die nächste Party oder das nächste Canetti-Symposium und mit dem Zeigefinger Typenaufspießen spielen. Wir haben es bei dieser Figurensammlung mit einem kleinen Kunstwerk zu tun, das von einem Künstler stammt, der uns in seinem gesamten Werk immer wieder vor allem als Menschenforscher entgegengetreten ist. Die Figuren des *Ohrenzeugen*-Kabinetts werden erst unter diesem kulturanthropologischen Aspekt interessant.

Das Déjà-vu-Erlebnis, das uns die merkwürdigen, teilweise skurril hingestrichelten Figuren bekannt vorkommen läßt, ist noch nicht geklärt und deshalb nicht verschwunden. Natürlich habe ich die „Königskünderin", den „Namenlecker", den „Ohrenzeugen" und den „Gottprotz" gezielt als Beispiele ausgewählt, um Sie, meine Damen und Herren, bei meinem nächsten Schritt der Annäherung an das Wesen der Sache nicht mit weiteren persönlichen Anekdoten in die Irre zu führen. Woher kennen wir diese Gestalten? Ich würde sagen: Woher auch immer, auf jeden Fall kennen wir sie auch aus unserer Canetti-Lektüre. Ich glaube, es war François Bondy, dem Canetti verraten hat, daß er sich selbst in mindestens zwanzig dieser Figuren auf irgendeine Art wiedererkannt hat.

Canetti hat uns seine Identifikationsfiguren natürlich nicht verraten. Aber die Figur des „Ohrenzeugen" ist klar. Canetti hat oft genug und gern davon erzählt, wie viel er dem stupiden und stupenden Zuhören von Sprechkaskaden verdankt, die dann später tongenau als akustische Masken in seinen Roman *Die Blendung* oder in *Komödie der Eitelkeit* oder in *Die Hochzeit* transportiert wurden.

Canetti in der Gestalt der „Königskünderin" oder im „Namenlecker" oder im „Gottprotz" wiedererkennen zu wollen, wirkt für die Hohepriester der Canetti-Gemeinde – wer die Sekundärliteratur kennt, ahnt, daß es so etwas gab und gibt – jedoch wahrscheinlich wie Blasphemie. Aber wer sich mit Canettis Erlaubnis zwanzig auf Canetti passende Charaktere aussuchen will, wird um ein bißchen Blasphemie, bei Gott, nicht herumkommen. Also frei heraus: Spätestens im dritten Teil der Biographie ist auch ein Namenlecker zu Gange, der sie alle berührt hat, die in der ersten Hälfte des 20. Jahrhunderts in Kunst, Literatur und Geistesleben weit über Wien hinaus einen Namen trugen. Canetti hat sie alle berührt und hat uns bewundernd oder angewidert von dieser Berührung Bericht gegeben: Werfel (eher angewidert), Anna Mahler als Fleisch vom Fleische des großen Gustav Mahler, Musil, Broch, Bruno Walter, Joyce, das Briefpapier von Thomas Mann und wen oder was auch immer.

Der Gottprotz ist in Canettis Gesamtwerk fast überall mit von der Partie. Um das zu erkennen, müssen wir uns nur klarmachen, daß das absolute Prinzip, das wir Gott nennen, für Canetti der Tod war. „Der Gottprotz muß sich nie fragen, was richtig ist, er schlägt es nach im Buch der Bücher." Wenn Canetti über den Tod spricht, holt auch er seine Texte hervor, die ihm wertvoll waren wie die Bibel, und wenn er sie selber schreiben mußte. Er sah das wohl selbst so, wenn er auftrumpfend betonte, daß er seine in puncto Tod von aller aufgeklärten Normalität abweichende Meinung immer „mit der Kraft eines Glaubens" und „nie ohne Heftigkeit und Eifer" vertreten habe. Der Tod war für ihn nicht einfach das Ende des Lebens, sondern ein mythisches Prinzip der Negativität, eine Art gnostischer Dämon, der die Menschen in Bann schlägt und ihnen Vernunft und Denken im Kopf verdreht, ins Selbstzerstörerische pervertiert. Canetti hat sich die Frage gestellt: „Wie hätte eine Bibel aussehen müssen, daß sie die Selbstvernichtung der Menschheit aufhält?" Diese Frage ist der eigentliche Schlüssel zu allem, was er geschrieben hat. Sein eigenes Werk sollte diese Bibel gegen den Tod sein. Vor der Gefahr, sich persönlich mit einer derartigen Anmaßung lächerlich zu machen, hat er sich nicht gescheut.[8]

Wenn ich in der „Königskünderin", im „Namenlecker", im „Ohrenzeugen" und im „Gottprotz" ein Stück von Canettis Identität zu erkennen glaube, will ich damit nicht sagen, Canetti habe uns mit diesen fünfzig Charakteren einen ganzen Schlüsselbund zu seiner Privatperson in die Hand gedrückt. Ich wende nur deshalb die Canettische Sammlung von Charakteren auf Canetti selbst an, um Ihnen mit Konfessionen über mein eigenes Innenleben nicht auf die Nerven zu gehen. Der anthropologische Ernst der Sache wird jedoch nur deutlich, wenn wir sie am einzelnen Menschen ausprobieren: „Über einen einzelnen Menschen, wie er wirklich ist, ließe sich ein ganzes Buch schreiben. Auch damit wäre er nicht erschöpft und käme man mit ihm nie zu Ende. Geht man aber dem nach, wie man über einen Menschen denkt, wie man ihn heraufbeschwört, wie man ihn im Gedächtnis behält, so kommt man auf ein viel einfacheres Bild: es sind einige wenige Eigenschaften, durch die er auffällt und sich besonders von anderen unterscheidet. Diese Eigenschaften übertreibt man sich auf Kosten der übrigen und sobald man sie einmal beim Namen genannt hat, spielen sie in der Erinnerung eine entscheidende Rolle. Sie sind, was sich einem am tiefsten eingeprägt hat, sie sind der Charakter."[9]

Das ist ein Bericht aus der Werkstatt des „Ohrenzeugen", könnte aber genausogut aus Canettis früherer Wiener Werkstatt der *Blendung* und der Bühnenstücke stammen: Vereinfachung der Vielfältigkeit eines Erscheinungsbildes, übertreibende Zuspitzung und die poetische Kreativität bei der Erfindung eines Namens. Wenn wir genau hinschauen, wird hier jedoch nichts anderes beschrieben als ein psychologischer Mechanismus, der generell und dauernd beim Umgang der Menschen untereinander abläuft. Auch wenn es uns oft nicht bewußt ist, aber man kann in sozialpsychologischen Experimenten jede einzelne Funktion dieses Mechanismus auch abseits der Dichterwerkstatt im Alltag nachweisen, bis hin zu dem Punkt, an dem unter populärpoetischem Druck die Spitznamen herausspringen. Niklas Luhmann würde uns die Funktion dieses Mechanismus als „Reduktion von Komplexität" erklären, mit der wir den Charakter fremder Völker, unserer benachbarten Nationen, unserer Nachbarn und Kollegen und Freunde auf den boshaften oder liebevollen Punkt bringen.

Wenn Canetti im *Ohrenzeugen* exakt diesen Mechanismus bewußt einsetzt, dann nicht, um das, was wir immer schon unwillkürlich tun, als Schriftsteller ebenfalls zu tun, sondern um uns etwas am Menschen zu zeigen, was wir sonst nicht zu sehen bekämen. Gewiß handelt es sich bei den Charakterfiguren im *Ohrenzeugen* um Vereinfachungen, aber wenn wir uns an sein Geständnis erinnern, daß er selbst sich mindestens in zwanzig dieser Figuren wiedererkannte, sehen wir, daß wir es hier zugleich auch mit einer Vervielfachung zu tun haben. Es werden die komplexen Individuen also keinesfalls nur auf irgendeinen manisch-monochromen Nenner gebracht, sondern umgekehrt: Wer als Individuum glaubt, mit sich selbst identisch zu sein, erfährt bei der Besichtigung des *Ohrenzeugen*, wie viele verschiedene Charaktere und Schattenfiguren in ihm leben und am Werk sind.

Ich sagte, zu Canettis eigenem Seelenpersonal gehören unter anderen der „Ohrenzeuge", die „Königskünderin", der „Namenlecker" und der „Gottprotz". Was ich nicht gesagt habe und nicht sagen wollte, ist, daß Canetti eine Königskünderin, ein Namenlekker oder ein Gottprotz sei. Und genau hierauf kommt es an beim Verständnis dieses Buches. Das Buch ist - wie gesagt - kein hämisches Handbuch zur Artenbestimmung und zur Disqualifizierung unserer Mitmenschen mit dem Zeigefinger. Daß mit den drei oder zehn oder zwanzig Figuren aus dem *Ohrenzeugen*, in denen wir uns alle irgendwie wiedererkennen können, noch längst nicht das gesamte seelische Gewimmel, die gesamte psychische Flora und Fauna eines Menschen beschrieben ist, weiß jeder, der *Masse und Macht* gelesen hat. In Canettis Notizen zur *Provinz des Menschen* heißt es: „Der furchtbare Irrtum liegt im Ausdruck ‚der Mensch'; er ist keine Einheit; was er vergewaltigt hat, enthält er alles in sich."[10] In *Masse und Macht* hat Canetti gezeigt, daß die Masse lange schon in den Menschen vorhanden war, bevor sie im letzten Jahrhundert zugleich mit der sich entwickelnden Industriegesellschaft für jedermann zum täglichen Erlebnis wurde. Für Canetti ist die Masse ein Produkt der seelischen Anverwandlung alles dessen, was den Menschen im Laufe seiner Geschichte beeindruckt hat: Herden von Tieren, Massen von Pflanzen, Sand und Sternen sind seitdem in seinem Inneren vorhanden. Er hat dies alles benutzt, um sein Gefühl der Ohnmacht und seine unendliche Sehnsucht nach Macht und immer weiterer Vermehrung zu stillen.

Der Ohrenzeuge. Fünfzig Charaktere. In einem Brief an Dagmar Barnouw hat Canetti sich von dem auf dem Klappentext des Buchs angedeuteten Bezug auf Theophrasts Charaktertypenbeschreibungen distanziert: „Es sind aber viel eher *Figuren* als Charaktere im Theophrastischen Sinn, am ehesten erinnern sie an Gogolsche Figuren."[11] Das Wort Figur hat bei Canetti eine klar umrissene Bedeutung, die in seinem gesamten Werk bis hinein in die Biographie durchgehalten wird. In *Masse und Macht* definiert er, was er unter Figur versteht: Sie ist ein „Endzustand der Verwandlung. Es gehört zu ihr, daß sie eine weitere Verwandlung nicht mehr gestattet. Die Figur ist in allen ihren Zügen begrenzt und klar. (...) Sie ist eine Rettung aus der unaufhörlichen Fluidität der Verwandlung."[12] Die Figur sei nicht natürlich, sie sei Menschenwerk.

Schon die ersten Versuche des frühen Menschen, sich sein eigenes, ihm selbst unfaßbares Innenleben zu vergegenwärtigen, hat zu Totems und zu den Götterfiguren der alten Religionen geführt. Canetti schreibt: „Es lohnt sich, daraufhin einige Götter der Ägypter zu betrachten. Die Göttin Sechmet ist ein Weib mit dem Kopf einer Löwin, Anubis ein Mann mit dem Kopf eines Schakals, Thot ein Mann mit dem eines Ibis. Die Göttin Hathor hat den Kopf einer Kuh, der Gott Horus den eines Falken. Diese Figuren in ihrer bestimmten, unveränderlichen Form, die eine menschlich-tierische Doppelform ist, haben jahrtausendelang die religiösen Vorstellungen der Ägypter beherrscht. In dieser Form sind sie überall abgebildet, in dieser Form sind sie angebetet worden. Ihre Konstanz ist erstaunlich."[13] In den Mythen und Göttergeschichten – für uns die bekanntesten sind die der Griechen – werden die Figuren dann in Bewegung gesetzt, in Situationen und in Beziehungen untereinander und manchmal auch mit den Menschen verwickelt. Das Ganze ergibt am Ende einen unendlichen Kosmos, mit dem sich die Menschen ihr endliches und angstvolles Dasein überwölbt haben.

Noch einmal: Die Figur ist nicht natürlich, sie ist ein Geschöpf des Menschen. Auch in der Literatur, von der griechischen Tragödie bis zum Trivialroman der Gegenwart, von Ödipus bis Derrick, dem Fernsehkommissar, haben wir es ständig und überall mit Figuren zu tun, die sich dem Bedürfnis der Menschen verdanken, ihren subjektiven oder kollektiven Innenraum nach außen in festumrissene Konturen zu projizieren. Mit welcher ungeheuren seelischen Potenz solche Figuren aufgeladen sein können, hat Canetti in einem Kapitel aus dem dritten Teil seiner Biographie beschrieben, dort, wo er über seine Beziehung zu dem Bildhauer Wotruba und dessen steinerne Figur „Der schwarze Stehende" spricht: „Meine Passion zu dieser Figur wurde zum Kern unserer Freundschaft."[14] Canetti beschreibt den *Stehenden* von oben bis unten in seiner ganzen Frontalansicht. „Aber es kam der Augenblick, da man sich losriß, auf der Suche nach der entzogenen Hand. Man fand sie – unerwartet – quer und ungeheuer über den unteren Teil des Rückens ausgestreckt, die Handballen nach außen, überlebensgroß auch an dieser Figur gemessen, und es ist wahr, daß ich vor der Gewalt dieser Hand erschrak. Es war ihr nichts Böses nachzusagen, aber sie war zu allem fähig. Bis zum heutigen Tage", sagt

Canetti, fast fünfzig Jahre nach dieser Begegnung mit dem „Schwarzen Stehenden", „bin ich davon überzeugt, daß um dieser Hand willen die Figur entstand, und daß der, der sie aus dem Basalt schlug, sie verbergen mußte, weil sie übermächtig war, und daß der Mund, der nicht sprechen wollte, *sie* verschwieg und der Ellbogen, der drohend nach außen gerichtet war, den Zugang zu ihr schützte."[15] Über diese Hand habe er nie mit Wotruba gesprochen, aber der Bildhauer sei viel zu gescheit gewesen, um nicht zu bemerken, daß sein Freund begriffen hatte, was er im Basalt gesagt hatte, sagen mußte: Wotrubas Vater hatte seine Söhne in ihrer Jugend wie ein Berserker geschlagen und gezüchtigt, „so hart, daß sie zu Verbrechern wurden". Der Bruder des Bildhauers saß im Zuchthaus, weil er einen Menschen getötet hatte. Der hart in Stein arbeitende Künstler hat, so sagt uns Canetti, am Stigma der Gewalttätigkeit getragen. Sein Bruder war „Kain, der getötet hat", und sein Leben lang habe dieser Bildhauer sich mit der Furcht getragen, selbst einmal töten zu müssen: „Daß er es nie getan hat, verdankt er dem Stein." Dieser Stein ist nicht Wotruba. Aber der Stein, der dort in Wotrubas Atelier stand und den der Künstler während des Krieges auf Nimmerwiedersehen vergraben hat, scheint dem Charakter dieses Künstlers das spezifische Gewicht zu geben. In ihm haben sich die Ängste und zugleich auch der Widerstand eines Menschen gegen sein Ohnmachtsgefühl vor dem Schicksal buchstäblich mineralisiert.

Ich habe von den Figuren gesprochen, die die Menschen der Frühzeit als Totems aufgestellt haben, von den Göttern, die sie in ihren mythischen Religionen an den Himmel projiziert haben. Canetti hat in *Masse und Macht* das massenhafte Gewimmel im menschlichen Psychohaushalt als den Ursprung der modernen Massengesellschaften beschrieben. Der Autor von *Masse und Macht* wird im „Internationalen Soziologenlexikon"[16] als Soziologe geführt, in Wirklichkeit aber ist er ein Psychologe oder - wenn man so will - ein Sozialpsychologe, und als solchen müßte man ihn - wenn es den Ausdruck geben würde und dieser nicht so biologistisch klingen würde - als eine Art Molekularpsychologen bezeichnen, der im *Ohrenzeugen* und auch in seinen anderen Werken die Seele mikroskopiert hat. Denn die Figuren, die er immer wieder wie mit einem Mikroskop aus dem großen Millionen- und Milliardengewimmel unseres Seelenraums herausgeholt hat, sind keine Charaktere in jenem landläufigen Sinne, in dem wir dieses Wort im Alltag benutzen, sondern allenfalls Charaktermoleküle, kleinste psychische Verbindungen, von denen es unzähliger bedarf, damit am Ende so etwas wie ein Charakter entsteht.

Während Canetti mit Hilfe seiner Vergrößerungstechnik die kleinen Regungen und Bewegungen der Seele aus dem fließenden Chaos heraushebt, gewinnen vor unserem Auge immer neue elementare Gestalten Konturen. Im *Ohrenzeugen* ist dies - anders als in *Masse und Macht* - nicht mehr ein archaisches Figurensortiment, sondern es handelt sich um Gestalten der Seele im technischen Zeitalter der modernen Industrie- und Freizeitgesellschaft. Archaisch daran sind allenfalls noch die blinden, unwillkürlichen Zukkungen und Strebungen, von denen die Motorik dieser Figuren bestimmt wird.

Diese Bewegungen streben in zwei verschiedene Richtungen. Die eine Bewegung ist immer nach außen gerichtet, sie ist darauf aus, die Distanz zu anderen Gestalten zu verringern. In ihr kommt ein Drang zur Kontamination, zur Symbiose, zum Parasitären zum Ausdruck. Die Figuren strecken ihre Tentakel aus, um sich parasitenhaft an anderen festzusaugen. Sie beziehen ihre Lebensnahrung und Existenz aus der Außenwelt, von ihren Mitmenschen. Der „Namenlecker" ist hierfür ein typisches Exemplar. Ich habe seine panische Angewiesenheit auf andere geschildert, die er berühren muß, mit denen er sich anfüllen muß, um sich selbst dann am Ende von anderen bewundern zu lassen, die in ihm die anderen berühren. Die zweite elementare Bewegung ist die der Separation, ein reflexhaftes In-sich-Zusammenziehen. Die Figuren verkriechen sich schneckenhaft, moluskelhaft in sich selbst, sie fliehen vor den anderen in die Reinheit der eigenen abstrakten Charakteristik. Dieser Bewegungstypus ist besonders prägnant an der Figur des „Verschleppers" zu beobachten, der ständig seine Post verlegt, das heißt den Beziehungsfaden zur Außenwelt abschneidet. Die dringlichen Briefe „versteckt er so gut, daß sie nie mehr zu finden wären". Ein Stück weiter in Canettis Beschreibung heißt es: „Der Verschlepper geht Menschen aus dem Weg, die ihn an etwas erinnern. Passiert es ihm doch, so schrumpft er ein ... Er hält sich für frei, weil nichts geschieht, denn alles was geschieht, hat Folgen. Man kennt ihn gut, weil er so verborgen lebt." Auch die „Verblümte" steht unter diesem Reflex, sich immer mehr auf sich selbst zusammenzuziehen. „Die Verblümte" ist eine Figur, die nur durch die Blume reden kann, die immer etwas anderes sagt, als sie meint, und alle direkten Worte meidet. „Die Verblümte zeigt ungern etwas von sich her und schämt sich für alles, auch für Worte. (...) Ihre Bedürfnisse sind auf ein Minimum eingeschrumpft, sie weiß von Dingen, die sie auf keinen Fall einkaufen könnte, da sie entsetzliche Namen tragen. Hungern tut sie schon, aber sie darf nicht krank werden, denn es gibt Teufel auf der Welt, die Ärzte heißen und einen unverblümt fragen, wo es weh tut."[17]

Diese beiden unwillkürlichen, sozusagen ins „Nervensystem" der Canettischen Charaktermoleküle imprägnierten Bewegungsrichtungen sind wahrscheinlich archaischer Natur, aber in ihnen kommt zugleich die endogene Motorik zum Vorschein, durch die die Abermillionen Individuen in der modernen Massengesellschaft bewegt werden. Denn die Massengesellschaft ist ja nicht von vornherein als das Ende des Individuums in die Welt gekommen, sondern – im Gegenteil: Sie ist das Ergebnis der radikalen Individualisierungsprozesse, die seit dem Beginn der Neuzeit abgelaufen sind. Philosophen und Sozialhistoriker haben diesen Entstehungsprozeß der Moderne schon hundertfach beschrieben. Zuerst haben sich die Individuen aus ihren hergebrachten religiösen, sozialen und familiären Denk-, Gefühls- und Lebenszusammenhängen herausgelöst, um sich immer mehr auf ihr Selbstsein, ihr Einzelsein und auf ihre Einzigartigkeit zu kaprizieren. Diese Entwicklung wurde euphorisch als der Weg in die Freiheit gefeiert, führte jedoch in Wirklichkeit zugleich in eine soziale Atomisierung, bei der die Mehrheit manchmal in Angst und Panik zu vergehen glaubte. Erst die massenhaft isolierten Atome fügen sich willig, ja sehnsuchtsvoll zur großen, manipulierbaren Masse zusammen, die sich am Ende – das haben dann die Nazis gezeigt – wie Teig oder Knete formieren oder – das haben uns die Modemacher gezeigt – mit Firmenetiketten und Markennamen bedruckt als zahlende Werbesäule nutzen läßt.

Die fünfzig Figuren, die Canetti im *Ohrenzeugen* beschrieben hat, sind natürlich nur ein kleiner Ausschnitt aus einer unendlichen Zahl möglicher Charakterfiguren oder Charaktermoleküle, die einem Menschen innere Gestalt und Charakter geben. Die Beschreibung des *Ohrenzeugen* als das Ergebnis einer Canettischen Molekularpsychologie mag manchem wie psychologische Science-fiction vorkommen – aber auch der Autor der *Wahlverwandtschaften* und der des *Hyperion* waren unter akademisch-psychologischen Gesichtspunkten und im Blick auf den Stand des Wissens über die Seele in ihrer Zeit Science-fiction-Autoren. Der zombiehafte Seelenzustand der Deutschen, den Hyperion in seinen Briefen an Diotima beschreibt, ist ja erst sechzig oder hundert Jahre später in Deutschland richtig in Erscheinung getreten. Sie erinnern sich an die Stelle, wo die Deutschen von Hölderlins *Hyperion* regelrecht als Maschinenmenschen beschrieben werden, vor denen man nur die Flucht ergreifen kann. Mit kalter Präzision bewegen sie sich hin und her, gänzlich gefühllos und ohne Gespür für das Leben: „Handwerker siehst du, aber keine Menschen, Denker, aber keine Menschen, Priester, aber keine Menschen, Herrn und Knechte, Jungen und gesetzte Leute, aber keine Menschen."

Bei Canetti sind die winzigen Moleküle und Regungen der Seele wie unter einem Mikroskop anschaubar geworden, und was wir bei ihm zu sehen bekommen, wirkt wie eine Serie von Figuren aus einer anderen Welt, einer Welt, die uns fremd ist und doch bekannt vorkommt, aus einer merkwürdigen Zwischenwelt, die zwischen unserer Alltagswirklichkeit und der Finsternis unseres Unbewußten liegen muß, einer Welt, in der unsere intimsten Regungen auf beängstigende Weise bis ins Absurde auf die Spitze getrieben, verzerrt und überzerrt werden.

Wie unter einem Mikroskop: Vor mehr als zehn Jahren habe ich in meinem ersten Versuch zu einem Gesamtaufriß des Canettischen Werks – damit wäre ich wieder am Anfang meines Referats – von einer „Mikroskopie der Angst" gesprochen und diese Mikroskopie der Angst als die Grundlage eines merkwürdigen, von Canetti angewandten Realismus beschrieben. „Mikroskopie der Angst" sollte nicht heißen, daß bei ihm die Angst mikroskopiert wird, sondern daß die Angst, oder meinetwegen auch das Adrenalin, von dem unser Nervensystem oder Gehirn von Zeit zu Zeit überschwemmt wird, unter Umständen wie ein Vergrößerungsglas zu wirken vermag. Dabei verändern sich unsere Wahrnehmungen. Wir kennen das aus den Erfahrungen und Aufzeichnungen von Depressiven, die hier natürlich nur den Extremfall bezeichnen. Das, was uns am nächsten steht und uns gänzlich vertraut erscheint, wird plötzlich wahnsinnig groß, fremd, beängstigend und manchmal sogar lebensbedrohlich.

„Am stärksten wuchert die Angst, es ist nicht zu sagen, wie wenig man wäre ohne erlittene Angst"[18], hat der fast siebzigjährige Canetti schon in seinem biographischen Rückblick auf seine Kindheit geschrieben und uns dann immer wieder in seinen drei biographischen Bänden gezeigt, daß seine und wahrscheinlich auch unsere Realität in ihren bewegendsten Momenten nur in den angstvoll vergrößerten Partikeln begreifbar wird.[19]

Science-fiction – Wissenschafts-Erfindung? Ich glaube, Canetti hätte das scheinbar unerträgliche Spannungsgefüge, das in dieser Wortverbindung liegt, überhaupt nicht als Einwand gegen den Wirklichkeitsgehalt seiner Aussagen betrachtet. Als er seinerzeit versuchte, die Ursprünge und Wurzeln des Faschismus zu verstehen, war er sich selbst oft nicht sicher, ob er seine Erkenntnis mehr einem Talent zur Erforschung von Masse und Macht oder seiner Erfindungskraft verdankte. „Er hat einen neuen Homunkulus *erfunden*, den Befehlsstachel. Es ist ein gutes Wort, aber das Wort allein kann es nicht schaffen, man muß es in Umlauf setzen und bei seinem Treiben beobachten."[20] Der Befehlsstachel steht im Zentrum von Canettis Theorie des Befehls. Auch von seinen fünfzig Charakteren heißt es bei ihm später: „Man braucht sie nur zu erfinden, um sie zu sehen."[21]

Man braucht nur etwas zu erfinden, um es dann in der Wirklichkeit zu sehen, wiederzufinden. Nicht anders dürfte es dem österreichischen Erfinder des Ödipuskomplexes oder seinem ebenfalls berühmten Schüler aus der Schweiz mit seinem Seelenzwillingspaar Animus und Anima und dem Gewimmel der Archetypen in unserer Seele ergangen sein: Man brauchte die Namen nur in Umlauf zu setzen, und bald schon hatte man sie täglich auf der Couch. Erst muß nur *einer* sie sehen, beschreiben und benennen, dann sehen immer mehr sie und immer häufiger, bis sie am Ende wie Wittgensteins Tractatus-Leiter, mit der wir in eine andere Welt, auf eine andere Ebene der Wirklichkeitswahrnehmung hinaufgestiegen sind, wieder hinter uns zurückbleiben.[22] Sie bemerken, daß ich dem genius loci dieser wunderbaren Stadt meine hochachtungsvolle Reverenz erweise, denn ich denke: genau so wie diese Wittgensteinsche Erkenntnisleiter kann man das Figurenkabinett des Dr. Canetti nutzen, der als promovierter Chemiker in einem langen Schriftstellerleben zum Molekularpsychologen geworden ist: benutzen zum Aufstieg, was auch heißt, Abstieg in den Seelenhades, der in uns ist.

Anmerkungen

1) Friedrich Schlegel, „Über Lessing", in: *Schriften zur Literatur*, München 1972, S. 244

2) Jürgen P. Wallmann, „Der Leidverweser. Kompendium skurriler Charakterskizzen: Elias Canettis Buch *Der Ohrenzeuge*", Nürnberger Nachrichten, 10.9. 1974

3) Uwe Pörksen, „Elias Canetti: *Der Ohrenzeuge*", in: *Neue Deutsche Hefte 21*, 1974, S. 844-847

4) Elias Canetti, *Der Ohrenzeuge. Fünfzig Charaktere*, S.7. Im weiteren zitiert unter Ohz mit Seitenangabe.

5) Ohz, S. 49

6) Ohz, S. 86

7) Ohz, S. 19

8) Vgl. hierzu Elias Canetti, *Die Provinz des Menschen. Aufzeichnungen 1942 - 1972*, München 1973. Im weiteren zitiert unter PdM mit Seitenangabe: „Das ganz konkrete und ernsthafte, das eingestandene Ziel meines Lebens ist die Erwartung der Unsterblichkeit für die Menschen. Es gab Zeiten, da ich dieses Ziel der zentralen Figur eines Romans leihen wollte, die ich bei mir den ‚Todfeind' nannte. Während dieses Krieges wurde mir klar, daß man Überzeugungen von solcher Wichtigkeit, eigentlich eine Religion, unmittelbar und ohne Verkleidung aussprechen müsse. So verzeichne ich jetzt alles, was mit dem Tod zusammenhängt, so wie ich es den anderen selber mitteilen will. (...) Ich muß mich schon selber lächerlich machen. Mit dem feigen Vorschieben einer Figur ist nichts getan. Auf diesem Feld der Ehre darf ich fallen, und wenn sie mich wie einen namenlosen Köter verscharren, wie einen Rasenden verschreien, wie eine bittere, eine hartnäckige, unheilbare Qual meiden." PdM, S. 52 f.

9) Canetti auf der Hülle der Schallplatte, auf der Canetti 16 der „Ohrenzeugen"-Charaktere gesprochen hat. Deutsche Grammophon, Literatur, 1974.

10) Ohz, S.64

11) Zitiert in Dagmar Barnouw, *Elias Canetti*, Stuttgart 1979.

12) Elias Canetti, *Masse und Macht*, Hamburg 1960, Band 2, S. 111. Im weiteren zitiert unter MuM mit Band- und Seitenangabe.

13) MuM, Band 2, S. 111

14) Elias Canetti, *Das Augenspiel*, München, S. 121

15) Ebd., S. 120 f.

16) *Internationales Soziologenlexikon*, Band 2, hrsg. von Wilhelm Bernsdorf und Horst Knospe, 2. neubearbeitete Auflage, Stuttgart 1980, S.121

17) Ohz, S. 84 f.

18) Elias Canetti, *Die gerettete Zunge. Geschichte einer Jugend*, Frankfurt am Main, S.65. Im weiteren zitiert unter GZ mit Seitenangabe.

19) In der Biographie Canettis gibt es eine Reihe von Beispielen für diese Mikroskopie der Angst, bei der sich plötzlich die übergreifenden Zusammenhänge auflösen und die Einzelheiten auf erschreckende Weise konturscharf, scharfkantig werden. Etwa wenn Canetti über sich als Kind erzählt, das im Salon seiner Eltern den Gästen seine ersten Französischkenntnisse vorführen soll und dabei - wie der alte Canetti schreibt - von einer „schamlosen Meute" ausgelacht wurde. „Ich wollte es ihnen aber zeigen und ließ mich nicht beirren, ich sprach die Geschichte zu Ende. Als es soweit war, bogen sich alle vor Lachen. Mr. Calderon, der immer der lauteste war, klatschte in die Hände und rief: Bravo! Bravo! Onkel Sam, der Gentleman, brachte den Mund nicht mehr zu und fletschte alle seine englischen Zähne. Mr. Innie streckte seine riesigen Schuhe weit vor, lehnte den Kopf nach hinten und heulte. Selbst die Damen, die sonst zärtlich zu mir waren und mich gern auf den Kopf küßten, lachten mit weit offenem Mund, als ob sie mich im nächsten Augenblick verschlingen würden. Es war eine wilde Gesellschaft, ich fürchtete mich und schließlich begann ich zu weinen." GZ, S. 64

20) PdM, S. 195. Hervorhebung von mir.

21) Dagmar Barnouw, a.a.O., S. 106

22) 6.54 „Meine Sätze erläutern dadurch, daß sie der, welcher mich versteht, am Ende als unsinnig erkennt, wenn er durch sie - auf ihnen - über sie hinausgestiegen ist. (Er muß sozusagen die Leiter wegwerfen, nachdem er auf ihr hinaufgestiegen ist.) Er muß diese Sätze überwinden, dann sieht er die Welt richtig." Ludwig Wittgenstein, *Tractatus logico-philosophicus*, Frankfurt 1971, S. 115. Wittgenstein hat seinen Tractatus nicht als Philosophie, sondern als *den Weg* zur Philosophie geschrieben. Die Philosophie selbst hat es in ihrem Innersten mit dem Unaussprechlichen zu tun : 6.522 „Es gibt allerdings Unaussprechliches. Dieses *zeigt* sich, es ist das Mystische." 6.53 „Die richtige Methode der Philosophie wäre die: Nichts zu sagen..." Ich vermute, daß es der Psychologie im „Innenraum der Seele" nicht anders ergeht. Darum schweigen die guten Therapeuten so beharrlich, wenn sich bei ihren Patienten die Seele öffnet. Auch die Psychologie kann deshalb nur in Bildern und Gleichnissen reden, die sich, sobald sie ihren Zweck erfüllt haben, meistens in diesem Wittgensteinschen Sinn als „Unsinn" erweisen. So geht es seit einiger Zeit wohl dem Freudianischen Ödipus, der heute am ehesten noch den Deutschlehrern an den Gymnasien zu Erkenntnisfreuden verhilft. In Bildern und Gleichnissen reden auch die Dichter und oft genug besser als die Psychologen, was nicht heißt, daß es sich bei ihren Bildern nicht ebenfalls oft genug um „Unsinn" handeln würde.

„...DARAUF BEDACHT, DIE GANZE WELT ZU SCHLUCKEN“

Macht und Überleben des Ersten Kaisers von China[1]

Rüdiger Vaas

„Der Kampf des Menschen gegen die Macht ist der Kampf der Erinnerung gegen das Vergessen.“
Milan Kundera

„In der Geschichte eines Landes, das wir alle gleicherweise verehren, ... gibt es ein furchtbares Ereignis, ein Verbrechen von mythischer Größe, das ein Machtteufel auf Einflüsterung eines noch weit teuflischeren Beraters an euch verübt hat. Im Jahre 213 vor Christi Geburt wurden auf Befehl des chinesischen Kaisers Shi-Hoang-Ti, eines brutalen Usurpators, der es gewagt hat, sich den Titel ‚Der Erste, Erhabene, Göttliche‘ beizulegen, sämtliche Bücher Chinas verbrannt ... sein erster Minister Li-Si ... wußte ihn in einer geschickten Eingabe zu dieser nie erhörten Maßnahme zu veranlassen. Auch auf bloße Gespräche über das klassische Liederbuch und das klassische Geschichtswerk der Chinesen stand der Tod. Die mündliche Tradition sollte zugleich mit der schriftlichen ausgerottet werden.“[2]

So läßt Elias Canetti den Protagonisten seines Romans *Die Blendung*, den Sinologen Peter Kien, in einem ersten Anflug von Irrsinn zu den Büchern seiner Bibliothek sprechen. Für den Leser ist dies schon ein Vorgriff auf das flammende Finale des Romans, denn am Ende gerät nicht nur die Bibliothek, sondern auch Kien selbst ins Feuer.

Um 248 v. Chr. soll sich besagter Li Si[3] (ca. 280 - 208 v. Chr.) aus Han von seinem Lehrer Xunzi mit den folgenden Worten verabschiedet haben, die seine Machtgelüste schon bezeugen: „Ich habe gehört, daß man sich eine gute Gelegenheit nicht entgehen lassen soll. (...) Und nun ist der König von Qin darauf bedacht, die ganze Welt zu schlukken und mit dem Titel Kaiser zu regieren. Dies ist der Zeitpunkt für Nichtadlige, sich zu rühren. (...) Ich habe daher vor, gen Westen zu ziehen und den König von Qin zu beraten.“[4] Dieser, Zhuangxiang mit Namen, starb bereits 247, und Li Si trat in die Dienste von Lü Buwei. Der war Kaufmann gewesen und mit König Zhuangxiang befreundet, dessen 13jähriger Sohn Zheng ein Jahr später den Thron bestieg, aber noch unter Lü Buweis Vormundschaft stand. 237 v. Chr. verbannte Zheng dann Lü Buwei und stellte seine eigene Mutter unter Hausarrest, da die beiden gegen ihn ein Komplott geschmiedet hatten. Zheng war nunmehr König von Qin, und Li Si avancierte zum Justizminister. Mit seiner Hilfe sollte es gerade 16 Jahre dauern, bis Qin alle umliegenden Staaten unterworfen und damit tatsächlich die ganze, damals dort bekannte zivilisierte Welt *geschluckt* hatte. So wurde Zheng zum Ersten Kaiser von China, wie das nach seinem Staat Qin benannte Land heute noch heißt.[5]

Im folgenden sollen Herrschaft und Charakter dieses Kaisers vor dem Hintergrund der Theorie von Macht und Überleben betrachtet werden, wie sie Elias Canetti vor allem in *Masse und Macht* dargestellt hat.

Der Aufstieg zur Macht und die Einverleibung der Welt

Zheng war von Beginn seiner Herrschaft an auf die Ausweitung und Sicherung seiner Macht bedacht. Die Staatsphilosophie der sogenannten Legalisten war dafür sowohl maßgebend als auch Rechtfertigung. Im Gegensatz zu der Tugend/dem alten patriarchalischen Ritual (Li) des Konfuzianismus erhoben die Legalisten, die ihre Werke und Überlegungen als Anleitungen für die Herrscher verstanden, die Norm, das absolute Gesetz (Fa) zum entscheidenden Wert. Sie propagierten ein für jedermann geltendes Rechtssystem, eine Ordnung, die Widersprüche und andere Lehren nicht duldete und Verstöße mit harten Strafen beantwortete. Insbesondere Li Sis einstiger Kommilitone Han Feizi riet den Herrschern, ihre Ziele unnachgiebig und notfalls rücksichtslos durchzusetzen. Seine Schriften hält übrigens auch Canetti „gerade für den eingefleischten Gegner der Macht (für) unerläßlich".[6] Als Zheng seine *Fünf Läuse* las, eine höchstens mit Niccolò Machiavellis *Der Fürst* vergleichbare Anleitung für den Mächtigen und Warnung vor dessen Feinden, soll er ausgerufen haben: „Wenn ich doch ihrem Verfasser einmal begegnen und mich mit ihm unterhalten könnte, so würde ich ohne Bedauern sterben."[7] Als es 233 zu einem Treffen kam, erwies sich dieses aber nicht für den König, sondern für den Philosophen als tödlich. Weil Zheng ihn der Konspiration mit dem feindlichen Staat Han verdächtigte, aus dem Han Feizi kam, trieb er ihn auf Anraten Li Sis in den Selbstmord. Möglicherweise kompensierte Li Si auf diese Weise seine Unterlegenheitsgefühle gegenüber dem berühmt gewordenen Kommilitonen. Li Si war es auch, der von Anfang an ein Agenten- und Spionagenetz betrieb und Gegner in den umliegenden Staaten bestechen oder umbringen ließ. Dies war freilich nur ein Grund für Qins militärische Erfolge. Obwohl relativ klein, aber strategisch günstig gelegen, hatte der Staat im Westen der heutigen Volksrepublik gute Voraussetzungen für seine Eroberungskriege. Ökonomisch gesehen bot die mächtige Lößlandschaft, insbesondere nach der Eröffnung eines 150 km langen Bewässerungskanals 246 v. Chr., reiche und sichere Getreideernten, zumal bereits Eisenwerkzeuge den Ackerbau zu erleichtern begannen. Dies machte die Einnahme von hohen Steuern möglich, aber auch die Einberufung und Versorgung vieler Bauern als Soldaten.

Ab etwa 400 v. Chr. wurden die aristokratischen Schau- und Wagenkämpfe mehr und mehr von einer professionellen und durchorganisierten Kriegsführung verdrängt. Die Staaten Qin und Chu konnten bis zu einer Million Mann ins Feld schicken. Der Krieg wurde zum Massenphänomen. Qin brach zuerst den Vorrang der erblichen Aristokratie innerhalb des Heeres und beförderte nur die Tapfersten und Tüchtigsten in die oberen Rangstufen. Die Disziplinargesetze waren allgemein sehr streng. In Shunzis Abhandlung *Über die Kriegskunst* ist darüber zu lesen: „So gab es beispielsweise in der Zeit, als Chu gegen Qin kämpfte, einen Offizier, der vor Beginn der Schlacht seinen Kampfeseifer nicht beherrschen konnte. Er ging allein vor, schlug ein paar Köpfe ab und kehrte zurück. Der Chu-General befahl, ihn hinzurichten. Obwohl er darauf hingewiesen wurde, wie fähig und tapfer dieser Offizier sei, erklärte der General: ‚Ich zweifle nicht daran, daß er ein tüchtiger Offizier ist, aber er ist ungehorsam.' Daraufhin schlug er ihm den

Kopf ab."[8] Wenn es auch nicht möglich ist, den Wahrheitsgehalt dieses Berichts zu überprüfen, zeigt er doch, wie sehr auf die Ausführung der Befehle Wert gelegt wurde. Die Brutalität der Kriege war ebenfalls enorm. Als Qin 260 v. Chr. in der Schlacht von Chang Ping das Heer von Zhao besiegte, sollen 400 000 Gefangene niedergemetzelt worden sein.

„Wie eine Seidenraupe ein Maulbeerblatt verschlingt", so schrieb der Historiker Sima Qian (ca. 145 - 80 v. Chr.), vereinnahmte Qin einen Staat nach dem anderen.[9] Seine *Shiji* (*Aufzeichnungen eines Historikers*) sind das älteste überlieferte Geschichtswerk Chinas und das ausführlichste und wichtigste Zeugnis über den Ersten Kaiser.[10] (Da Sima Qian dem Konfuzianismus nahestand, der unter dem Kaiser stark zu leiden hatte, sind manche seiner Aufzeichnungen wahrscheinlich einseitig gefärbt und übertrieben, zum Teil sogar nachweislich falsch. Mit der gebührenden Vorsicht betrachtet, ist sein Werk dennoch von unschätzbarem Wert auch für Einsichten in Qin Shihuangdis Charakter und die Mechanismen seiner Machtausübung.) So berichtete er von Zheng: „Jedesmal, wenn Qin einen Feudalfürsten besiegt hatte, kopierte er den Plan seines Palastes und errichtete ihn neu in Xianyang am nördlichen Ufer." Tatsächlich fanden Archäologen unter den Relikten der damaligen Hauptstadt von Qin Traufziegel, in die die Schriftzeichen für die Feudalstaaten Chu und Wei eingepreßt worden waren. In Sima Qians Aufzeichnungen heißt es auch, diese Paläste „beherbergten die schönen Frauen und die Einrichtungen, die in den verschiedenen Staaten erbeutet worden waren"[11]. Diese sublimierten Formen von *Einverleibungen* erinnern an die Gebräuche sogenannter Primitivvölker, die Kräfte des besiegten Feindes in sich aufnehmen und ihrer eigenen Stärke zuführen zu wollen.[12] Auch alle im Reich vorhandenen Waffen wurden nach den Kriegen nach Xianyang geschafft, „wo sie in Glocken und Glockenspiele sowie in zwölf menschliche Figuren umgeschmolzen" und in Zhengs Palast aufgestellt worden sind.[13] Die Machtmittel der Feinde dienten damit nun dem Ruhm des Siegers.

Das östliche Zhou war bereits 249 erobert worden; König Zheng unterwarf dann 230 Han, 228 Zhao, 225 Wei, 223 Chu, 222 Yan und 221 schließlich Qi. Damit war er Herrscher von ganz China. Um dies allen deutlich zu machen und sich von den Königen (Wang) abzusetzen, beschloß er, sich fortan Qin Shihuangdi zu nennen, was die Vorstellung der Göttlichkeit oder zumindest des göttlichen Wohlwollens beinhaltete und ungefähr mit „Erster Gottkaiser/Göttlicher/göttlich Erhabener von China" übersetzt werden kann. Dieser Titel geht zum einen auf den Begriff Di zurück, der im Altertum zunächst für Opferungen, dann auch zur Bezeichnung der Gottheiten, denen geopfert wurde, und schließlich für die sagenhaften Herrscher Verwendung fand. Huang gehört zum Bedeutungsfeld „mehren, Glanz". Huangdi leitet sich aus der Bezeichnung für die Drei Majestäten (Sanhuang) ab, Fuxi, Shennong und dem ersten der legendären Fünf Kaiser (Wudi). Ferner betrachteten die Taoisten den „Gelben Kaiser" Huangdi als den alten Weisen, auf den ihre Lehren zurückgingen, dessen Regierungszeit ein Goldenes Zeitalter war und der als Unsterblicher (Xian) gen Himmel fuhr. Der Erste Kaiser erwartete mit Bestimmtheit, ebenfalls in diesen erwählten Kreis aufgenommen zu werden; und sein Titel sollte zum Ausdruck bringen, daß er alle seine Vorgänger übertraf und vereinnahmte. Mit Shi (der Erste) beanspruchte er zudem, der Ausgangspunkt einer langen Herrscherabfolge zu sein, einer Dynastie aus zehntausend Kaisern, die ihre Generationenzahl im Titel führen sollten. Insofern sollte seine Macht gleichsam die *Ordnung der Zukunft* gewährleisten[14] und bereits im Namen in Masse und Unsterblichkeit umschlagen.

Ordnung der Macht und Macht der Ordnung

Die Lehen und den alten Feudaladel schaffte Qin Shihuangdi sofort ab und dehnte den freien bäuerlichen Landbesitz auf ganz China aus. So entzog er vielen Widersachern die Macht. Zudem wurden zwischen 221 und 213 zahlreiche vermögende oder früher der Aristokratie angehörige Familien von ihren bisherigen Wohnsitzen überall im Land nach Xianyang umgesiedelt, der Hauptstadt des Kaiserreiches. Dort waren sie von ihrer Anhängerschaft isoliert, ohne jeden Einfluß und leichter zu kontrollieren. Allein 120 000 Familien sollen 221 v. Chr. solchermaßen zwangsversetzt worden sein.

Qin Shihuangdi ließ sein Reich in Verwaltungsregionen einteilen, die in Kreise unterteilt waren und jeweils einem Zivilverwalter und einem Militärgouverneur unterstanden. Diese wurden von der Zentralregierung ernannt, waren jederzeit absetzbar und wurden von Aufsichtsbeamten kontrolliert. Die Leitung der Kreise hatten Präfekten inne. Dieses zentralisierte, bürokratische Regierungssystem ließ für den Feudalismus keinen Platz mehr; es glich einem engmaschigen Spinnennetz, das alles überzog und dessen Fäden direkt oder indirekt immer zum Kaiser führten.

Wahrscheinlich auf Li Sis Anraten befahl Qin Shihuangdi nun eine umfassende Reform und Vereinheitlichung der Maße und Gewichte, des Münz- und Transportwesens und der Schrift. „Im 26. Jahr seiner Regierung (221 v. Chr.) annektierte Qin Shihuangdi alle feudalen Länder unter dem Himmel, brachte dem Volk Frieden und erklärte sich zum alleinigen Herrscher. Dann erließ er eine Anordnung an seine Minister, mit der er ihnen befahl, alle Gesetze, Gewichte und Maße ... zu ordnen und zu vereinheitlichen." So steht es auf einem ovalen eisernen Gewicht geschrieben.[15] Und eine Inschrift um 219 v. Chr. lautet: „Im 28. Jahr seiner Regierung eröffnet Qin Shihuangdi ein neues Zeitalter. Regeln und Maße werden berichtigt, alles wird in Ordnung gebracht. (...) Qin Shihuangdi in seiner Weisheit, Güte und Gerechtigkeit hat alle Gesetze und Schreibweisen vereinheitlicht. (...) Werkzeuge und Maße sind dieselben, die Schriftzeichen sind vereinheitlicht. Wo immer Sonne und Mond zu sehen sind, wo immer man mit Boot oder Wagen hinfahren kann, gehorchen die Menschen ihren Befehlen und befriedigen ihre Wünsche. (...) Die gesamte Welt ist das Reich des Qin Shihuangdi ...; wo auch immer es Leben gibt, erkennen alle seine Oberherrschaft an."[16]

So reglementierte der Kaiser praktisch alle Aspekte des täglichen Lebens. Die Vielfalt der Zahlungsmittel und Maßeinheiten der Feudalstaaten verschwanden, um eine einheitliche Besteuerung durchsetzen zu können. Die Karren bekamen einheitliche Spurweiten. Auch die bis heute gültige sogenannte kleine Siegelschrift wurde durch Normierung der Schriftzeichen und Dezimierung um gut 50 Prozent auf nun noch etwa 3000 durchgesetzt – eine Maßnahme, die eine gemeinsame Kommunikation trotz der vielen unterschiedlichen Dialekte in China zumindest auf schriftlicher Basis bis heute möglich gemacht hat.

Eine solche umfassende Neuordnung der Strukturen des Zusammenlebens in einer so kurzen Zeit auf so großem Raum ist in der Menschheitsgeschichte beispiellos. Hier zeigt sich besonders deutlich, wie die Ordnung der Macht in eine *Macht der Ordnung* umschlägt. Damit sind die Befehle des Herrschers, beschönigend Gesetze genannt, buchstäblich überall. Und so lange er diese Strukturen besetzt hält, kontrolliert er den Alltag auch gleichsam von innen heraus. Solche Aspekte der Macht sind in Canettis Hauptwerk allerdings kaum thematisiert worden. („Für alle größeren politischen Formationen wird die *Ordnung* wichtig", heißt es allerdings an einer Stelle.[17])

Über die praktischen Vorteile der Regelungen und Bestimmungen für die Machterhaltung hinaus, scheint es für sie auch religiöse Hintergründe gegeben zu haben. Qin Shihuangdi war, nach allem, was von ihm überliefert ist, ganz im Gegensatz zu Li Si ziemlich abergläubisch. Sima Qian notierte in seinen Aufzeichnungen: „Qin Shihuangdi entwickelte die Lehre von der zyklischen Abfolge der Fünf Elemente. Er glaubte, daß die Machtbefugnis von Chu durch die von Qin abgelöst worden sei, weil das Element von Qin das Wasser und das von Chu Feuer wäre. So begann die Ära der Herrschaft des Wassers. Er glaubte, daß alles, was durch Gesetze bestimmt war, mit Härte durchgesetzt werden müsse, um das Wasser in seine Stellung einzusetzen. Nur unnachgiebige, erbarmungslose Strenge konnte die Fünf Elemente in Einklang bringen. So waren denn die Gesetze hart, und es gab keine Nachsicht."[18] (Das ist übrigens eine zynische Umkehrung der taoistischen Lehren, denen Qin Shihuangdi sich zugezogen fühlte, sah Laozi doch gerade in der *Weichheit* des Wassers seine heimliche Stärke und ein Zeichen für die Ausdauer der Sanftheit.[19])

Das Recht der Macht

Wie hart diese solchermaßen wieder „metaphysisch" gerechtfertigten Gesetze und wie drakonisch die Strafen in Qin waren, ist aus einigen erhalten gebliebenen Dokumenten ersichtlich;[20] beispielsweise fand man Gesetzestexte auf Bambustäfelchen im Grab eines Beamten (er hatte die Befehle des Kaisers gleichsam mit in den Tod und in das erwartete Jenseits bekommen). Auf Diebstahl und Raub standen je nach Umfang des Vergehens 30 Tage Fronarbeit bis zu härtester Zwangsarbeit, verbunden mit der Amputation des linken Fußes und Brandmarkung auf der Stirn. Als weitere Strafen sind überliefert: Geldbuße, Amtsentlassung, Prügel, Verbannung, Versklavung, Herausreißen von Rippen, öffentliche Hinrichtung und Ausstellung der Leiche auf dem Marktplatz, Exekution durch Kochen in einem Kessel, Enthauptung, Zweiteilung ab der Taille, Auseinanderreißen durch Wagen, lebendiges Begräbnis, schließlich die Ausrottung der Familie in drei Generationen (also Eltern, Brüder, Ehefrau und Kinder des Beschuldigten). Dem Strafsystem, das dem *Antrieb der Befehle* wie ein tödlicher Schatten folgt beziehungsweise als drohendes Todesurteil nach Canetti sogar seinen ursprünglichen Kern ausmacht,[21] stand ein System der Belohnungen gegenüber. Für militärische Verdienste und die Denunziation von Straftätern wurden Beamtentitel in bestimmter Rangordnung verliehen. Diese geheime *Disziplin der Beförderung* hat Canetti sicherlich richtig als „Ausdruck für das verborgene Wirken der *Befehlsstacheln*" erkannt.[22] „All diese Reformen hatten nur das eine Ziel: Stärkung der wirtschaftlichen und politischen Macht des Staates und Errichtung unbeschränkter Autokratie."[23]

Dazu gehörte auch, die Bildung des Volkes gering zu halten und zu kontrollieren. „Wenn es (das Volk) unwissend bleibt, wird es sich nicht von äußeren Dingen ablenken lassen ... und fleißig und gewissenhaft im Ackerbau tätig sein ..., wenn es ausschließlich im Ackerbau tätig ist, bleibt es einfach und fürchtet die Befehle des Herrschers!", heißt es im *Shangjun shu*.[24] Da offene Regimekritik nicht erlaubt war, wurden an ihrer Stelle immer häufiger die vergangenen Zeiten beschworen, sowohl von den Philosophen (Konfuzianisten) als auch den Feudalisten. „Diese Gelehrten lernen nur vom Alten und nicht vom Neuen und benützen ihre Gelehrsamkeit, um unserer Herrschaft entgegenzutreten und die Schwarzhaarigen zu verwirren", wurde der Kaiser von Li Si gewarnt, der zwischenzeitlich zum Obersten Ratgeber und Kanzler aufgestiegen war und ein Bündnis von Philosophen und Feudaladel befürchtete. „Laßt uns alle Geschichtsbücher mit Ausnahme der Chronik von Qin vernichten."[25] So geschah es dann auch. Alle Bücher, abgesehen von den Werken in der kaiserlichen Bibliothek, den Annalen von Qin und den Abhandlungen über Wahrsagekunst, Landwirtschaft und Medizin wurden eingesammelt und öffentlich eingeäschert, um „das Volk unwissend zu machen" und zu verhindern, daß „die Vergangenheit benutzt werde, um die Gegenwart herabzusetzen".[26] Außerdem war jeder, der es wagte, die alten Gesänge und Berichte wiederzugeben, öffentlich hinzurichten. Wissen sollte kaiserliches Monopol sein und bleiben. Li Si: „Was nun die Personen betrifft, die zu studieren wünschen, so mögen sie sich die Beamten als Lehrer nehmen."[27]

Der Körper der Macht

Qin Shihuangdis umfassender Herrschaftsanspruch wird auch bei seinen fünf großen Inspektionsreisen durch das ganze Reich deutlich, die er in einem Troß von rund 80 Gesellschaftswagen durchführte. Dadurch gab er dem erweiterten Körper seiner Macht förmlich Raum.[28] „Seine vielen Reisen ... dienten nicht nur der Inspektion der von ihm eingesetzten Verwaltungsbehörden, sondern gleichzeitig auch zu einer Art rituellen Inbesitznahme des Reiches, das heißt der bewohnten, zivilisierten Welt, durch Besuch der Kardinalpunkte. Von den Inschriften, die er bei solchen Gelegenheiten zur Erinnerung an seinen Besuch und die dabei vollzogenen Opferhandlungen herstellen ließ, hat sich genügend erhalten, um seine religiös gefärbte Reichsideologie erkennen zu lassen."[29] „So wurde der Reisende zum Herrn des Universums, der als Zauberer alle Kräfte befehligt, als Mystiker frei im Kosmos umherschweift oder als Herrscher mit Zustimmung der Götter und Geister die Welt regiert."[30] Umso jähzorniger wurde er, als 219 v. Chr. ein Unwetter in der Nähe eines Berges die Fortsetzung seiner Reise vorübergehend verhinderte. Er lastete es der dort wohnenden Göttin an und war darüber so erbost, daß er den Berg durch 3000 Zwangsverpflichtete abholzen und rot anstreichen ließ.[31]

Der Überlebende und seine Paranoia

In diesem Beispiel werden die *paranoiden Tendenzen* des Kaisers bereits deutlich. Nach den historischen Quellen zu schließen, scheinen sie sich, genau wie Canetti es beschreibt, mit der Zeit immer stärker ausgeprägt zu haben. Ihre Wurzeln reichen mindestens in Zhengs Jugend zurück, als er erleben mußte, wie sein Vormund mit seiner Mutter ein Verhältnis einging und gegen ihn konspirierte.

Zudem sind drei Attentatsversuche auf Zheng überliefert. Der erste erfolgte bereits 227 v. Chr., als Jing Ke als Gesandter des nordöstlichen Staates Yan ihn mit einem vergifteten Dolch erstechen wollte, den er in einer angeblichen Landschenkungsurkunde verborgen hielt. Um Zhengs Vertrauen zu gewinnen, brachte er den Kopf eines entlaufenen Qin-Generals mit. Doch er traf nicht. Zhengs Bedienstete waren unbewaffnet und zögerlich. So hetzte Jing Ke den Qin-König mehrmals um einen Pfeiler, warf schließlich den Dolch, verfehlte aber sein Ziel. Zheng war in Panik geraten, konnte erst nach einiger Zeit sein Schwert ziehen und den Attentäter verwunden. Dieser fehlgeschlagene Mordanschlag hinterließ in ihm tiefe Spuren, und er fühlte sich lange Zeit unbehaglich, wie Sima Qian berichtete, obwohl er den Attentäter hatte hinrichten lassen. Ihm war jedoch klargeworden, daß er sich auf seine Dienerschaft nicht verlassen konnte. Im Jahr 219 v. Chr. versuchte ihn dann ein Freund von Jing Ke, der blinde Gao Jian-li, mit einer Harfe zu töten, die mit Blei gefüllt war. Auch dies mißlang. Seither duldete der Kaiser keine Anhänger der früheren Feudalherren mehr in seiner Nähe. 213 schließlich versuchte ein gewisser Zhang Liang, die Eroberung von Han zu rächen, und die Schande, die Qin Shihuangdis Soldaten seiner Familie antaten (einige Tote durften damals nicht bestattet werden). Zwar hatte auch er keinen Erfolg, aber er konnte entkommen und wurde nie gefangen.

Obwohl alle drei Attentate dem Kaiser keinen körperlichen Schaden zugefügt hatten, verstärkten sie seine Angst vor dem Tod und seine Paranoia, die nach Canetti ja die eigentliche *Krankheit der Macht*[32] ist: „Das Gefühl, *umstellt* zu sein von *Feinden*, die es alle auf einen abgesehen haben, ist ein Grundgefühl der Paranoia."[33] Das meint selbstverständlich nicht, der klinisch Paranoide und der Machthaber seien identisch. Ihr Denken ist jedoch – mehr oder weniger stark und trotz zahlreicher, vor allem auch aufs Handeln bezogener Unterschiede – von gemeinsamen Strukturen geprägt: Drang nach Allmacht und Einzigkeit und paradoxerweise zugleich Anerkennung und Verehrung, dann aber auch massiver Verfolgungswahn. „Als den paranoischen Typus des Machthabers könnte man den bezeichnen, der sich die Gefahr mit allen Mitteln vom Leibe hält. (...) Er wird freien Raum um sich schaffen, den er übersehen kann, und jedes Zeichen ihrer Annäherung bemerken und erwägen. Er wird dies auf allen Seiten tun, denn das Bewußtsein, daß er es mit vielen zu tun hat, die alle zugleich gegen ihn angehen könnten, hält eine Angst vor Umstellung in ihm wach. Die Gefahr ist überall, nicht nur vor ihm. Sie ist sogar größer in seinem Rücken, wo er sie nicht rasch genug bemerken könnte. So hat er seine Augen überall, und auch das leiseste Geräusch darf ihm nicht entgehen, denn es könnte eine feindliche Absicht enthalten."[34] Aber diese Angst ist nur die eine Seite der Medaille. Die davon untrennbare Kehrseite ist der Drang nach Überleben, ja Unsterblichkeit.

Macht und Überleben

Die Attentate waren mißglückt, und Zheng wurde zu einem Überlebenden. Damit ist er, über den gewissermaßen formalen Aspekt seines Ranges hinaus, zum Machthaber par excellence geworden, wie Canetti ihn studiert und analysiert hat. „Ich habe versucht nachzuweisen, daß das Kerngefühl der Macht einem Triumph des Lebenden über den tot vor ihm Daliegenden entspricht", hat Canetti in einem Gespräch mit Rupprecht Slavko Baur resümiert.[35] Aus diesem Triumph resultiert das „Gefühl der *Auserwähltheit*“[36]. „Die Situation des Überlebens ist die zentrale Situation der Macht.“[37] „Ohne Tod wäre die Macht harmlos geblieben.“[38] Das „Glücksgefühl konkreten Überlebens ist eine intensive Lust. Einmal eingestanden und gebilligt, wird sie nach ihrer Wiederholung verlangen und sich rapid zu einer Passion steigern, die unersättlich ist. (...) Die Passion ist die der *Macht*.“[39] „Der eigentliche Inhalt dieser Macht ist die Begierde, massenhaft Menschen zu überleben.“[40] (Diese Machtstruktur des Überlebens ist konzeptuell jedoch einerseits vom bloßen Übrigbleiben, das von enormen Schuldgefühlen begleitet werden kann, und andererseits von dem Fortdauern in Erinnerung und Werk scharf zu trennen, wiewohl es im Leben nicht streng unterschieden ist.[41])

Diese schreckliche Passion des Überlebens bahnte sich bei Zheng zunächst ihren Weg in die Nachbarstaaten. Die Eroberungszüge wurden mit Leichen förmlich gepflastert. Mit jeder gewonnenen Schlacht mehrte Zheng sein Überleben. „Siegen ist Überleben.“[42] Seine Generäle, ebenfalls Überlebende, triumphierten im Zusammenstoß der Kriegsmassen.[43] „Ein einzelner kann gar nicht so viele Menschen töten, als seine Passion fürs Überleben sich wünschen mag. Aber er kann andere dazu veranlassen oder sie dirigieren. Als Feldherr bestimmt er über die Form der Schlacht ...; er kommt vielleicht gar nicht dazu, einen einzigen Feind zu töten. Aber die anderen, die unter seinem Befehl stehen, besorgen es für ihn. Was ihnen gelingt, wird ihm zugeschrieben. Als der eigentliche Sieger gilt er. Sein Name wie seine Macht wächst mit der Zahl der Toten.“[44] Die militärischen Erfolge waren, abgesehen von der überlegenen Mobilisierung, Kriegsführung, Ausrüstung und Versorgung, auch darauf zurückzuführen, daß den Soldaten, die ebenfalls zu Überlebenden wurden, kaum etwas anderes übrigblieb, als nach vorne zu schlagen. Denn hinter ihnen warteten die Polizisten des eigenen Landes, und diese hätten bei Desertion oder Drückebergerei angedrohtermaßen schlimmer mit ihnen verfahren als der Feind vor ihnen. So wurde König Zheng zum Alleinherrscher und Ersten Gottkaiser über ganz China.

Sein Machtdrang konnte nach Canetti damit jedoch nicht gestillt sein. „Wer Geschmack am Überleben gewonnen hat, der will es *häufen*. (...) Ein Haufen feindlicher Toter ist das Ziel, und wer siegen will, stellt sich ganz deutlich vor, daß er diesen Haufen feindlicher Toter überlebt. Es bleibt aber nicht bei diesen, viele der eigenen Leute fallen auch, und auch sie sind überlebt worden.“[45] Zwar führte Qin Shihuangdi weiter Krieg, einerseits gegen die berittenen Nomaden im Norden, andererseits auch gegen die Bewohner der Gebiete des heutigen Korea und Vietnam. Die eigentliche Aufgabe galt jedoch nun der Sicherung und Ausweitung seiner Herrschaft im Innern seines Riesenreiches. Nach der gesetzlichen Ordnung dieser Macht bedurfte es mehr und mehr Anstrengung, diese auch aufrechtzuerhalten. Qin Shihuangdi las jeden Tag Unmengen von Akten, um über alles informiert zu sein. Die alten Gegner waren noch nicht vollkommen besiegt. Überall konnten Aufstände drohen. „Kein Herrscher ist des Gehorsams seiner Leute für immer sicher. (...) Er wird von Zeit zu Zeit Hinrichtungen brauchen, desto mehr, je rascher seine Zweifel wachsen. Seine sichersten, man möchte sagen seine vollkommensten Untertanen sind die, die für ihn in den Tod gegangen sind. Denn jede Hinrichtung, für die er verantwortlich ist, verleiht ihm etwas an Kraft. Es ist die Kraft des *Überlebens*.“[46] Damit dreht sich die mörderische Spirale von Verfolgungswahn, Todesurteilen und den Triumphen des Überlebens immer schneller. „Der Machthaber schickt die anderen in den Tod, um selber vom Tode verschont zu bleiben: er lenkt ihn von sich ab. Nicht nur ist ihm der Tod der andern gleichgültig; es treibt ihn alles dazu, ihn auf massenhafte Weise herbeizuführen. Ganz besonders greift er zu dieser radikalen Auskunft, wenn seine Herrschaft über die Lebenden angefochten ist. Sobald er sich bedroht fühlt, ist seine Leidenschaft, alle tot vor sich zu sehen, durch rationale Erwägungen kaum mehr zu bändigen."[47] Aufgrund der Befehlsstacheln, die in seinen Untertanen ja erhalten bleiben, hat der Machthaber auch allen Grund, sich bedroht zu fühlen. Sein Terror schürt den Haß auf ihn. „Der Nachweis, daß er sich heimlich immer von denen fürchtet, denen er befiehlt, ist unschwer zu erbringen; und immer überkommt ihn auch Furcht vor seiner nächsten Umgebung."[48] So wuchs Qin Shihuangdis Mißtrauen mehr und mehr. Bei Audienzen hielt er sein Schwert stets griffbereit in der Nähe. Zur Nachtruhe wechselte er immer wieder die Gemächer. 212 ließ er sogar seine Palastanlagen und Tempel in der Hauptstadt durch Tunnel und durch mit Umwallungen nicht einsehbar gemachte Straßen verbinden, um seinen Aufenthaltsort geheimhalten und unbemerkt ändern zu können. Da Qin Shihuangdi kein Held war, blieb ihm Canetti zufolge tatsächlich nur diese Strategie der großen Räume übrig, um sich das erstrebte *Unverletzlichkeitsgefühl* wenigstens mitunter einbilden zu können. „Er hat sich sozusagen vor der Gefahr verborgen, und er hat die Gefahr gebannt."[49] Jeder Palastangehörige, der seinen Aufenthaltsort verriet, sollte hingerichtet werden. Das trug dem Kaiser erst recht den Ruf der Grausamkeit und Unerbittlichkeit ein, wie Sima Qian berichtet hat.[50]

Auf der Suche nach Unsterblichkeit

Tatsächlich hing diese Bautätigkeit eng mit Qin Shihuangdis Suche nach der *Unsterblichkeit* zusammen, in der ebenfalls sein Drang zu überleben zum Ausdruck kommt. („Alle Absichten des Menschen auf Unsterblichkeit enthalten etwas von der Sucht zu überleben", heißt es bei Canetti.[51]) Ein Magier hatte dem Kaiser nämlich geraten, im Verborgenen zu handeln, um dem Einfluß böser Geister zu entgehen, die zu verhindern suchten, daß er göttergleich werde. Qin Shihuangdi hatte insofern also nicht nur gegen seine Untertanen zu kämpfen, sondern auch gegen unsichtbare Geister, die Schatten seines eigenen Wahns. In persönlichen Gesprächen mit den Gelehrten, Adepten und Zauberern der alten Staaten Yan und Qi, die mit dem Taoismus in Berührung standen, gelangte er zu der Überzeugung, daß es irgendwo ein Elixier der Unsterblichkeit geben mußte. Um dieses für sich zu finden und mit den Unsterblichen in Kontakt zu kommen, investierte er viel Zeit und Geld.

Der erste Versuch Qin Shihuangdis, diese Droge zu erlangen, fand nach den Aufzeichnungen von Sima Qian im Jahr 219 statt. Er schrieb: „Xu Shi, ein Mann aus Qi, und einige andere unterbreiteten eine Throneingabe, in der es hieß: ‚Im Meer befinden sich drei Götterberge namens Penglai, Fangzhang und Yingzhou. Unsterbliche wohnen dort. Wir bitten, nach einer rituellen Reinigung mit einer Schar von Knaben und Mädchen auf die Suche nach diesen Inseln aufbrechen zu dürfen.' Da sandte er (der Kaiser) Xu Shi mit etlichen Tausend Knaben und Mädchen aufs Meer, um die Unsterblichen zu suchen."[52] Die Mitglieder dieser Expedition, die China zur Entdeckung Japans geführt haben soll, kehrten niemals zurück. Im Jahre 215 scheint der Kaiser erneut eine Gesandtschaft zur Beschaffung des Unsterblichkeitselixirs ausgesandt zu haben. Die Auffindung eines Meteoriten 211 schließlich beunruhigte ihn ganz außergewöhnlich. Als ihm berichtet wurde, jemand hätte darauf geschrieben, „nach dem Tod Qin Shihuangdis wird das Land geteilt werden", ließ er alle in der Nachbarschaft wohnenden Leute beseitigen und den Meteoriten zu Staub zermahlen. „Der Kaiser konnte nirgends glücklich werden", berichtete Sima Qian, „und (er) befahl den Gelehrten bei Hofe, Gedichte über Unsterbliche und reine Wesen zu schreiben. Wohin er sich auch immer begab, er ließ diese Gedichte in Musik setzen und singen."[53]

Schließlich verließen die Taoisten die Hauptstadt ohne Vorankündigung. Bei Sima Qian ist dazu überliefert: „Als der Kaiser von ihrer Flucht erfuhr, war er vor Wut außer sich. ‚Ich habe alle Schriftwerke des Reiches gesammelt und diejenigen verbrannt, die ohne Nutzen waren', tobte er. ‚Ich habe Scharen von Gelehrten und Alchemisten zusammengeholt, um eine Regierung des Friedens zu beginnen, in der Hoffnung, daß die letzteren wunderbare Kräuter finden würden. (...) (Statt dessen haben sie) Millionen verschwendet, ohne irgendein Elixier zu beschaffen ... (während) die anderen Gelehrten mich verleumden und sagen, daß ich der Tugend entbehre. Ich habe in der Hauptstadt Auskünfte über die Gelehrten einholen lassen, und ich muß feststellen, daß einige von ihnen gehässige Gerüchte verbreiten, um das Volk zu verwirren.'"[54] 460 Gelehrte, die meisten Konfuzianer, sollen daraufhin für schuldig befunden und in Xianyang lebendig begraben worden sein, als Warnung vor weiterer Mißachtung des kaiserlichen Willens. Weitere wurden in Grenzgebiete verbannt. Dieses Schicksal ereilte auch erfolgreiche Generäle und Qin Shihuangdis eigenen Sohn, Kronprinz Fusu, der es gewagt hatte, darauf hinzuweisen, daß eine solche Strenge gegen die konfuzianischen Philosophen Unruhe unter die Bevölkerung tragen könnte. Da ihm Historiker erhebliche Fähigkeiten attestiert haben, scheint hier sicherlich auch der von Canetti betonte *Konflikt zwischen dem Herrscher und seinem Nachfolger* wirksam geworden zu sein.[55] Dieses Beispiel zeigt aber auch, wie isoliert und über jede Kritik erhaben der Kaiser geworden war.

Die Gigantomanie des Bauens

Überall versuchen die Machthaber, sich mit riesigen Bauten zu verewigen und ihre eigene Größe zu symbolisieren. Dabei müssen sie fast notwendig ihre Vorgänger oder Nebenbuhler übertrumpfen. Auch Qin Shihuangdi war ein solcher „Sklave des Übertreffens".[56] Wie für seine Kriege, verstand er es auch, große Massen für seine Bauten zu mobilisieren. Die Bauern wurden nicht nur zu Steuern und Militärdienst, sondern auch zu öffentlichen, unbezahlten Arbeitsleistungen herangezogen. So mehrten sie sichtbar seine Größe.

In Xianyang ließ er 270 neue Tempel und Paläste errichten (und über das ganze Reich verteilt ungefähr weitere 400), ferner eine große Stadtmauer. Verschiedene Quellen berichten, daß er in der Anlage der Straßen und Paläste seiner Hauptstadt auf Sternbilder Bezug nahm und dabei zum Beispiel den Fluß Wei mit der Milchstraße gleichsetzte.[57] Die Hauptstadt schien ihrer neuen Bedeutung entsprechend als Abbild des Kosmos konzipiert worden zu sein. So vereinnahmte er in ihrer Gestalt gleichsam das ganze sichtbare Universum. „Um die endlose Autorität zu erreichen und das absolute kaiserliche Recht zu schützen, ... strebte er ebenfalls danach, ein Erscheinungsbild zu schaffen, bei dem die Bauten bis in den Himmel ragen“, heißt es denn auch in einem neueren archäologischen Ausgrabungsbericht.[58]

Südlich von Xianyang befahl der Kaiser den Bau des Afang-Palastes. Der Name zeigt an, daß er neben den Palästen früherer Herrscher zu entstehen und jene somit auszustechen hatte. Dieses Vorhaben übertraf alles, was sonst aus der chinesischen Geschichte bekannt ist. In Sima Qians Aufzeichnungen heißt es dazu: „Als er (der Erste Kaiser) sah, daß die Bevölkerung von Xianyang zahlreich und der Palast der Könige, seiner Vorfahren, klein war ..., begann er mit dem Bau eines Palastes für die Audienzen südlich des Wei-Flusses im Shanglin-Park; er errichtete zunächst die vordere Halle ...; sie maß von Osten nach Westen 500 Schritte, von Süden nach Norden 50 Klafter; oben konnten 10 000 Menschen sitzen und unten konnte man 5 Klafter hohe Standarten entfalten.“[59] Für die Massen war also gleichermaßen Raum vorgesehen wie für die Symbole der kaiserlichen Macht. Auch wenn der Palast niemals fertiggestellt worden ist, zeigen noch heute Relikte aus gestampfter Erde von der Megalomanie des Vorhabens. Die größte der Terrassen, vermutlich das Fundament für die erwähnte Halle, ist 1300 m lang, 500 m breit und erhebt sich noch immer 10 m über das umliegende Ackerland.[60]

Bekannt ist auch, daß der Kaiser den Bau eines insgesamt 7500 km langen, von der Hauptstadt ausgehenden Netzes 15 m breiter, mit Bäumen gesäumter Hauptstraßen durchführen ließ, von denen wiederum Straßen niedrigerer Ordnung abzweigten. Zum Teil errichtete man sie als 5 m breite hängende Galerien an steil abfallenden Schluchtwänden. Die Hindernisse der Natur konnte Qin Shihuangdi genausowenig akzeptieren wie den Widerstand seiner Untertanen, wie es aus den Aufzeichnungen des Historikers nüchtern hervorgeht: „Im 35. Regierungsjahr des Ersten Kaisers (212 v. Chr.) wurde eine Straße über Jinyang nach Yunyang gebaut. Um sie gerade anzulegen, wurden Hügel eingeebnet und Täler aufgefüllt.“[61]

Ein anderer Gewaltakt war ab 214 v. Chr. die Errichtung der Großen Mauer gegen die Xiongnu, Nomadenvölker im Norden, die oft zur Erntezeit die Bauern überfielen und einzelne, schon vorhandene Grenzbefestigungen umritten. Dazu heißt es bei Sima Qian: „Nachdem Qin die Welt geeint hatte, wurde Meng Tian ausgesandt, um mit einem Heer von 300 000 Leuten die Rong und Di im Norden zu verjagen. Er nahm ihnen das Gebiet südlich des Gelben Flusses weg und baute eine lange Mauer, deren Verlauf dem Gelände angepaßt war und natürliche Hindernisse und Pässe mit einbezog. Sie begann in Lintao und erstreckte sich bis östlich des Liao über eine Strecke von mehr als 10 000 Meilen (5000 km). Nachdem sie den (Gelben) Fluß überquert hatte, wand sie sich gen Norden und berührte die Yang-Berge.“[62] Die Größenangabe scheint allerdings übertrieben. Auch waren zahlreiche Mauerbereiche bereits vorhanden und brauchten lediglich verbunden zu werden. (Die frühesten Verteidigungswälle sind im Staat Qi im 5. Jahrhundert v. Chr. errichtet worden.) Dennoch stellte die Errichtung dieses Bauwerks, das bis in die Gegenwart das größte der Menschheit geblieben ist, ein gigantisches Unternehmen dar, das nur durch die staatliche Zwangsrekrutierung und den Einsatz von Sträflingen durchgeführt werden konnte und zahllose Menschenleben gekostet hatte. (Daß die Mauer vom Mond aus zu sehen sein soll, ist freilich nur ein Zeichen dafür, daß auch in unseren Tagen die Phantasie noch der Macht dieser Größe erliegt.) Hinzu kamen hölzerne Wachtürme. Bis heute sind maximal 7 m breite und 4 m hohe Reste der Wälle aus gestampfter Erde, die zum Teil mit Steinen versetzt worden waren, erhalten geblieben. (Die längst zur Touristenattraktion gewordene Große Mauer aus Stein stammt übrigens erst aus dem 15. und 16. Jahrhundert.) Diese Mauer, die China nach Norden und Westen mehr oder weniger gut abgeriegelt hat beziehungsweise doch dafür sorgte, daß bei Angriffen nicht zu viele Kräfte gebunden wurden, so daß Unruhen im Staat selbst hätten ausbrechen können, sie war „mehr als nur eine Verteidigungsanlage gegen die wilden Nomadenvölker der Steppen des Nordens; sie war ein Symbol chinesischer Ordnung“[63]. Außerdem war sie ein Symbol des riesigen kaiserlichen Körpers der Macht, dessen Peripherie sie markierte, und ein Symbol der Stärke, mit der der Kaiser diesen Körper zusammenzuhalten gedachte.

Herrschaft im Jenseits

Qin Shihuangdis größte Aufmerksamkeit und Anstrengung galt freilich seinem eigenen Grabmal. Hier sollte sein Überleben in jedem Fall gesichert sein. In den historischen Aufzeichnungen von Sima Qian steht dazu geschrieben: „Sobald der Erste Kaiser König von Qin wurde (246 v. Chr.), begannen die Arbeiten für sein Grabmal am Berg Li. Nachdem er das Reich für sich gewonnen hatte (221 v. Chr.), arbeiteten dort mehr als 700 000 Zwangsarbeiter aus allen Teilen Chinas. Sie arbeiteten sich durch drei unterirdische Wasserläufe hindurch; sie gossen geschmolzenes Kupfer für den äußeren Sarkophag; und sie füllten die Grabkammern mit Modellen von Palästen, Türmen und öffentlichen Gebäuden, desgleichen mit feinen Gebrauchsgegenständen, Edelsteinen und seltenen Dingen. Handwerker wurden angewiesen, selbsttätige Armbrüste derart anzubringen, daß Grabräuber getötet würden. Die Wasserstraßen des Reiches, der Gelbe Fluß und der Yangzi-Fluß, ja sogar der große Ozean selbst, waren durch Quecksilber dargestellt und wurden mechanisch zum Fließen gebracht. Darüber waren die Sternbilder des Himmels abgebildet, während sich unten eine Darstellung der Erde befand. Mit Walöl gefüllte Lampen waren so angebracht, daß sie sehr lange Zeit brennen konnten.“[64]

Dieses riesige Mausoleum war also nicht nur für die Ewigkeit bestimmt, sondern wie wohl auch die 50 km westlich gelegene Hauptstadt ein Abbild des ganzen Universums. Und dieses Universum hatte allein den Zweck, dem Kaiser zu dienen. Noch heute ist der Grabhügel 76 m hoch und hat einen Umfang von rund 2 km. Nach historischen Quellen sollen Höhe und Umfang sogar 115,5 m beziehungsweise 2,5 km betragen haben. „Kein ägyptischer König hat sich ein Denkmal gesetzt wie diesen Berg von vielleicht 5 Millionen Kubikmetern, also dem doppelten Inhalte der größten Pyramide.“[65] Welche Geheimnisse das Mausoleum wirklich enthält, ist noch immer unbekannt. Probegrabungen ergaben jedoch, daß der unterirdische Palast von einer 4 m hohen und breiten, 460 x 392 m langen Mauer aus luftgetrockneten Ziegeln umgeben zu sein scheint, die zwischen 2,7 und 4 m unter dem Erdboden liegt. Auch Zugangsrampen und -wege konnten nachgewiesen werden. Und Bohrungen haben im Zentrum des Tumulus tatsächlich eine hohe Konzentration an Quecksilber aufgespürt.[66]

Die Armee des toten Kaisers

Völlig unerwartet, da in keiner historischen Quelle erwähnt, kam die Entdeckung einer gewaltigen unterirdischen Streitmacht, der sogenannten Terrakotta-Armee knapp 1 km östlich des kaiserlichen Grabes.[67] Bauern, die dort einen Brunnen zur Bewässerung ihrer Dattelpflaumen anlegen wollten, stießen im März 1974 zufällig auf einige Scherben aus Ton. Was dann folgte, darf als der wohl spektakulärste archäologische Fund dieses Jahrhunderts gelten, der 1987 in die UNESCO-Liste der zu schützenden Weltkulturgüter aufgenommen worden ist und seit der Fertigstellung des ersten Großmuseums 1979 schon weit über 10 Millionen Besucher aus aller Welt angezogen hat. Auch die Ausstellungen, die davon weltweit präsentiert wurden, sorgten für beträchtliches Aufsehen, obwohl sie natürlich nur einen schwachen Eindruck von der Größe der Entdeckung vermitteln konnten. Canetti zeigte sich ebenfalls beeindruckt, wie eine Aufzeichnung aus dem Jahr 1980 bezeugt: „Chinesische Ausstellung: Es wird alles immer staunenswerter, was von dort kommt. (...) Die Gräber der letzten Jahre, die neuen Gräber, sind über alle Maßen herrlich. (...) Es ist bestürzend zu denken, wie wenig man ohne Gräber wüßte. Wenn der Glaube an das Fortleben der Toten zu nichts anderem gedient hätte als zu dieser Hinterlassenschaft, so wäre er gerechtfertigt, allerdings nur für die sehr späten Nachkommen wie wir und nicht für die Errichter.“[68]

Mittlerweile sind drei unterirdische Kammern mit Zugangsrampen und über 7000 durchschnittlich 1,8 m hohe, kunstvoll gefertigte Figuren aus Ton entdeckt worden – gepanzerte Infanteristen, Armbrustschützen, Speerträger, Wagenkämpfer und Reiter – und etwa 600 1,5 m hohe und 2 m lange Pferde, ferner die Spuren und Reste von über hundert hölzernen Streitwagen. Bislang sind über 1500 Figuren ausgegraben und restauriert worden. Verblüffend ist ihre detaillierte, realistische Darstellung. Sie wurden aus einzelnen Teilen zusammengesetzt und bei 800 bis 1000 Grad gebrannt. Unter den individuell gestalteten Gesichtern (persönliche Porträts?) sind all die verschiedenen Züge der Bewohner des ostasiatischen Festlandes vertreten, was sowohl die Vielfalt und Einheit des Reiches als auch den Machtumfang des Kaisers und die Realität seiner Kräfte symbolisieren dürfte. Viele der Figuren tragen Inschriften: Seriennummern und mitunter auch die Namen der Künstler, die aus allen Teilen Chinas zu stammen scheinen. Auch wenn ihr Werk mit dem Namen ihres Herrschers unablösbar verknüpft bleibt, steht es uns jetzt noch (beziehungsweise erstmals) lebensgroß gegenüber. Tatsächlich hat es den Kaiser überdauert, und in dieser „Umkehrung des Totenopfers“ hat das *Überleben der Künstler in Gestalt ihrer Schöpfung* seinen Stachel verloren.[69]

20 m westlich des Mausoleums stieß man 1980 auf zwei Wagen (einer wog 1,8 t!) mit je vier Pferden (0,66 x 1, 2m) und einem kaiserlichen Beamten (51 cm hoch), alles aus Bronze. Im Südwesten zwischen der inneren und äußeren Mauer um das Kaisergrab wurde eine 100 m lange Grube mit über 300 dicht aneinandergereihten Pferdeskeletten und Wächtern aus Ton entdeckt und außerhalb der Mauern ungefähr 100 weitere Depots mit Skeletten von meist lebendig begrabenen Pferden und/oder sitzenden Stallknechten aus Ton. Ferner entdeckte man rund um das Mausoleum Steinmetzwerkstätten, Strafkammern, Gräber von hingerichteten oder geopferten Zwangsarbeitern, sogar ein Massengrab mit über 100 zwanzig- bis dreißigjährigen, zumindest teilweise gewalt-

sam getöteten Männern und Frauen und auch einige Schachtgräber mit Einzelbestattungen und Grabbeigaben aus Gold, Silber und Jade, außerdem Keramikgefäße und Reste von Seidenstoffen. Möglicherweise liegen in diesen Gräbern Getreue des Kaisers, die ihm in den Tod gefolgt sind oder folgen mußten.

Toten- und Ahnenkult im alten China und das Überleben der Befehle

Das Mausoleum des Kaisers ist in der chinesischen Geschichte nach allem, was man von ihr weiß, einzigartig. Freilich war es im Zusammenhang mit *Vorstellungen von einem Weiterleben nach dem Tod verbunden mit der Ahnenverehrung* schon lange Sitte, dem Verstorbenen sein Leben im Jenseits durch Grabbeigaben zu erleichtern. Die bisher untersuchten Königsgräber der Shang-Zeit (17.- 11. Jh. v. Chr.) bargen neben aufwendigem Grabgut (Ritualbronzen, Waffen, Keramikgefäße, Jadearbeiten) auch Opfer von Haustieren, Kriegsgefangenen, Dienern und manchmal Familienangehörige. Prunk und Aufwand verstärkten sich in der nachfolgenden Zhou-Zeit (11. - 2. Jh.), aber die Menschen- und Tieropfer wurden allmählich abgeschafft oder durch Tonfiguren ersetzt, wie auch die Ritualbronzen billigeren Nachahmungen Platz machten. Zunächst waren die Verstorbenen infolge der Ahnenverehrung durchaus noch im Diesseits präsent. Ihre Geister verfügten über außergewöhnliche Kräfte und waren ihren Kindern und Enkeln wohlgesinnt, falls diese die Opferriten pünktlich und korrekt durchführten. „In den Ahnentempeln überschnitten sich die Sphären der Lebenden und der Toten, hier erneuerten Vorfahren und Nachkommen in regelmäßigen Abständen ihre Gemeinschaft.“[70] Der Tod hatte im Leben der Menschen noch nicht die endgültige Wirklichkeit erobert, aber andererseits mehrten sie ihn in ihrer Huldigung durch Menschenopfer. Dies änderte sich mit dem Niedergang der Riten. Die Toten verloren an Prestige. Der Grabkult wurde zunehmend zur Formsache und die Trennung der Toten von den Lebenden nun sehr scharf. Der Ahnenkult hielt jedoch an, wenn der Glaube an den Beistand der Vorfahren auch immer mehr der Angst vor ihnen gewichen zu sein scheint. Deshalb sollten ihre Seelen für ewig im Grab verbannt bleiben, das aus diesem Grund immer mehr den Charakter von Wohnstätten erhielt. Die Grüfte der drei Vorgänger von Qin Shihuangdi wurden schon als unterirdisch angelegte Paläste konzipiert. Sein Mausoleum schließlich war von einer komplexen Verwaltungsstruktur umgeben, wie die Ausgrabungen belegen, und der hierarchisch strukturierten Hauptstadt nachempfunden. Im Zentrum und an der Spitze lag der durch eine gewaltige Stadtmauer eingefriedete Palastbezirk mit Tumulus, Tempel- beziehungsweise Reliquienhalle und Seitengemächern. Außerhalb davon befanden sich die Gebäude der Tempelverwaltung. Der Mittelpunkt aber war der unterirdische Erdpalast, den zahlreiche Beigabendepots umgaben. Sie enthielten im Original oder in Form von tönernen Repliken alle wichtigen Güter, über die Qin Shihuangdi zu Lebzeiten verfügt hatte. An seiner Grabstätte über der Erde herrschte also keinesfalls Totenstille. Vielmehr stellte der Ort ein Zentrum für den Kaiserkult dar. So wirkten seine Befehle weiter und sicherten die Durchführung der Opferriten.

Die *Funktion der Terrakotta-Armee* wird noch kontrovers diskutiert. Daß sie anstelle einer wirklichen Armee begraben wurde, damit diese weiterkämpfen konnte, klingt nicht plausibel, zumal der Kaiser vor Menschenopfern nicht zurückschreckte, wie Skelette in der Nähe ausreichend belegen. Eine Gedenkstätte für verstorbene Soldaten wäre nicht unterirdisch angelegt worden. Eher darf angenommen werden, daß die Soldaten für seine Palaststadt nicht wegzudenken waren und ihn nicht nur als Symbole und idealtypische Repräsentanten seiner Macht umgaben, sondern diese auch im Jenseits sichern und mehren sollten. Als absolut treue und gewissermaßen nicht sterbliche Elitetruppe stand sie ihm in seiner Vorstellung ständig und ohne jede Einschränkung zur Verfügung. Vielleicht ist es nicht übertrieben, sie als das zentrale Geheimnis der kaiserlichen Macht anzusehen.[71] Zugleich sind die Schächte, wie schon die Anschauung der bisher ausgegrabenen Figuren vor Ort deutlich macht, auch „Massenbehälter",[72] aber von einer solchen Art, daß ihre symbolisierte Masse niemals mehr zerfallen sollte, sich nicht wiederholen muß und nicht zu wachsen braucht, um sich zu erhalten, eine Masse der Ordnung und des bedingungslosen Gehorsams, wie sie der Wirklichkeit nicht (lange) entsprechen kann. Selbstverständlich darf die Terrakotta-Armee nicht als wirkliche Masse begriffen werden, wenngleich der Kaiser das zu imaginieren schien. Sie muß vielmehr als *Massensymbol* gelten,[73] wobei diese „Masse" ausnahmslos einen Teil der kaiserlichen Macht darstellt und somit auch als *Machtsymbol* anzusehen ist. Qin Shihuangdis Anspruch der Weltherrschaft und sein Heer der Tonsoldaten treffen sich; Masse und Macht fallen gleichsam in eins.

Der Tod des Kaisers

Von seiner letzten Inspektionsreise durch das Reich im Jahr 210 kehrte Qin Shihuangdi nicht mehr lebend zurück. Die Magier sollen behauptet haben, ein großer Fisch habe die bisherigen Expeditionen am Erreichen der Inseln der Unsterblichkeit gehindert. Auf der Reise an die Ostküste seines Imperiums soll der Kaiser die Verfolgung dieses Fisches aufgenommen haben. Es wird berichtet, er habe ihn nach langer Jagd schließlich mit einem großen Bogen erlegt, sei aber kurz darauf erkrankt und gestorben. Li Si und der ebenfalls einflußreich gewordene Eunuch Zhao Gao, die um ihr Leben bangten, hielten die Nachricht von seinem Tod zunächst zurück und fälschten einen Erlaß, durch den der Thronanwärter Fusu und General Meng Tian zum Selbstmord gezwungen wurden, und eine testamentarische Verfügung, die das Kaiserreich dem zweiten Sohn Qin Shihuangdis, Huhai, anvertraute. Der kaiserliche Zug reiste zuvor in die Hauptstadt zurück, als ob der Kaiser noch am Leben sei. Um den Leichengestank zu überdecken, fuhr sein Wagen hinter einer Ladung faulender Fische her. Schließlich ließ Huhai den Vater im Mausoleum beisetzen. Auch als Toter war er noch Anlaß für weiteres Morden, wie Sima Qian überliefert: „Der Zweite Kaiser ordnete an, daß die kinderlosen Konkubinen seines Vaters ihm ins Grab folgen sollten. Nachdem sie befehlsgemäß beerdigt waren, wies ein Beamter darauf hin, daß die für die mechanischen Vorrichtungen verantwortlichen Handwerker zu viel über den Inhalt des Grabes wüßten, als es für seine Sicherheit gut wäre. Nachdem der Erste Kaiser in die Grabkammer gelegt und der Grabschatz verschlossen war, wurden daher die mittleren und äußeren Tore verriegelt, so daß alle, die an dem Grabmal gearbeitet hatten, darin gefangen waren. Kein einziger kam heraus."[74]

Die Umkehrung

Aus der „Geschichte der früheren Han-Dynastie“ (*Qian Hanshu*), einem Werk aus der Anfangszeit unserer Zeitrechnung, geht hervor, daß im Qin-Reich eine enorme Besteuerung herrschte, sowohl in Form von Geld als auch in Form von Naturalien. Danach nahm der Erste Kaiser die Hälfte der Getreideerzeugung als Getreidesteuer in Anspruch, erhöhte die Steuern auf Gewinne aus dem Handel mit Salz und Eisen auf das 30fache und erhob eine Kopfsteuer. Hinzu kamen Beschlagnahmungen von Stoff und die Zwangsverpflichtung zu Arbeitseinsätzen für seine gigantomanischen Bauprojekte, die zeitweilig drei Millionen oder 15 Prozent der Gesamtbevölkerung beanspruchten, von den Kriegsdiensten ganz zu schweigen. Diese rücksichtslose Ausbeutung führte zu wachsender Unzufriedenheit, zu Hungersnöten, weil die landwirtschaftliche Produktion nicht mehr aufrechterhalten werden konnte, zu Armut und schließlich zu Unruhen. Immer mehr willkürliche Hinrichtungen wurden vollstreckt. Zehntausende mußten ins Gefängnis. Der Zweite Kaiser (Ershi Huangdi) wollte die Gewaltherrschaft ebenfalls nicht mindern und ließ Kritiker gnadenlos bestrafen. Auch wurde er mehr und mehr zur Marionette von Zhao Gao und anderen Eunuchen, die ihm einredeten, das ganze Reich sei nur zu seinem Vergnügen bestimmt. Wegen der wachsenden Staatsausgaben kam es bald zum Streit zwischen Li Si und Zhao Gao, der dafür sorgte, daß der Kanzler ins Gefängnis kam. Nach Folterungen wurde er schließlich auf dem Marktplatz von Xianyang „entzweigesägt, langsam und der Länge nach, weil das länger dauert“, wie Canetti es seinen Sinologen Kien formulieren ließ.[75]

Der Zweite Kaiser regierte nur drei Jahre lang, dann wurde auch er ermordet. Sein Nachfolger Zi-ying, der Sohn eines älteren Bruders des Ersten Kaisers, der dann Zhao Gao und seine ganze Sippe exekutieren ließ, hielt sich nur 46 Tage. Dann kapitulierte er und wurde wenig später hingerichtet. Denn zwischenzeitlich waren die überall im Land entflammten Unruhen unkontrollierbar geworden. Die Traditionalisten, Feudalisten und Konfuzianer hatten ihren Einfluß nicht gänzlich verloren. Und die Bevölkerung selbst begann aufzubegehren. Nun ergriffen vorübergehend die Umkehrmassen, wie Canetti sie nannte,[76] die Macht. Es kam zur Revolution, zum ersten Bauernaufstand in der chinesischen Geschichte, zu einer *gemeinsamen Befreiung von den Befehlsstacheln*, die sich in den Untertanen unter dem Despotismus der Kaiser, dem bedingungslosen Gehorsam, dem engen Korsett der Staatsordnung und des Strafsystems und in den Kriegen massenhaft angesammelt hatten. Das Morden und Überleben zog erneut seine Kreise. Es gab mehrere hunderttausend Tote. Im Jahr 206 eroberten die Rebellen Xianyang. Sie plünderten und brandschatzten und vernichteten auch die kaiserliche Bibliothek und damit zugleich die letzten noch erhaltenen Schriften ihrer Ahnen. Die ehemalige Hauptstadt, so wird berichtet, soll drei Monate lang in Flammen gestanden sein. Nicht einmal vor dem Mausoleum des Kaisers machten die Rebellen halt. Einige drangen in die Unterstände der Terrakotta-Armee ein, rissen deren Waffen an sich und legten Feuer. Das Reich zerfiel. Nach weiteren blutigen Gefechten zwischen den neuen Machthabern, die aus den Umkehrmassen hervorgegangen waren, setzten sich ab 202 dann die Konfuzianer mit Liu Pang durch, der als Kaiser Gaozu den Thron bestieg, eine „allgemeine Amnestie für die Welt“ ausrief und seine Hauptstadt auf der anderen Seite des Wei gegenüber den Ruinen von Xianyang anlegen ließ. Damit begann die Han-Dynastie.

Epilog für das 20. Jahrhundert: Mao Zedong und der Erste Kaiser von China

Trotz all der wechselnden Machtverhältnisse (einschließlich der Okkupation und Fremdherrschaft der Mongolen) bestand das von Qin Shihuangdi errichtete Kaiserreich in verschiedenen geographischen Ausdehnungen bis zum Jahr 1911. Tatsächlich herrschte mit den Mächtigen Chinas ein Schatten der Macht des Ersten Kaisers bis in die jüngste Vergangenheit. Insbesondere von Mao Zedong wurde der erste Kaiser hoch verehrt. Nach dem sogenannten „Langen Marsch" mit seinen Getreuen, durch den er infolge der riesigen Verluste zum Überlebenden geworden war, ergriff Mao von derselben Region (Shaanxi) aus wie Qin Shihuangdi die Macht. Der Kaiser galt ihm als der große Veränderer und Umwerter aller Werte, dessen Reichseinigung und Beseitigung der alten Gesellschaftsordnung Mao pries. Er verstand sich als Nachfolger Qin Shihuangdis und als Vollender seiner Werke; gleichzeitig wünschte er sich wohl nichts sehnlicher, als diesen zu *übertreffen*. Tatsächlich sagte er das selbst: Als die Kommunistische Partei im Rahmen des Programms vom „Großen Sprung nach Vorn" die Parole ausgab, man müsse mehr Gewicht auf das Neue und weniger auf das Alte legen („Houjin bogu"), bezog sich Mao in einer Rede von 1958 in unverhohlener Brutalität auf Qin Shihuangdi: „Der erste Kaiser der Qin war der Auffassung, daß ‚jeder, der mit dem Alten das Neue kritisiert, mitsamt seiner ganzen Familie hingerichtet werden soll.' Er war ein Experte darin, auf das Neue Wert zu legen und das Alte geringzuachten. (...) Was zählt der Erste Kaiser der Qin denn schon? Er hat lediglich 460 Konfuzianer lebendig begraben, während wir 46 000 Konfuzianer lebendig begraben haben. (...) Ich habe darüber einmal mit demokratischen Persönlichkeiten diskutiert: Ihr beschimpft uns, wir seien wie der Erste Kaiser der Qin – falsch, wir haben den Ersten Kaiser der Qin noch um ein Hundertfaches übertroffen!"[77]

In den 70er Jahren wurde Qin Shihuangdi erneut bemüht, diesmal aber zur Legitimation der eigenen Politik.[78] Er sei fortschrittlich gewesen und edel im Gegensatz zu Konfuzius, einem angeblichen politischen „Reaktionär" und „Vertreter der untergehenden Sklavenhalterklasse", hieß es zunächst. Hintergrund dafür war der mysteriöse Tod des designierten Mao-Nachfolgers und heimlichen Putschisten Lin Biao. In der aufgrund der 2000jährigen Kluft sehr seltsam anmutenden, letztlich von der sogenannten „Viererbande" betriebenen historiographischen Interpretation stand Konfuzius gleichsam für Lin Biao, Qin Shihuangdi für Mao. So diente die Vergangenheit als Folie für die Deutung der Gegenwart, doch diesmal nicht aus dem Mund der Unterdrückten wie in Qin oder wie erst wenige Jahre zuvor bei den Intellektuellen, die im Rahmen der sogenannten „Kulturrevolution" dieser verschleierten Kritik wegen verfolgt, gefoltert oder sogar in den Tod getrieben worden waren, sondern aus dem Mund der Unterdrücker. Kurze Zeit später, nach Maos Tod 1976, wendete sich das Blatt der Geschichtsschreiber erneut: Qin Shihuangdi (respektive Mao) wurde relativiert, sein Despotismus geriet in die Kritik, und sein Verfolgungswahn und die Unsterblichkeitsphantasien wurden als Anzeichen zunehmenden Realitätsverlusts gedeutet.

In diesen historiographischen Vereinnahmungen wird deutlich, wie sich die Fäden der Macht über Jahrtausende spannen oder doch spannen lassen. *Geschichtsschreibung* in dieser Instrumentalisierung ist selbst eine Form der Machtausübung. (Auch sonst stehen die Historiker nicht selten auf der Seite des Mächtigen und schildern seine Taten mit Ehrfurcht, anstatt ihre Brutalität bloßzulegen,[79] oder sie subsumieren sie unter einen höheren Sinn; so arbeiten sie für eine falsche Unsterblichkeit!) Tod, Macht und Überleben sind mit einem blutigen Band aufs engste verknüpft. „Aus der Bemühung Einzelner, den Tod von sich abzuwenden, ist die ungeheuerliche Struktur der Macht entstanden. Unzählige Tode wurden für das Fortleben eines Einzelnen gefordert. Die Verwirrung, die daraus entstand, heißt Geschichte. Hier hätte die wahre Aufklärung zu beginnen, die das Recht jedes Einzelnen auf Fortleben begründet."[80] Die Geschichte aber, dieses mörderische „Seinesgleichen geschieht"[81], besteht „hauptsächlich aus teuflischen Grausamkeiten": „Quälen und töten, töten und quälen."[82] Das China Qin Shihuangdis ist nur eine Episode in der blutigen Spur, die die Menschheitsgeschichte über diesen Planeten zieht, wenn am Beispiel des Ersten Kaisers und seiner Gefolgschaft die Strukturen der Macht, wie Canetti sie freigelegt hat, auch besonders deutlich gemacht werden können.

Aber wenn diese Geschichte kein Ziel und keinen Sinn enthält und keinen voraussehbaren Gang, dann ist sie „in ihrer Offenheit immer beeinflußbar ..., sozusagen in unseren Händen."[83] „Auch bei seiner größten Anstrengung kann der Mensch sich nur vornehmen, den Schmerz der Welt mengenmäßig zu vermindern", hat Albert Camus festgestellt. „Aber Leiden und Ungerechtigkeit werden bleiben und, wie begrenzt auch immer, nie aufhören, der Skandal zu sein."[84] – Ein vollkommenes irdisches Paradies können wir nicht errichten; es existiert nur in den leeren Versprechungen der Ideologen. Doch unser Spielraum ist kaum jemals vollständig ausgereizt worden. Die Einsicht in die Eingeweide der Macht, in die Paranoia des Überlebens und in die Mechanismen von Befehl und Gehorsam kann dazu freilich nicht ausreichen. Vieles mehr ist notwendig, vor allem Mut. „Vielleicht sind diese Hände zu schwach, um etwas in ihr (der Geschichte, das heißt hier selbstverständlich: unserer eigenen Zeit) auszurichten", notierte Canetti in einer Aufzeichnung. „Aber da wir auch das nicht wissen, sollen wir's versuchen."[85]

Anmerkungen

1) Wie Elias Canetti mir nach der Lektüre einer ausführlicheren Fassung dieses Textes in einem Brief vom 4. Juni 1994 mitteilte, hatte er vor über 30 Jahren für den damals noch geplanten zweiten Band von *Masse und Macht* ein Kapitel von acht ausgewählten Machthabern vorgesehen, darunter auch Qin Shihuangdi. Vor dem Hintergrund seiner damaligen und nach den Ausstellungen der Terrakotta-Funde in Europa erneut erfolgten Lektüre der übersetzten Schriften von Han Feizi und anderen Legalisten sowie Sima Qian und Derk Bodde war Canetti mit meinen Ausführungen ohne Einschränkungen einverstanden.

2) Elias Canetti, *Die Blendung*, Frankfurt am Main 1988, S. 93. Im weiteren zitiert unter B mit Seitenangabe.

3) Die Schreibweise der chinesischen Namen folgt der offiziellen Pinyin-Umschrift.

4) Zit. nach Arthur Cotterell, *Der Erste Kaiser von China*, Frankfurt am Main 1981, S. 140

5) Für eine historische Einordnung und einen allgemeinen Überblick über die chinesische Geschichte siehe etwa Herbert Franke/Rolf Trauzettel, *Das Chinesische Kaiserreich*, Frankfurt am Main 1968; Wolfram Eberhard, *Geschichte Chinas. Von den Anfängen bis zur Gegenwart*, Stuttgart 1971; Jaques Gernet, *Die chinesische Welt. Die Geschichte Chinas von den Anfängen bis zur*

Jetztzeit, Frankfurt am Main 1979; Arthur Cotterell/Yong Yap, *Das Reich der Mitte. 5000 Jahre Geschichte und Tradition des Alten China*, Bern, München 1981; Gustav-Adolf Wolter, *Geschichte Chinas. 4000 Jahre Reich der Mitte*, Esslingen, München 1987. Zum Ersten Kaiser von China siehe speziell Derk Bodde, *China's First Unifier. A Study of the Ch'in Dynasty as Seen in the Life of Li Ssu*, Leiden 1938; Werner Krüger, *Shihuang Di und der Alltag im alten China*, Köln 1981; Arthur Cotterell, *Der Erste Kaiser von China*, op. cit., und Lothar Ledderose/Adele Schlombs (Hrsg.), *Jenseits der Großen Mauer. Der Erste Kaiser von China und seine Terrakotta-Armee* (Katalog zur Ausstellung im Museum am Ostwall, Dortmund, 12.8. - 11.11.90), Gütersloh, München 1990.

6) Elias Canetti, „Konfuzius in seinen Gesprächen", in: *Das Gewissen der Worte*, Frankfurt am Main 1987, S. 205–211. Im weiteren zitiert unter GdW mit Seitenangabe.

7) Zit. nach Cotterell, S. 141

8) Ebd., S. 44 f.

9) Ebd., S. 117

10) Sima Qian, *Shi Ji* (Zhonghua-Ausgabe), Beijing 1959; englische Übersetzungen erschienen 1974 in Hongkong (*Records of the Historian. Written by Szuma Chien*) und 1979 in Beijing (*Selections from Record of the Historian. By Szuma Chien*), die hier wiedergegebenen deutschen Übersetzungen sind nach Cotterell oder Ledderose/Schlombs zitiert.

11) Zit. nach Ledderose/Schlombs, S. 190, u. Cotterell, S. 67

12) Vgl. Elias Canetti, *Masse und Macht*, Frankfurt am Main 1987, S. 278 ff. Im weiteren zitiert unter MuM mit Seitenangabe.

13) Zit. nach Cotterell, S. 150

14) Vgl. MuM, S. 446

15) Zit. nach Cotterell, S. 70

16) Ebd., S. 77 ff.

17) MuM, S. 445; vgl. Rüdiger Vaas, „Masse, Macht und der Verlust der Einheit", in: Michael Krüger (Hrsg), *Einladung zur Verwandlung*, München 1995, S. 219-260, hier S. 247 f.

18) Zit. nach Cotterell, S. 74 f.

19) Laudse, *Daudedsching*, München 1980, Kap. 76, S. 126; vgl. auch Kap. 8, S. 58

20) Vgl. Robert Heuser, „Verwaltung und Recht im Reich des Ersten Kaisers", in: Ledderose/Schlombs, S. 66–75

21) MuM, S. 336 ff.

22) MuM, S. 350

23) Heuser, a.a.O., S. 69

24) Zit. nach Staatliche Museen zu Berlin, Ostasiatische Sammlung (Hrsg.), *Tonfiguren von Kriegern und Pferden der Qin-Dynastie Chinas* (Sonderausstellung in der ostasiatischen Sammlung im Pergamonmuseum, 1. 10. bis 8. 12. 87), Berlin 1987, S. 27

25) Zit. nach Cotterell, S. 153

26) Ebd., S. 164

27) Ebd.

28) Vgl. John Pattillo-Hess: „Der enge und breite Körper der Macht", in: *Verwandlungsverbote und Befreiungsversuche in Canettis Masse und Macht*, Wien 1991, S. 100 - 107, hier S. 101

29) Franke/Trauzettel, S. 77

30) Helwig Schmidt-Glintzer, „Qin Shihuangdi. Der Erste Gottkaiser von China", in: Ledderose/Schlombs, S. 58 - 65, hier S. 65

31) So Sima Qian, s. ebd., S. 65

32) MuM, S. 504

33) MuM, S. 514

34) MuM, S. 255

35) *Literatur und Kritik* 7, S. 272 - 285 (1972), hier S. 277

36) MuM, S. 250

37) Elias Canetti, „Macht und Überleben", in: GdW, S. 25 - 41, hier S. 27

38) Elias Canetti, *Das Geheimherz der Uhr*, Frankfurt am Main 1990, S. 157. Im weiteren zitiert unter GdU mit Seitenangabe.

39) „Macht und Überleben", in GdW, S. 31 f.; vgl. auch MuM, S. 253

40) GdW, S. 34

41) Vgl. hierzu MuM, S. 304-311; „Konfuzius in seinen Gesprächen",in: GdW S. 209 ff .; „Dr. Hachiyas Tagebuch aus Hiroshima", in: GdW, S. 220-228, hier S. 222 ff. u. 227, u. *Austriaca 11*, S. 22 (1980). Vgl. auch Wolfgang Hädecke, „Der alte und der neue Überlebende", in: *Literatur und Kritik 13*, S. 153-158

42) Elias Canetti, *Die Provinz des Menschen. Aufzeichnungen 1942-1972*, München 1973, S. 153. Im weiteren zitiert unter PdM mit Seitenangabe.

43) Vgl. MuM, S. 72 - 79

44) „Macht und Überleben", in: GdW, S. 33

45) Ebd., S. 32

46) MuM, S. 256

47) Ebd., S. 498

48) „Macht und Überleben", in: GdW, S. 35

49) MuM, S. 251

50) Vgl. Ledderose/Schlombs, S. 64

51) MuM, S. 249

52) Zit. nach Ledderose/Schlombs, S. 63

53) Zit. nach Cotterell, S. 157

54) Ebd., S. 153 f.

55) MuM, S. 269 - 272

56) Elias Canetti, „Hitler, nach Speer", in: GdW, S. 175-204, hier S. 180

57) Vgl. Ledderose/Schlombs, S. 190

58) Ausgrabungsbericht 1974 - 1984, Shaanxi 1984, dt. Übersetzung als Forschungsbericht 7/1992 des Bayerischen Landesamtes für Denkmalpflege, S. 53

59) Zit. nach Ledderose/Schlombs, S. 191

60) Ebd.

61) Zit. nach Cotterell, S. 58

62) Zit. nach Ledderose/Schlombs, S. 77

63) Cotterell, S. 147

64) Zit. nach Cotterell, S. 17

65) O. Kümmel, *Die Kunst Chinas, Japans und Koreas*, Potsdam 1929, S. 13

66) Ledderose/Schlombs, S. 253

67) Siehe dazu bes. Ledderose/Schlombs; vgl. auch Cotterell, S. 16 - 53, „Tonfiguren"; Fora Blanchon (Hrsg.), *Qin Shihungdi. Les Guerriers de l'Eternite*, Metz 1992, u. Rüdiger Vaas, „Die letzte Armee des Ersten Kaisers von China", in: *Universitas 50*, 1995, S. 158-173

68) GdU, S. 112 f.

69) Siehe MuM, S. 311

70) Lothar von Falkenhausen, „Ahnenkult und Grabkult im Staat Qin", in: Ledderose/Schlombs, S. 35 - 48, hier S. 35

71) Vgl. MuM, S. 323

72) Siehe „Hitler, nach Speer", in: GdW, S. 179

73) Vgl. MuM, S. 187 ff.

74) Zit. nach Cotterell, S. 17

75) B, S. 94

76) MuM, S. 60 ff. und 366 f.

77) Helmut Martin (Hrsg.), „Mao Zedong. Reden auf der 2. Sitzung des VIII. Parteitages der Kommunistischen Partei Chinas", in: *Mao Zedong Texte*, Band III (1982), S. 121 f.

78) Vgl. dazu Susanne Weigelin-Schwiedrzik, „Der Erste Kaiser und Mao Zedong", in: Ledderose/Schlombs, S. 98 - 106

79) Vgl. MuM, S. 254 und PdM, S. 32

80) PdM, S. 304

81) Robert Musil, *Der Mann ohne Eigenschaften*, Reinbek bei Hamburg 1992, S. 81, 306 und 1210

82) PdM, S. 150

83) Elias Canetti, *Die Fliegenpein*, München 1992, S. 133

84) Albert Camus, *Der Mensch in der Revolte*, Reinbek bei Hamburg 1987, S. 245

85) *Die Fliegenpein*, a.a.O., S. 133

Massensymbole: Palästinenser contra Israelis

Uri Avnery

Abraham und Sarah - ursprünglich hießen sie Abram und Sarai - waren aus dem heutigen Irak in das Land Kanaan ausgewandert. „Sarai, Abrams Frau, gebar ihm kein Kind. Sie hatte aber eine ägyptische Magd, die hieß Hagar. Und Sarai sprach zu Abram: Siehe, der Herr hat mich verschlossen, daß ich nicht gebären kann. Geh doch zu meiner Magd, ob ich vielleicht durch sie einen Sohn bekomme ...

Und er ging zu Hagar, die ward schwanger. Als sie nun sah, daß sie schwanger war, achtete sie ihre Herrin gering ... Als nun Sarai sie demütigen wollte, floh sie von ihr. Aber der Engel des Herrn fand sie bei einer Wasserquelle in der Wüste ... Und der Engel des Herrn sprach zu ihr: Kehre wieder um zu deiner Herrin und demütige dich unter ihre Hand ... Ich will deine Nachkommen so mehren, daß sie der großen Menge wegen nicht gezählt werden können ... Siehe, du bist schwanger geworden und wirst einen Sohn gebären, dessen Namen sollst du Ismael nennen, denn der Herr hat dein Elend erhört. Er wird ein wilder Mensch sein, seine Hand wider jedermann und jedermanns Hand wider ihn, und er wird wohnen all seinen Brüdern zum Trotz ...

Und Hagar gebar Abram einen Sohn, und Abram war sechsundachtzig Jahre alt, als ihm Hagar den Ismael gebar." (Genesis 16)

Danach kamen die drei Engel zu Abraham und versprachen ihm einen Sohn von Sarah, obwohl er schon hundert Jahre alt war und sie neunzig. Sie gebar Isaak - wörtlich auf hebräisch, „er wird lachen", weil sie dachte, daß jeder lachen würde, der das hört. Und dann der Höhepunkt der Geschichte:

„Und Abraham machte ein großes Mahl am Tage, da Isaak entwöhnt wurde. Und Sarah sah den Sohn Hagars, der Ägypterin ... wie er Mutwillen trieb. Da sprach sie zu Abraham: Treibe diese Magd aus mit ihrem Sohn; denn der Sohn dieser Magd soll nicht erben mit meinem Sohn Isaak.

Das Wort mißfiel Abraham sehr um seines Sohnes willen. Aber Gott sprach zu ihm: Laß es dir nicht mißfallen wegen des Knaben und der Magd. Alles, was Sarah dir gesagt hat, dem gehorche; denn nur nach Isaak soll dein Geschlecht benannt werden. Aber auch den Sohn der Magd will ich zu einem Volk machen, weil er dein Sohn ist.

Da stand Abraham früh am Morgen auf und nahm Brot und einen Schlauch mit Wasser und legte es Hagar auf ihre Schulter, dazu den Knaben, und er schickte sie fort. Da zog sie hin und irrte in der Wüste umher bei Beerseba.

Als nun das Wasser in dem Schlauch ausgegangen war, warf sie den Knaben unter einen Strauch und ging hin und setzte sich gegenüber von ferne, einen Bogenschuß weit, denn sie sprach: Ich kann nicht ansehen des Knaben Sterben. Und sie setzte sich gegenüber und erhob ihre Stimme und weinte. Da erhörte Gott die Stimme des Knaben. Und der Engel Gottes rief Hagar vom Himmel her und sprach zu ihr: Was ist dir, Hagar?

Fürchte dich nicht, denn Gott hat gehört die Stimme des Knaben, der dort liegt. Steh auf, nimm den Knaben und führe ihn an deiner Hand, denn ich will ihn zum großen Volk machen.

Und Gott tat ihr die Augen auf, daß sie einen Wasserbrunnen sah. Da ging sie hin und tränkte den Knaben." (Genesis 21)

In dieser Legende, in einem wunderbaren Hebräisch verfaßt, kann man die menschlichsten Schwächen finden: Überheblichkeit, Eifersucht, Gier, Kampf um das Erbe. Die Bibel beschreibt ihre Helden nicht als übermenschliche Heroen. Ganz im Gegenteil: Der Stammesvater ist ein Pantoffelheld, die Stammesmutter ist grausam, geizig und bereit, alles zu tun, um den Sohn der armen Magd zu enterben und das Erbe ungerechterweise ihrem Sohn zuzuschanzen. Und gerade die fremde Magd und ihr Kind erregen in dieser Tragödie Sympathie und Mitleid.

Aber es geht in dieser Legende um viel mehr als um einen Familienzwist. Diese Sage aus der Urzeit erzählt, daß der mythische Stammesvater der Juden, Abraham, den mythischen Stammesvater der Araber, Ismael, aus dem heutigen Palästina in die Wüste vertrieben hat – genau so, wie es seine Nachkommen nach 4000 Jahren getan haben. Die Ähnlichkeit zwischen der uralten Legende und den Ereignissen der jüngsten Vergangenheit ist frappant. Es kann einfach kein Zufall sein, daß der Kampf zwischen diesen beiden Völkern, die heute Juden und Araber, oder Israelis und Palästinenser heißen, sich schon in den ältesten Mythen beider Völker findet. Der Kampf um das geistige und materielle Erbe, um die religiöse Wahrheit und um das Land, das beide Völker als ihr alleiniges Vaterland beanspruchen, die Vertreibung und die Wiederkehr – das alles ist schon in der Urlegende enthalten.

Isaak und Ismael sind Feinde, aber auch Brüder, Ismael ist der Erstgeborene, aber der Sohn einer Magd. Das besagt nicht, daß ihm das Erbe nicht zukam. Die 12 Söhne Jakobs, eine Generation später, waren ja gleichberechtigt, obwohl einige von ihnen die Söhne von Mägden waren. Als Erstgeborenem standen Ismael zwei Drittel des Erbes zu.

Der Kampf um das *religiöse* Erbe entbrannte schon früh mit dem Entstehen des Islam. Auch im Koran wird Abraham – Ibrahim – als der Vater der wahren Religion betrachtet und sogar zum Propheten erhoben, was er in der jüdischen Religion nicht ist. Aber laut der islamischen Lehre haben die Juden später die echte Religion verfälscht, und die Muslims sind die wahren Nachfolger.

Auch der heutige nationale Konflikt hat religiöse Aspekte. Ultraorthodoxe jüdische Siedler schießen auf Muslims in Hebron, islamische Fundamentalisten sprengen sich mit jüdischen Soldaten in die Luft.

In der islamischen Tradition ist es Ismael, nicht Isaak, der von Abraham geopfert werden sollte, um seine Gottesfurcht zu beweisen, und der im letzten Augenblick von Gott gerettet wurde. Das geschah auf dem Berg Moriah, dem Tempelberg zu Jerusalem, der heute beinahe täglich im Mittelpunkt des Streites zwischen Juden und Palästinensern steht.

Nach der islamischen Tradition sind Abraham und Ismael nach Arabien ausgewandert und haben die heilige Kaaba nach Mekka gebracht. Isaak wird im Koran zwar erwähnt, aber nur als Nebenfigur. Die wahre Nachfolge geht durch Ismael.

Vor ein paar Jahren ist in Nazaret ein Streit entbrannt. Der damalige Bürgermeister, ein bekannter palästinensischer Dichter, hat eine große Statue von Hagar, der Mutter Ismaels, im Stadtpark errichten lassen. Er hat sie zum Nationalsymbol seines Volkes erhoben. Einige arabische Bürger waren beleidigt, da Hagar ja nur eine Magd war. Es wurde aber hervorgehoben, daß der Name Hagar in beiden Sprachen mit Vertreibung und Auswanderung (hagira auf hebräisch, hijra auf arabisch) zu tun hat.

Ein geistiges Vaterland

Es ist schon gesagt worden, daß der israelisch-palästinensische Konflikt nicht nur ein Zusammenprall zweier Völker und zweier großer nationaler Bewegungen ist, sondern auch - und vielleicht hauptsächlich - ein Kampf zwischen zwei nationalen Traumata. Gerade das macht die Beilegung des Konfliktes so schwierig. Völker können Kompromisse schließen, Bewegungen ihre Strategien ändern, aber wie kann man eine Brücke zwischen Traumata bauen?

Um überhaupt zu verstehen, *was* in unserem Lande in den letzten 100 Jahren passiert ist, und *warum* es passiert ist, muß man die Traumata, die Mythen, die Symbole der beiden Seiten kennenlernen, denn sie waren es, die die Ideenwelt, und darum auch die Handlungsweise der beiden Seiten bestimmt haben.

Marxisten glauben, daß materielle Interessen die Handlungen von Völkern und Klassen bestimmen. Zyniker sind sicher, daß in einem Kriege Mythen nur erfunden werden, um die eigene Seite zu rechtfertigen und den Feind zu diskreditieren und zu dämonisieren. Beide unterschätzen den ungeheuren Einfluß der Symbole. Die Symbole stellen die Weichen, auf denen die Züge der Geschichte vorwärts rollen, ob langsam oder mit gewaltiger Wucht. Vieles, was vor unseren Augen vor sich geht und irrsinnig oder unverständlich erscheint, ist die logische Auswirkung von Mythen und Symbolen, die Menschen und ganze Völker beherrschen, die die Herren ihres kollektiven Unterbewußtseins sind, denen sie wehrlos untertänig sind. Man denke zum Beispiel an die historischen Mythen des serbischen Volkes, die heutzutage zur ethnischen Säuberung bis an den Rand des Völkermordes führen.

Ich glaube, daß Elias Canetti in *Masse und Macht* das gemeint hat, als er von den Massensymbolen der Völker sprach. Er schrieb über die „Vorstellungen und Gefühle, die die Nationen von sich selbst haben", und fügte hinzu: „Der Angehörige einer Nation sieht immer sich selbst, auf s e i n e Weise verkleidet, in starrer Beziehung zu einem bestimmten Massensymbol, das einer Nation das wichtigste geworden ist. In dessen regelmäßiger Wiederkehr, in dessen Auftauchen, wenn es der Augenblick erfordert, liegt die Kontinuität des Nationalgefühls. Mit ihm und mit ihm allein verändert sich das Selbstbewußtsein einer Nation."

Vor drei Jahren habe ich auf dieser Bühne versucht, die Massensymbole der Juden und der Israelis zu definieren und auszusortieren, ihre Ähnlichkeiten und Verschiedenheiten zu untersuchen, um festzustellen, ob die Israelis in Wirklichkeit noch Juden sind, oder *nur* Juden sind, oder ob sie sich zu etwas anderem entwickelt haben. Also Judentum contra Israel.

Die jüdische Kultur, wie wir sie heute kennen, ist in der Diaspora entstanden. Es war und ist die Kultur einer Gemeinde, die schwer zu definieren ist: Kein Volk im modernen, europäischen Sinne, aber auch nicht nur eine Glaubensgemeinschaft, wie man manchmal behauptet hat, sondern eine historische Schicksalsgemeinschaft, in der Welt verstreut und durch Mythen verbunden, die in einem erinnerten Vaterland wurzeln. In der abendländischen Kultur war dieses jüdische Kollektiv außergewöhnlich und daher gefürchtet und gehaßt. Aber in der semitischen Kultur der späten Antike war so ein Gebilde ganz gewöhnlich. Ein Christ in Alexandrien gehörte zum selben Volke wie ein Christ in Antiochia, hatte aber nichts mit seinen hellenischen Nachbarn zu tun.

In so einer zerstreuten, religiös-kulturell-ethnischen Schicksalsgemeinschaft, die kein gemeinsames Territorium hat und vielleicht noch nicht einmal eine gemeinsame Sprache, spielen die Mythen und Symbole im kollektiven Bewußtsein eine ganz besonders große Rolle. Mehr noch als bei „normalen" Völkern bedarf man ihrer als *geistiges Vaterland*, als Ersatz-Vaterland. Kritiker bei uns, besonders die, die sich mit dem Unterrichtswesen beschäftigen, haben behauptet, daß wir Israelis keine Geschichte haben, sondern eben nur Mythen.

Geschichte ist Vergangenheit. Sie ist vor 2000, vor 1000, vor 50 Jahren geschehen. Aber Mythen sind zeitlos, buchstäblich zeit-los, und daher gegenwärtig. Das gibt ihnen ihre ungeheure Kraft.

Es ist kein Zufall, daß Elias Canetti, als Jude in der Diaspora geboren, sich dieser Wichtigkeit der Massensymbole so bewußt war. Er hat sie mit der Muttermilch aufgenommen.

In *Masse und Macht* hat Canetti versucht, die Massensymbole einiger Nationen aufzuzeichnen. Er spricht über das Meer als das Massensymbol der Engländer, die es wie Schiffskapitäne bezwingen wollen. Das Symbol der Holländer ist der Deich, der das hart gewonnene Land vor dem Meer verteidigt. Der Spanier sieht sich als Matador, und das bestimmt sein Verhalten. Der Schweizer schaut auf die Berge, sie sind nicht nur seine geographische, sondern auch seine geistige Heimat. Das deutsche Symbol ist das Heer, das dem deutschen Walde gleicht, ein marschierender Wald.

Das alles hat Canetti intuitiv - ich würde beinahe sagen poetisch - erkannt. Aber dann schrieb er über das Massensymbol der Juden, und da brauchte er keine Intuition mehr, denn das kannte er aus seiner Kindheit. Der *Auszug aus Ägypten* ist das zentrale Thema des jüdischen kollektiven Bewußtseins.

Vor drei Wochen haben Millionen Juden in der ganzen Welt den Seder-Abend gefeiert, haargenau so, wie ihn Canetti in seiner Kindheit miterlebt hat, genau so, wie ihn Dutzende Generationen in unzähligen jüdischen Familien gefeiert haben. Am Vorabend des Pessach-Festes, das jüdische Ostern, versammelt sich die ganze Familie, vom Großvater bis zum kleinsten Kind, beim Kerzenlichte und liest gemeinsam die Geschichte des Auszuges aus Ägypten. Der Text (die Haggada) ist seit Jahrhunderten festgelegt, er wird nach einer bestimmten Ordnung vorgelesen und gesungen. Alle Familienmitglieder - bis zum allerkleinsten, der vier Fragen stellen muß - nehmen daran teil. Genau vier Gläser Wein werden an bestimmten Stellen des Textes getrunken, eine Mahlzeit wird an einer bestimmten Stelle im Text eingenommen. Der Tisch ist nach bestimmter Weise mit symbolischen Speisen gedeckt, man sitzt auf bestimmte Art, man ißt besondere Speisen. Alle Sinne - Hören, Sehen, Schmecken, Tasten, Riechen - werden benutzt, um die Suggestion zu verstärken. Für ein Kind ist das Erlebnis natürlich besonders hypnotisch, es erlebt es

Jahr für Jahr, es behält es sein Leben lang in seinem Bewußtsein und Unterbewußtsein. Canetti wußte, wovon er sprach.

Beinahe alle jüdischen Familien feiern den Seder-Abend - in Wien wie in Tel-Aviv, strenge Orthodoxe wie überzeugte Atheisten. Freidenker sagen oft, daß sie es nur der Kinder wegen tun, und merken nicht, daß sie selbst die Kinder sind, die sich nach dem Erlebnis ihrer Kindheit sehnen.Andere sagen, daß sie zwar überhaupt nicht religiös sind und nicht an Gott glauben, aber doch „die Tradition bewahren wollen", denn jedes Volk braucht doch eine Tradition. Und was es sonst noch für Ausflüchte gibt.

Kein Mensch weiß, ob der Auszug aus Ägypten tatsächlich jemals stattgefunden hat. Es gibt dafür keine historischen Beweise, und auch die größten Bemühungen israelischer Archäologen haben nicht weitergeholfen. Auf die Weise, wie er in der Bibel beschrieben ist, konnte er gar nicht stattgefunden haben. Vielleicht hat sich etwas viel Kleineres ereignet, das dann von Legenden umwoben wurde. Das ist aber ganz unwichtig. Was wichtig ist, ist ja nicht die historische Wahrheit, sondern der quasi-historische Mythos, der seit Jahrtausenden das jüdische Bewußtsein formt und bestimmt.

Schon in der Bibel selbst wird der Auszug viele Dutzend Male erwähnt. Wie oft sagt da Gott zu den Kindern Israels: „Ich habe euch aus Ägypten geführt und aus der Knechtschaft gebracht." (Richter, 6) Sogar in den zehn Geboten (in der zweiten Version im 5. Buch Mose 5) gebietet Gott den Juden, den Sabbat zu halten: „Da sollst du keine Arbeit tun, auch nicht dein Sohn, deine Tochter, dein Knecht, deine Magd, dein Rind, dein Esel, all dein Vieh, auch nicht der Fremdling , der in deiner Stadt lebt ... denn du sollst daran denken, daß auch du Knecht in Ägyptenland warst und der Herr, dein Gott, dich von dort herausgeführt hat mit mächtiger Hand und ausgerecktem Arm."

Der Auszug aus Ägypten hat sich in der jüdischen Geschichte viele Male wiederholt. Genau wie es in der Haggada steht: „Nicht nur einer stand auf, uns zu vernichten, sondern in jedem Zeitalter erheben sie sich wider uns, um uns dem Verderben preiszugeben." Beinahe in jedem christlichen Land gab es Judenvertreibungen, Unterdrückung und Flucht. Man denke nur an die Vertreibung der Juden aus vielen Gebieten Deutschlands in der Zeit des schwarzen Todes im Mittelalter oder an die Vertreibung aller Juden aus Spanien vor 500 Jahren.

Selbst in der jüngsten Vergangenheit forderten die Juden das Recht, aus dem Hause der Knechtschaft, der Sowjetunion, auswandern zu dürfen, und benutzten als Parole die Worte, die Moses an den Pharao gerichtet hatte: „Laß mein Volk ziehen!" Die Auswanderung von mehr als einer halben Million Juden aus der ehemaligen Sowjetunion in den letzten Jahren wird ganz allgemein mit dem Auszug aus Ägypten verglichen. Es ist Gegenwart.

Vielleicht ist es seltsam - und vielleicht auch nicht -, daß das allerübelste antisemitische Greuelmärchen, das zu den blutigsten Pogromen geführt hat, auch mit dem Auszug aus Ägypten zu tun hat. Die sogenannte Blutlüge behauptete, die Juden würden Christenkinder entführen und schlachten, weil sie ihr Blut zur Bereitung von Mazzot brauchen. Mazzot ist das ungesäuerte Brot, das Juden in der Pessachwoche, zum Andenken an den Auszug, essen müssen.

Beinahe alle religiösen Feiertage der Juden haben etwas mit Unterdrückung und Erlösung zu tun. Hannuka ist das Fest der Befreiung von der griechischen Unterdrükkung (gemeint ist der syrische Nachfolgestaat Alexanders des Großen), Purim das Fest der Erlösung vom Völkermord in Persien, Pessach das Fest der Erlösung vom Joche des Pharaos. Sukkot erinnert an die Wanderung in der Wüste nach der Flucht aus Ägypten. Lag ba'omer hat mit der römischen Unterdrückung zu tun. Tisch'a be'av erinnert an die zweimalige Zerstörung des Tempels - erst durch die Babylonier und dann, 500 Jahre später, durch die Römer, am selben Tag.

Für die Juden war in den Jahrtausenden der Zerstreuung die Geschichte eine einzige Erzählung von Verfolgungen, Vertreibungen, Judenedikten, Inquisition und Pogromen, die im Holocaust gipfelt. In jüdischen Augen sind alle diese Geschehnisse nur eine endlose Wiederholung der Knechtschaft in Ägypten und der Erlösung.

Kein anderes Volk auf der Welt hat als zentrales Motiv seiner Mythen das Leben in der Fremde: Der Stammesvater war ein Einwanderer aus Mesopotamien, das Volk Israel ist in der Knechtschaft in Ägypten geboren, die Religion wurde ihm auf der Sinai-Halbinsel verkündet. Der eigentliche Gründer der Nation, Moses, hat das Land Israel nie betreten und durfte es nur von ferne sehen. Selbst der Begriff „Jude" ist im babylonischen Exil entstanden.

Siegfried statt Sigmund

Der moderne Zionismus, die historische Bewegung, die zur Gründung des Staates Israel geführt hat, wollte aus diesem Teufelskreis der Verfolgung aussteigen. Die Grundidee war, daß die Juden alle diese Verfolgungen erlitten haben, weil sie überall eine wehrlose Minderheit waren. Erst wenn sie wieder aus dem „Exil" (so hieß die Diaspora immer) in ihre historische Heimat zurückkehren, werden sie in der Lage sein, als Mehrheit im eigenen Lande ihr Schicksal in die Hand zu nehmen. Das ist der Kern der zionistischen Idee bis heute.

Natürlich ist auch der Zionismus im Ausland entstanden. Sein eigentlicher Gründer war ein Wiener Journalist, der erste Kongreß fand in der Schweiz statt. Herzl schrieb in sein Tagebuch: „In Basel habe ich den Judenstaat gegründet." Zu diesem Zeitpunkt war weder er noch irgendeiner seiner Kollegen jemals in Palästina gewesen.

Der Zionismus ist vor hundert Jahren entstanden, und der Zeitpunkt ist nicht zufällig. Es war die Blütezeit des modernen Nationalismus. Überall in Europa entstanden nationale Bewegungen. Selbst die kleinsten Völker - Letten, Slowenen, Tschechen - erklärten sich zu Nationen, verlangten Selbständigkeit und erfanden die geeigneten nationalen Mythen und Symbole.

Beinahe alle diese Bewegungen waren ausgesprochen antisemitisch oder jedenfalls antisemitisch angehaucht. Die Juden merkten plötzlich, daß sie nicht dazugehörten: weder zum Deutschland des 2. Reiches, noch zum Frankreich der Dreyfus-Affäre, noch zum Rußland Rasputins. Und ganz sicher nicht zu Wien, wo ein erklärter Antisemit wie Karl Lueger Bürgermeister werden konnte - und zwar im Jahre 1897, im selben Jahr, in dem der Wiener Herzl den ersten zionistischen Kongreß einberief.

Der Zionismus war sowohl eine Antwort auf den modernen Nationalismus als auch ein Teil von ihm. Wenn für uns Juden kein Platz in euren Nationen ist, sagten die Zionisten, dann werden wir uns eben als eigene Nation statuieren und uns einen eigenen Staat schaffen. Und das haben sie dann auch getan.

Der Zionismus war im Grunde eine totale Ablehnung des Exils und alles dessen, was in der Diaspora entstanden ist. Die Gründer waren zum großen Teil Atheisten, wie auch Theodor Herzl selbst, und es war ganz natürlich, daß alle großen Rabbiner seiner Zeit den Zionismus als Todsünde verfluchten. Die jüdische Religion, die sich vom babylonischen Talmud an in der Diaspora entwickelt hat, wurde von den meisten Zionisten der Gründergeneration und von ihren Söhnen und Töchtern verleugnet, die jüdische Sprache (Jiddisch) verpönt, das jüdische „Stedtel" in Osteuropa verspottet, die jüdische Beschäftigung mit Finanz und Handel verachtet. Die antisemitischen Vorurteile der nationalen Bewegungen in Europa spiegelten sich unbewußt im Zionismus wieder. Und natürlich auch die europäische Überheblichkeit, die alle anderen Rassen der Welt - schwarze, braune, gelbe, rote - als minderwertig betrachtete.

Die Zionisten, die in das damalige Palästina einwanderten (im Hebräischen benutzt man den biblischen Ausdruck „hinaufgehen"), kamen ins „Altneuland" - für sie ein neues Land, ein neues Klima, eine neue Sprache, eine neue Kultur, eine neue Wirtschaft, eine neue soziale Pyramide, meistens ein neuer Beruf, eine neue Wehr. Es wäre daher ganz natürlich gewesen, wenn die Zionisten die jüdischen Massensymbole abgelehnt und sich eine neue Garnitur von Mythen und Symbolen angeschafft hätten. Aber so kam es nicht.

Oswald Spengler spricht im *Untergang des Abendlandes* von einer Erscheinung, die er „Pseudomorphose" nannte. Eine neue Kultur kann sich nicht ganz frei entwickeln, sondern muß sich der vorherigen Kultur anpassen, so wie ein Strom von Lava, der sich auf die Landschaft ergießt, sich der Struktur der vorherigen Schicht anpassen, Löcher ausfüllen und Hügel bedecken muß.

Genau das ist dem Zionismus passiert. Er hat die bestehenden jüdischen Symbole nicht abgeschafft, sondern sie zum großen Teil übernommen. Er betrachtete sich als das wahre Judentum. Der neue Staat wurde Israel genannt und in der Gründungsurkunde offiziell zum „jüdischen Staat" erklärt. Bestehende Symbole wurden übernommen, die neuen Massensymbole den alten angepaßt.

Natürlich war die ganze zionistische Revolution - eine der erfolgreichsten des 20. Jahrhunderts - eine klare Wiederholung des Auszugs aus Ägypten. Man ging ja aus dem Hause der Knechtschaft in ein anderes Land - und nicht in irgendein Land, wie es sich Herzl am Anfang gedacht hatte (Argentinien, zum Beispiel), sondern in das alte Vaterland, in das Land, das Gott uns verheißen hat. Viele Israelis glauben zwar nicht an den lieben Gott, glauben aber, daß der liebe Gott uns persönlich das Land versprochen hat.

Einige der alten Symbole wurden einfach übernommen und umgedeutet. Der Gebetsmantel (Talit auf hebräisch) wurde zur Staatsfahne. Darauf setzte man noch den Davidstern, der bis dahin die Grabmäler geschmückt hat. Als Staatswappen nahm man die Menora, den Leuchter aus dem Tempel, der auf dem Titusbogen in Rom abgebildet ist. Die Nationalhymne ist voll von alten Klischees - Zion, „jüdische Seele", die Hoffnung von 2000 Jahren und was noch. (Vor ein paar Tagen hat der stellvertretende Erziehungsminister darauf hingewiesen, daß arabische Staatsbürger Israels - 18% aller israelischen Bürger sind palästinensische Araber - diese Hymne eigentlich gar nicht singen können, weil sie mit ihnen nichts zu tun hat.)

Aber die neue Wirklichkeit im neuen Lande hat natürlich eine ganze Reihe neuer Massensymbole erzeugt. Eins davon ist der Zabar, die mythologische Figur des im Lande

Israel (dem damaligen Palästina) geborenen Jungen. Er war schlank, blauäugig, mit wehender blonder Tolle, ein Pionier, Landarbeiter, ein verwegener Kämpfer - eher ein Siegfried als ein Sigmund Freud oder Albert Einstein. Man kann ihn in dem Kitschroman von Leon Uris, *Exodus*, in Reinkultur finden. Moshe Dayan, seinerzeit ein Massenidol, entsprach diesem Mythos im Geist, wenn auch nicht im Körper.

Dieser Mythos gehörte zu der Zeit, in der die aus Europa stammenden, sogenannten aschkenasischen Juden das Gesellschaftsbild in Israel bestimmten. Seit die aus den arabischen Ländern stammenden „orientalischen" Juden die Mehrheit geworden sind, ist dieser Mythos verblaßt.

Ein Symptom der neuen Wirklichkeit war die Abkehr von der Diaspora-Religion, die im Talmud und der Überlieferung wurzelt, und eine Leidenschaft für die Bibel. Das war vielleicht natürlich, da die Landschaft der Bibel, die Orte, an denen die Geschehnisse stattgefunden hatten, plötzlich wieder zum täglichen Leben gehörten. Es lag auf der Hand, am Sabbat am Hügel neben dem Kibbuz zu buddeln, um archäologische Schätze zu finden. Archäologie wurde zur Leidenschaft einer ganzen Generation, viele wurden zu Amateurarchäologen wie Moshe Dayan. Ein anderer Generalstabschef und typischer Zabar, Jigael Jadin, war Professor für Archäologie. Bibel wurde zur Gegenwart, neue Siedlungen bekamen biblische Namen, neue Massensymbole wurden der Bibel entnommen. Die Kommandotruppe, in der ich im Krieg von 1948 diente, hatte als Auszeichnung den biblischen Namen „Simsons Füchse" verliehen bekommen. Extremisten gebrauchen biblische Ereignisse oder Sagen wörtlich als Gebote für heute - zum Beispiel Gottes Befehl an Josua, die Einwohner des Landes auszurotten.

Wenige gegen viele

Das israelischste aller israelischen Massensymbole ist das Epos von Tel-Chai, einem kleinen Ort im äußersten Norden Israels. Im Mittelpunkt steht ein Mann namens Josef Trumpeldor. Er wurde 1880 in Rußland geboren, in der jüdischen religiösen Schule („Cheder" genannt) erzogen, und wurde dann zur Armee des Zaren eingezogen. Mit 24 Jahren verlor er bei der Belagerung von Port Arthur seinen rechten Arm und geriet in japanische Kriegsgefangenschaft. Nach seiner Rückkehr wurde er zum Offizier ernannt - in der damaligen russischen Armee eine beinahe unmögliche Auszeichnung für einen Juden.

Er wanderte nach Palästina aus, wurde im Weltkrieg von den türkischen Behörden Palästinas als feindlicher Ausländer ausgewiesen, meldete sich zur englischen Armee und nahm mit größter Tapferkeit, als stellvertretender Kommandeur eines mit Maultieren ausgestatteten Nachschubbataillons, an der denkwürdigen Schlacht von Gallipoli an den Dardanellen teil. Als begeisterter Sozialist ging er nach Ausbruch der Februarrevolution nach Rußland, versuchte dort, ein Heer von Pionieren für Palästina aufzustellen, und kam dann wieder nach Palästina zurück.

Zu jener Zeit war die Grenze zwischen dem nun englischen Palästina und dem französischen Syrien nicht festgelegt. Zwischen den beiden Mächten entstand ein Vakuum, in dem bewaffnete arabische Nationalisten versuchten, ihre eigenen Ziele zu verwirklichen. In dieser verworrenen Situation waren vier kleine jüdische Siedlungen praktisch abgeschnitten. Trumpeldor eilte mit ein paar Freiwilligen dorthin.

Am 1. Mai 1920, dem 11. Tag des Monats Adar im alten jüdischen Kalender, kamen Trumpeldor und fünf seiner Kameraden um, nachdem sie den Arabern die Gelegenheit gegeben hatten, in die Niederlassung hereinzukommen, um nach Feinden zu suchen. Wahrscheinlich handelte es sich um ein Mißverständnis, wie es in solchen Situationen vorkommt. Trumpeldors letzte Worte waren: „Es macht nichts. Es ist gut, für unser Land zu sterben." Die vier Siedlungen wurden zunächst aufgegeben, aber nach einiger Zeit wieder neu besiedelt. Das umstrittene Gebiet wurde dem englischen Palästina zugesprochen und damit für jüdische Besiedlung freigestellt. Heute gehört es zu Israel. Am Ort des Geschehens steht ein steinerner Löwe, das berühmteste Denkmal in Israel.

Jedes Kind meiner Generation ist mit diesem Mythos aufgewachsen. Unzählige Porträts und Statuen von Trumpeldor haben die Klassenzimmer und Wohnungen geschmückt. Am Jahrestag der Verteidigung von Tel-Chai, am 11. Adar, werden auch heute noch Schulklassen nach Tel-Chai geführt, und Soldaten bilden die Ehrenwache.

Das Massensymbol Tel-Chai wurde später von allen zionistischen Parteien für sich beansprucht - von den Linken, weil Trumpeldor ein Sozialist und ein Schöpfer der Kibbuz-Idee war; von den Rechten, weil er als Held für Volk und Vaterland gefallen ist.

Dieser Mythos enthält alle Elemente, die für die Formierung der zionistischen und israelischen Geisteswelt wichtig waren und noch immer wichtig sind:

- Der neue Jude ist ein Kämpfer, ein Held, ein Pionier. Er opfert sich freudig für das Land. Es ist gut, für unser Land zu sterben.
- Wir sind immer „wenige gegen viele" und halten trotzdem stand.
- Die Araber sind tückisch und verräterisch.
- Man kann sich nicht auf andere (in diesem Fall die Engländer) verlassen. Keiner wird uns jemals beistehen.
- Siedlungen dürfen nie verlassen werden. (Zwar sind gerade diese tatsächlich geräumt worden, aber da sie wieder aufgebaut worden sind, hat man das irgendwie verdrängt.)
- Die Grenzen unseres Landes werden durch unsere Siedlungen bestimmt. Wo unsere Pflüge ihre Furchen ziehen, dort ist unser Land.
- Wir können den Boden nur bestellen, wenn wir in einer Hand den Spaten haben, in der anderen das Gewehr. So sagte schon Nehemia, als die Juden aus dem ersten (babylonischen) Exil nach Jerusalem zurückkamen: „Mit einer Hand taten sie die Arbeit, und mit der anderen hielten sie die Waffe." (Nehemia 4) Und 2500 Jahre später sagte Moshe Dayan, in einer berühmten Rede am Grabe eines gefallenen Kameraden: „Wir sind eine Generation von Siedlern, und ohne Stahlhelm und Kanone können wir keinen Baum pflanzen, kein Haus bauen."

Wer die heutigen Debatten in Israel über die Siedlungspolitik verfolgt, weiß, wie diese Symbole die Politik bestimmen. Die Frage, was wichtiger ist, Siedlungen oder Frieden, wird nicht so einfach beantwortet, wie man es sich vorstellen könnte.

Im Laufe der Jahre wurden diese Mythen immer mehr erweitert und verstärkt. Sie sind in der israelischen Geisteswelt dominant. In allen Schulen lehrt man sie als Geschichte, als unumstößliche Wahrheit. Man kann sie in ein paar Parolen zusammenfassen:

- Die Araber wollen uns ins Meer werfen.
- Wir sind friedlich ins Land gekommen und haben den Arabern nur Segen gebracht.

- Das Land war so gut wie leer. Die Araber sind erst ins Land gekommen, nachdem w i r die Wüste zum Blühen gebracht haben.
- Im Kriege von 1948 waren wir wenige gegen viele.
- Die Palästinenser haben 1948 das Land freiwillig verlassen, weil ihre Führer sie dazu aufgefordert haben, um dann siegreich zurückzukehren.
- Alle unsere Kriege sind uns aufgezwungen worden. Wir kämpften immer um unser Leben. Es gab keinen anderen Ausweg.
- Unsere Waffen sind rein.

In jeder dieser Parolen steckt ein Kern Wahrheit und sehr viel historische Unwahrheit. Aber das ist eben unwichtig. Wichtig ist, daß sie unser Handeln bestimmt haben. Wer sie bezweifelt, ist ein Verräter.

Die israelische Armee ist das Massensymbol, das alle diese Begriffe verkörpert. Wenn bei Canetti das deutsche Heer als „marschierender Wald" beschrieben wird, ist unser Heer der bewaffnete Auszug aus Ägypten und der bewaffnete Einmarsch in das Land Kanaan. Es ist ganz zentral im Volksbewußtsein, wird als Schmelztiegel der neuen Nation verehrt und als Inbegriff aller israelischen Tugenden empfunden.

Der Fall Bar-Kochba

In den letzten Jahren hat eine Gruppe israelischer „neuer Historiker" begonnen, diese Mythen abzubauen. Tatsachen werden wissenschaftlich untersucht, Dokumente aufgestöbert und verglichen; vieles, was selbstverständlich war, wird plötzlich fraglich. Hat Trumpeldor mit seinem letzten Atemzug wirklich gesagt, was er gesagt haben soll? (Scheinbar ja, aber nicht mit denselben Worten.) War das Land wirklich leer? (Nein. Eine halbe Million Araber hat am Ende des letzten Jahrhunderts in Palästina gelebt.) Usw.

Es ist interessant, daß dieser Vorgang der Entmythologisierung gerade jetzt beginnt. Als ich vor 40 Jahren damit angefangen habe, mehr als Journalist denn als Historiker, und teilweise auch als Augenzeuge, wurde ich auf das wütendste angegriffen (auch physisch), während es heute nur mildes Ärgernis erregt. Warum?

Vielleicht ist der Kern dieser Mythen in der dritten und vierten Generation schon so verinnerlicht, daß er die Schale nicht mehr braucht. Vielleicht ist die junge Generation skeptischer. Jedenfalls sieht man jetzt in Israel einen Vorgang, der für Psychologen interessant sein kann und auch Canetti sicher interessiert hätte: die Veränderung der Massensymbole.

Nehmen wir zum Beispiel den Fall Bar-Kochba. Das war ein jüdischer Volkstribun, der im Jahre 131, also 61 Jahre, nachdem Titus den Tempel in Jerusalem zerstört und die jüdische Bevölkerung in Palästina stark dezimiert hatte, zu einem neuen Aufstand gegen die Römer aufrief. Nach einem fünfjährigen, äußerst ruhmreichen Krieg gegen die ungeheure römische Übermacht erlag er. Die Folge war die beinahe endgültige Zerstörung des jüdischen Volkes in Palästina, obwohl Überreste, besonders in Galiläa, überlebten.

Die religiöse jüdische Überlieferung hat Bar-Kochba wenig geschmeichelt. Im Talmud wird er nur negativ erwähnt. Der Name seines Heimatortes erlaubte ein Wortspiel, das ihn zum Sohn der Lüge machte. Der Sage nach soll er Gott verspottet haben, und darum sei er gefallen.

Als der Zionismus aufkam, brauchte man Heroen. Die Antisemiten haben ja behauptet, Juden seien seit je Feiglinge und Drückeberger gewesen. So haben wir Bar-Kochba wieder entdeckt, als Nationalhelden verherrlicht, Marschlieder über ihn gesungen. Bar-Kochba heißt auf aramäisch (die Landessprache zu Jesu Zeiten, eine dem Hebräischen verwandte Sprache) Sohn des Sternes, und so erschien er uns auch.

Vor ein paar Jahren hat man angefangen, diesen Mythos gründlich zu demolieren. Ich gestehe, daß ich der erste war, der auch dieses eigene Nest beschmutzt hatte. Danach kamen Professoren, also respektable Leute, und haben die Fragen gestellt: Was war der Sinn eines Aufstandes gegen die Weltmacht, der von Anfang an aussichtslos war? Kann ein Mann ein Nationalheld sein, der so ein furchtbares Unglück über seine Nation gebracht hat?

Wieso stellte man plötzlich solche Fragen, die für eine Generation vorher undenkbar waren? Inzwischen hat der Jom-Kippur-Krieg stattgefunden, der das Ansehen unseres Militärs sehr beeinträchtigt hat, und dann hat der Libanon-Krieg das Volk gespalten. Die langen Jahre der Besetzung der palästinensischen Gebiete haben uns gezeigt, daß die militärische Macht ihre Grenzen hat. Man ist skeptisch geworden. Wir haben keinen Bedarf mehr an Helden, vielleicht haben wir ihrer zuviel und kühle politische Köpfe zuwenig. Also brauchte man Bar-Kochba nicht mehr als Nationalhelden, den man nachahmen muß, sondern, im Gegenteil, als warnendes Beispiel.

Dasselbe passiert jetzt anderen – wie den Zeloten, die zwei Generationen zuvor den großen Aufstand gegen die Römer entfacht hatten. In ihrem blinden Fanatismus haben diese religiösen Eiferer zur Zerstörung Jerusalems beigetragen. In meiner Jugend waren sie unsere Vorbilder. Heute fragt man sich, ob sie nicht genauso verrückt waren wie unsere heutigen Rechtsradikalen, die bereit sind, der ganzen Welt zu trotzen, da ja Gott auf unserer Seite sei.

Der große Aufstand fand im Jahre 74 in Massada (eigentlich Mezada) sein Ende, einer natürlichen Festung über dem Toten Meer, in der die letzten Reste der Zeloten Zuflucht gesucht hatten. Nach einer langen Belagerung wurde sie von den Römern eingenommen, aber im letzten Augenblick verübten alle 960 Eingeschlossenen – Männer, Frauen und Kinder – gemeinsam Selbstmord.

Das Epos von Massada ist eines der eindrucksvollsten Massensymbole Israels. Alle fremden Gäste und Touristen werden zu dem hochragenden Felsen geführt, Elitesoldaten werden dort vereidigt. Unzählige Artikel sind über Israels „Massada-Komplex" geschrieben worden. Aber jetzt fragen Historiker: Waren die Verteidiger Massadas wirklich Nationalhelden oder eine Bande von Abenteurern? Ist kollektiver Selbstmord ein Ersatz für vernünftige Politik?

Selbst die Makkabäer werden nicht verschont. Waren sie wirklich Freiheitshelden – oder religiöse Fanatiker, die in einem grausamen Bürgerkrieg alle fortschrittlich gesinnten Juden ausgerottet haben?

Augenblicklich beschränkt sich dieser Revisionismus auf intellektuelle Kreise und berührt nicht die Massen, deren Symbole in Frage gestellt werden. Aber es sagt doch viel aus über das, was in Israel vorgeht.

Die Katastrophe

Keiner kann wissen, wie sich die Auseinandersetzung zwischen den altherkömmlichen jüdischen und den neuen hebräischen Massensymbolen entwickelt hätte, wenn nicht etwas passiert wäre , das alle Symbole überschattet und verdrängt: der Holocaust.

Die Auswirkung des Holocaust auf die jüdische und israelische Psyche ist ungeheuer. Sie klingt mit den Jahren nicht ab, sondern wird anscheinend immer größer.

Natürlich ist der Holocaust selbst die Auswirkung von Massensymbolen und ein abschreckendes Beispiel dafür, daß ein Mythos die furchtbarsten Folgen haben kann. Antisemitische Symbole, von der Beschreibung der Juden im Neuen Testament bis zu den Protokollen der Weisen von Zion, haben in Adolf Hitlers Seele herumgespukt. Noch wenige Minuten vor seinem Selbstmord, im letzten Satze seines Testaments, wetterte er gegen die Verschwörung des Weltjudentums.

Für die Juden ist der Holocaust einmalig und ewig zugleich. Einmalig in seinem Wesen und Ausmaß, als staatlich geplanter, industrieller Massenmord, aber auch als der Gipfel einer Geschichte von Verfolgungen, die mit dem Auszug aus Ägypten begann.

Heute ist der Holocaust *das* Massensymbol, das mehr als alle anderen die Juden vereint, mehr als die jüdische Religion, vielleicht sogar mehr als der Auszug aus Ägypten. Alle Juden der Welt wissen, daß sie von den Nazis persönlich vernichtet worden wären, hätte sie die deutsche Wehrmacht erreicht. Alle aus Europa stammenden Juden haben im Holocaust Verwandte verloren. Auch ich. In Israel leben Tausende und Abertausende, die selbst in der Hölle des Holocaust waren und sie irgendwie überlebt haben.

(Vor ein paar Tagen war bei uns eine Gedenkveranstaltung zum Anlaß der Befreiung Dachaus vor 50 Jahren. Da stellte sich heraus, daß Freunde von uns, typische Israelis, die wir seit Jahrzehnten kennen, als Kinder in Dachau gewesen waren und es uns verschwiegen hatten. Der Holocaust ist bei uns Gegenwart, nicht Vergangenheit.)

Als Massensymbol erzeugt der Holocaust – bei uns ha-Shoah, die Katastrophe, genannt – Geisteshaltungen, die sich täglich auf unsere Einstellung der Welt gegenüber auswirken. Diese Einstellung war schon vorher vorhanden, aber sie wurde vom Holocaust vielfach verstärkt:

- „Die ganze Welt ist gegen uns." Nicht nur die Nazis, die Deutschen, sind an dem ungeheuren Verbrechen schuld, sondern die ganze Welt, die zugesehen hat, ohne einen Finger zu rühren, um die Millionen Todgeweihten zu retten.
- Alle Völker wollen die Juden vernichten und haben es seit dem Pharao immer gewollt.
- Wir können uns nur auf uns selbst verlassen.
- Es kann morgen wieder passieren. Darum müssen wir ständig Wacht halten.

Diese Einstellung besteht auch in Israel und bestimmt zum größten Teil die öffentliche Meinung, von der auch die Politiker abhängig sind. Sie hat damit einen großen Einfluß auf die Politik, die sonst manchmal ganz unverständlich ist. Die Politiker versuchen oft, den Holocaust für politische Zwecke zu benutzen, aber sie sind selbst vom Holocaust beherrscht und manchmal auch – wie Menachem Begin – von ihm besessen.

Im israelischen Bewußtsein leben zwei widersprüchliche Symbole nebeneinander: der Holocaust mit all den Ängsten der wehrlosen Opfer – und die israelische Armee, die mächtigste im Nahen Osten. Angst und Überheblichkeit können sehr gut in einer Seele miteinander auskommen.

Das ist also die israelische Seite des israelisch-palästinensischen Konfliktes: eine Welt von alten jüdischen und neuen israelischen Mythen, vom ungeheuren Trauma des Holocaust überschattet.

Das Unglück

Der jüdische Historiker Isaak Deutscher hat versucht, den israelisch-palästinensischen Konflikt mit einem Beispiel zu beschreiben: Ein Mensch lebt im oberen Stockwerk eines Hauses, in dem ein Brand ausgebrochen ist. Um sich zu retten, springt er aus dem Fenster und landet auf einem Passanten, der zufällig unten vorbeigeht. Der wird schwer verwundet. Zwischen den beiden bricht eine Todfeindschaft aus. Wer ist das Opfer? Wer hat recht?

Wie alle Beispiele dieser Art hinkt auch dieses etwas. Die Zionisten sind ja nicht zufällig gerade nach Palästina gekommen. Alte Massensymbole haben sie dahin geführt.

Vielleicht könnte man sagen: Der Mensch ist aus dem brennenden Haus geflohen und in ein anderes eingedrungen. Allmählich breitet er sich dort mit seiner immer größer werdenden Familie aus. Die Einwohner wehren sich, und so entsteht ein Kampf, in dem die alten Einwohner verdrängt werden.

Was bei den Juden ha-Shoah, die Katastrophe, ist, ist bei den Palästinensern al-Nakba, das Unglück. Gemeint ist die Vertreibung des halben palästinensischen Volkes aus seiner Heimat 1948 und danach.

Ich will jetzt nicht die historische Wahrheit über das, was seit 1882 in Palästina wirklich geschehen ist, untersuchen. Für meine Betrachtungen hier ist es nur wichtig, wie sich die Ereignisse im Bewußtsein beider Völker widerspiegeln.

Da kann man schon mit den zweieinhalb Millionen Flüchtlingen beginnen. Während beinahe alle Israelis streng daran glauben, daß die Palästinenser 1948 auf Befehl ihrer Führer freiwillig geflohen sind, um mit den arabischen Armeen siegreich zurückzukehren, sind alle Palästinenser absolut überzeugt, daß sie von der israelischen Armee gewaltsam und grausam vertrieben worden sind. (Keines der beiden Dogmen ist ganz richtig, aber die israelischen Neuen Historiker, die nach der Wahrheit forschen, neigen mehr zu der palästinensischen Version.)

Neben der Nakba, dem Unglück, ist das große Massensymbol der Palästinenser al-Auda, die Rückkehr. Alle träumen davon – im Flüchtlingslager bei Beirut, im Büro in Kuwait, auf der Kärntnerstraße in Wien. Fragen Sie einen Flüchtlingsjungen der dritten Generation, wo er herkommt, wird er Ihnen mit verklärter Miene den Namen eines Dorfes nennen, das schon lange vom Erdboden verschwunden ist und nur in seinem Geiste besteht. Dort hat es sich in ein Stück Paradies verwandelt, in einen Ort, wo Milch und Honig fließen, und nach dort will er zurück. Wahrscheinlich steht jetzt dort ein ziemlich häßliches israelisches Bauprojekt.

Jeder, der ernst über einen israelisch-palästinensischen Frieden nachdenkt, weiß, daß der Mythos der Rückkehr eine Zeitbombe ist. Nichts jagt den Israelis mehr Angst ein als die Forderung, das Recht der Rückkehr anzuerkennen. Ich kenne keinen Palästinenser, der bereit wäre, auf dieses Prinzip zu verzichten, auch wenn er bereit ist, die Anwendung so zu gestalten, daß in der Praxis die Ansiedelung der Flüchtlinge außerhalb der Staatsgrenzen Israels erfolgen kann.

Als Jassir Arafat im Juli 1994 mit einigen Tausend sogenannter Polizisten und ihren Familien vom Ausland nach Gaza kam, wurden sie mit ungeheurer Begeisterung empfangen, auch darum, weil man darin den Beginn der Rückkehr sah. Der Mythos war, wenn auch nur in einem winzigen Winkel, zur Wirklichkeit geworden.

Juden sind immer wütend, wenn Palästinenser ihr Unglück mit der Katastrophe der Juden vergleichen. Natürlich gibt es da keinen Vergleich. Aber kein Volk benutzt eine Waage, um sein Leid mit dem anderer zu vergleichen. Kein Mensch, der Zahnschmerzen hat, ist imstande, sich damit zu trösten, daß jemand anderer viel schlimmere Bauchschmerzen hat.

In den Augen der Palästinenser sieht die Wahrheit so aus: Sie haben seit vielen Jahrhunderten friedlich in ihrer Heimat gelebt. Eines Tages ist eine Masse von Fremden aus aller Welt in ihr Land eingedrungen, hat ihnen ihren Boden mit List und Gewalt abgenommen und unterdrückt sie jetzt auf das schlimmste. Wenn man auf die Pogrome und den Holocaust zu sprechen kommt, fügen sie hinzu, daß das überhaupt nichts mit ihnen zu tun hat, daß die Europäer selbst für ihre Greuel bezahlen sollen und daß es im arabischen Raum vor der zionistischen Invasion nie Antisemitismus, Pogrome und einen Holocaust gegeben hat.

Es ist ziemlich unnütz, darüber zu diskutieren, wann genau ein selbständiges palästinensisches Volk entstanden ist. Es ist ja auch nicht klar, wann – und ob überhaupt – ein israelisches Volk entstanden ist, das nicht ganz mit dem Judentum identisch ist. (Man erzählt über ungarische Antisemiten, die von den israelischen Siegen über die arabischen Bundesgenossen der Sowjetunion begeistert waren, und dann entsetzt waren zu hören, daß die Israelis Juden sind.) Dasselbe trifft auch auf das Entstehen der palästinensischen Nation zu.

Genau so, wie israelische Juden sich als Teil des weltweiten jüdischen Volkes fühlen, fühlen sich Palästinenser als Teil der arabischen „Umma“ oder Nation. Das stört sie nicht, sich als selbständiges Volk zu definieren und einen selbständigen Staat anzustreben. So etwas ist nicht einzigartig, es gab vor der französischen Kolonisierung auch kein algerisches Volk. Und viele haben lange bestritten, daß es ein österreichisches Volk gibt, und behauptet, Österreicher seien Deutsche.

Das palästinensische Unglück, so schlimm es ist, wird noch dadurch verschlimmert, daß es sich mit vorherigen Massensymbolen verbindet.

Das große historische Symbol aller Araber, und damit auch der Palästinenser, ist der Glanz des islamischen Kalifats, sind die herrlichen Errungenschaften der arabischen Kultur und Wissenschaft, die Jahrhunderte lang in die ganze Welt strahlten. Damaskus und Bagdad, Kairo und Granada, waren Zentren des menschlichen Fortschritts, der militärischen und politischen Macht. So wunderbar die Religion, die Dichtung und die Sprache der Araber sind, so schmerzlich, so entwürdigend ist der Niedergang während der letzten Jahrhunderte. Das ist ein Trauma, das jedem Araber von Kindheit an bewußt ist.

In der arabischen Kultur spielt die Ehre eine ganz besondere Rolle. Der Niedergang der Araber ist un-ehrenhaft und noch beschämender geworden durch die vielen Jahre, in denen beinahe alle arabischen Völker unter dem Joche europäischer Kolonialreiche leiden mußten. Kalifat, Unterdrückung, Kolonialismus - das sind alles potente Massensymbole im arabischen Bewußtsein.

Ohne sich dessen überhaupt bewußt zu sein, hat der Zionismus Salz auf diese offenen Wunden der arabischen Seele gestreut. Europäische Überheblichkeit, israelische Siege, Begriffe wie Kolonien und Siedlungen - alles das hat das Gefühl der Demütigung bei den Arabern noch verstärkt. Alle arabischen Traumata bäumten sich gegen die von den jüdischen Traumen geführte zionistische Einwanderung auf, und so brach der Krieg der Traumata aus.

Die neue palästinensische Nationalbewegung hat ihre eigenen Symbole. So wie die Israelis ihren Trumpeldor haben, haben die Palästinenser ihren As-al-Din al-Kassam, einen islamischen Scheich und Guerilla-Führer, der in der Mitte der 30er Jahre von den englischen Behörden in Palästina gehängt worden ist. Eine Untergrundorganisation der islamischen Fundamentalisten in Palästina ist heute nach ihm benannt. Auch da prallen die Perzeptionen aufeinander. Was für die Palästinenser der Große Aufstand von 1936 ist, wird in Israel als „Geschehnis“ bezeichnet, palästinensische Guerillagruppen von damals heißen im israelischen Lexikon „Banden“, palästinensische Fedajin („Selbstaufopferer“) sind für die Israelis natürlich „Terroristen“. Was für die Palästinenser ihr größtes Unglück ist, ist für die Israelis ihr Befreiungskrieg. Man kann Hunderte solcher Beispiele zitieren.

Vor acht Jahren haben die Palästinenser ein Massensymbol geschaffen, dessen arabischer Name heute in der ganzen Welt bekannt ist: die Intifada, die Abschüttelung. Dieser lange Volksaufstand, mit seinen 1500 Märtyrern, hat dem palästinensischen Volk den Stolz wiedergegeben, ohne den es gar nicht an einen historischen Kompromiß denken konnte.

Der Krieg der Traumata

Gerade der Versuch, einen Frieden zwischen den beiden Völkern herzustellen, hat gezeigt, wie tief der Abgrund zwischen den Mythen beider Seiten ist und wie diese Mythen die beiden Völker tyrannisieren.

Die Vernunft hat den Politikern gesagt, daß der Frieden für beide Völker nötig ist. Darum haben sie ein Abkommen unterschrieben. Aber die Traumata, von denen sie selbst und ihre Völker beherrscht werden, machen ihnen die Verwirklichung der Verträge beinahe unmöglich.

Auf der israelischen Seite stößt jeder Schritt auf das Trauma des Holocaust („Man kann keinem Goi vertrauen“) und auf den Mythos der Siedlungen („Man darf auch nicht eine einzige Siedlung aufgeben“). Bei den Palästinensern stößt er auf das Trauma des Unglücks und auf den Mythos der Rückkehr. Und auf beiden Seiten stößt jeder Schritt auf das alles überragende Symbol: Jerusalem.

Für die Juden ist Jerusalem das zentrale Symbol ihrer Religion und ihrer Geschichte. Dort hat Gott seinen Tempel bauen lassen, dort war die Hauptstadt ihres Königreiches, dort wird der Messias auf seinem weißen Esel einziehen, wenn er kommt - und er kann ja jeden Augenblick kommen. Jedes Jahr am Sederabend beten sie: nächstes Jahr in Jerusalem. Zion, nach dem der Zionismus benannt ist, ist ein Hügel in Jerusalem und ein Synonym der Stadt.

Jerusalem ist auch eine der drei heiligsten Stätten des Islams. Mohammed ist, dem Mythos nach, mit seiner Stute al-Burak in einem Sprung vom Tempelberg zum Himmel gelangt. Darum hat er ursprünglich befohlen, sich beim Beten nach Jerusalem zu wenden. Der Felsendom auf dem Tempelberg und die daneben stehende al-Aksa Moschee sind für den Islam also auch heilige Orte. Den christlichen Palästinensern, einer beachtlichen Minderheit, ist natürlich die Grabeskirche heilig, wie alle anderen Orte in der Stadt, die mit dem Leben und Tod Jesu verbunden sind. Für alle Palästinenser ist al-Kuds, die heilige Stadt, die Hauptstadt ihres Landes und ihres zukünftigen Staates.

Außer einer kleinen Minderheit, zu der auch ich gehöre, lehnen alle jüdischen Israelis jeden Kompromiß über Jerusalem ab. Auf der anderen Seite gibt es so gut wie keinen Araber oder Muslim, der bereit wäre, auf die arabische Souveränität über Ost-Jerusalem zu verzichten. Hier stoßen die Symbole kompromißlos aufeinander.

Der Kampf der Mythen wird in die Praxis umgesetzt. Israel bereitet einen riesigen Propagandafeldzug unter der Parole „3000 Jahre Jerusalem" vor. Prominente aus aller Welt, auch aus Wien, sollen nach Jerusalem kommen, um den 3000. Jahrestag der Gründung Jerusalems durch König David zu feiern.

Die Palästinenser sind erbost. Jerusalem war schon eine alte kanaanitische Stadt, als David dort einzog. So Hesekiel (16): „Du Menschenkind, tu kund der Stadt Jerusalem ihre Greuel und sprich: So spricht Gott der Herr zu Jerusalem: Nach Geschlecht und Geburt bist du aus dem Lande der Kanaaniter, dein Vater war ein Amoriter, deine Mutter eine Hethiterin."

Der Name Jerusalem selbst ist heidnisch: „die Stadt, die der Gott Schalem gegründet hat". Schalem war der Gott der Amoriter. Der Name ist schon in ägyptischen Figuren des 19. Jahrhunderts, beinahe ein Jahrtausend vor David, erwähnt. Auch Abraham zahlte Tribut an Melchizedek, den König von Salem, einen „Priester des Gottes des Höchsten". (Genesis 14) Fünfhundert Jahre vor David wird Jerusalem in den ägyptischen Tell-Amarna-Briefen erwähnt. Adoni-Zedek, König von Jerusalem, war einer der fünf amoritischen Könige, die von Josua besiegt wurden. (Josua 10)

Der Konflikt hat dazu geführt, daß Palästinenser sich jetzt als Nachkommen der vorisraelischen Kanaaniter ausgeben, um zu beweisen, daß ihr Anspruch auf Palästina älter ist als selbst der der Israeliten. Das ist ein gewaltiger Schritt, denn die traditionelle Geschichtslehre der Araber fängt mit Muhammad an. In der neuen Doktrin ist auch Jesus ein Palästinenser.

So ist es auf beiden Seiten: Massensymbole leiten die Völker, aber die Völker ändern auch ihre Massensymbole je nach Bedarf.

Die Ver-söhnung der Söhne

Wie kann man den Kampf der Symbole beendigen? Kann man zwischen Mythen Frieden machen?

Es hat sich schon gezeigt, daß das bei weitem schwerer ist als einen Kompromiß zwischen konkreten Forderungen herzustellen. Wahrscheinlich kann man nur alte Symbole durch neue ersetzen.

Auch da kann man auf die Geschichte von Isaak und Ismael zurückkommen. Es wird beinahe immer vergessen oder auch bewußt verdrängt, daß die Geschichte ein gutes Ende hatte. Ich habe das jedenfalls in der Schule nicht gelernt.

Die Bibel erzählt, wie Abraham im Alter von 175 Jahren starb: „Und Abraham verschied und starb in einem guten Alter, als er alt und lebenssatt war, und wurde zu seinen Vätern versammelt. Und es begruben ihn seine Söhne Isaak und Ismael." (Genesis 25) Scheinbar haben sich also die beiden Söhne am Sterbebett des Vaters versöhnt. Da in Hebräisch die Begriffe „satt" und „zufrieden" verwandt sind, gibt es eine Auslegung, die besagt, daß Abraham zufrieden gestorben sei, weil er seine Söhne versöhnt sah.

Die beiden Söhne waren ver-söhnt. Vielleicht kann man darauf das neue Massensymbol des Friedens aufbauen.

Die Autoren

Uri Avnery, geb. 1923 in Beckum. Emigration nach Palästina 1933. Friedensaktivist, Journalist und Schriftsteller. Gründungsmitglied der „Israeli Council for Israeli-Palestinian Peace". Publikationen u.a.: *Mein Freund, der Feind*, 1988; *Lenin does not live anymore*, 1991; *Wir tragen das Nessosgewand*, 1991.

Dagmar Barnouw, geb. 1936 in Berlin. Studium der Literaturwissenschaften in Erlangen und Stuttgart. Promotion zum Dr.phil. an der Yale-University 1968. Derzeit o.Univ.-Prof. für Germanistik und Anglistik an der University of Southern California. Publikationen u.a.: *Elias Canetti*, 1979; *Visible Spaces*, 1988; *Critical Relism*, 1994.

Michael Benedikt, geb. 1928 in Wien. Studium der Philosophie, Soziologie und Psychologie in Wien, München, Freiburg und St. Paul (Minneapolis), Dr.phil., o.Univ.-Prof. an der Universität Wien. Publikationen u.a.: *Bestimmende und reflektierende Urteilskraft*, 1981; *Heideggers Halbwelt*, 1991; *Philosophische Politik*, 1992.

Rita Bischof, geb. 1948 in Fulda. Studium der Soziologie, Psychologie und Literaturwissenschaften in Frankfurt, Marburg und Berlin, Dr.phil. Derzeit Professorin für Literaturwissenschaft an der Universität Hannover. Publikationen u.a.: *Souveränität und Subversion. George Batailles Theorie der Moderne*, 1988.

Mark H. Gelber, geb. 1951 in New York. 1968-80 Studien an amerikanischen, deutschen, österreichischen und israelischen Universitäten. 1980 Promotion zum Dr.phil. an der Yale-University. Derzeit Professor an der Ben-Gurion University of the Negev. Publikationen u.a.: *Aspekte des literarischen Antisemitismus in der deutschen und englischen Literaturgeschichte*, 1981.

Hubert Orlowski, geb. 1937 in Podlejki. Studium der Germanistik in Posen, Dr.phil., o.Univ.-Prof. Gastprofessor in Kiel und Graz. Träger des österreichischen Ehrenkreuzes für Wissenschaft und Kunst 1. Klasse. Publikationen u.a.: *Literatur im Dritten Reich*, 1975; *Polnisches Schrifttum unter Zensur*, 1988.

Peter Pabisch, geb. 1938 in Wien. Mag. und Dr.phil. Lehrt seit 1972 an der Germanistischen Abteilung der University of New Mexico, o.Univ.-Prof. Gründer und Direktor der Deutschen Sommerschule von New Mexico. Mitglied des P.E.N. - Austrian Center, German Center und US Center West, New Mexico. Zahlreiche Publikationen.

Edgar Piel, geb. 1946 in Köln. Studierte Philosophie und Literaturwissenschaft, Dr.phil. Arbeitet als Sozialforscher am Institut für Demoskopie Allensbach. Zahlreiche Veröffentlichungen zur Philosophie, Sozialpsychologie, empirischen Sozialforschung und Literatur, u.a.: *Elias Canetti*, 1984; *Wenn Dichter lügen*, 1988.

Doron Rabinovici, geb. 1961 in Tel-Aviv. 1964 nach Wien gezogen. Schriftsteller und Historiker. Arbeitet derzeit an seiner Dissertation: „Instanzen der Ohnmacht. Die Reaktion der Israelitischen Kultusgemeinde Wien auf die nationalsozialistische Verfolgung 1938-1945". Publikationen u.a.: *Papirnik Stories*, 1994.

Axel Gunther Steussloff, geb. 1962 in Wertheim-Main. Studium der Literaturwissenschaften, Geschichte, Philosophie und Musikwissenschaften, Dr.phil. Seit 1994 freier Mitarbeiter als technischer Autor für ein Dokumentationsbüro und Werbetexter. Publikationen u.a.: *Autorschaft und Werk. Elias Canetti*, 1994.

Peter Steyrer, geb. 1961 in Wien. Studium der Philosophie und Kommunikationswissenschaft in Wien, Dr.phil. Sicherheits- und friedenspolitischer Berater im Grünen Parlamentsklub. Zahlreiche Publikationen zu Bundesheer, Zivildienst, Friedensforschung und Kriegsdienstverweigerung.

Rüdiger Vaas, geb. 1966 in Bietigheim-Bissingen. Studium der Philosophie, Germanistik und Biologie in Tübingen, Stuttgart und Hohenheim. Zahlreiche Publikationen, hauptsächlich über Themen der Philosophie, Anthropologie und Biologie, zuletzt: *Der Tod kam aus dem All*, 1995.

Die Herausgeber

John Pattillo-Hess, geb. 1943 in Santiago de Chile. Studium der Philosophie und Kunstgeschichte in Temuco, Santiago und Wien, Dr.phil.

Mario R. Smole, geb. 1954 in Villach. Studium der Informatik in Wien. Seit 1987 Mitarbeiter des Canetti-Symposions.